Seja
Fale
Faça

LUVVIE AJAYI JONES

Seja
Fale
Faça

COMO VENCER O MEDO E TER A CORAGEM DE ENCARAR SEUS SONHOS

Tradução de Gabriela Araújo e Helen Pandolfi

Dados Internacionais de Catalogação na Publicação (CIP)
(Câmara Brasileira do Livro, SP, Brasil)

Jones, Luvvie Ajayi
  Seja fale faça: como vencer o medo e ter a coragem de encarar seus sonhos / Luvvie Ajayi Jones; tradução Gabriela Araújo, Helen Pandolfi. – 1. ed. – São Paulo, SP: Editora Melhoramentos, 2022.

  Título original: Professional troublemaker: the fear fighter manual.
  ISBN: 978-65-5539-509-9

  1. Autoconfiança 2. Autoestima 3. Autopercepção 4. Desenvolvimento pessoal. 5. Veracidade e falsidade I. Título.

22-123563   CDD-158.1

Índices para catálogo sistemático:
1. Afirmação: Psicologia aplicada 158.1

Eliete Marques da Silva – Bibliotecária – CRB-8/9380

Título original: *Professional Troublemaker – The Fear-Fighter Manual*

Copyright © 2021 by Awe Luv LLC

Tradução de © Gabriela Araújo e Helen Pandolfi
Preparação de texto: Marcia Men
Revisão: Dandara Souza e Isadora Attab
Projeto gráfico e diagramação: Estúdio dS
Capa: Brianna Harden
Adaptação de capa: Carla Almeida Freire

Toda marca registrada citada no decorrer deste livro possui direitos reservados e protegidos pela de lei de Direitos Autorais 9.610/1998 e outros direitos.

Direitos de publicação:
© 2022 Editora Melhoramentos Ltda.
Todos os direitos reservados.

1.ª edição, outubro de 2022
ISBN: 978-65-5539-509-9

Atendimento ao consumidor:
Caixa Postal 169 – CEP 01031-970
São Paulo – SP – Brasil
Tel.: (11) 3874-0880
sac@melhoramentos.com.br
www.editoramelhoramentos.com.br

Siga a Editora Melhoramentos nas redes sociais:
 /editoramelhoramentos

Impresso no Brasil

*Para a minha guerreira, minha madroeira,
minha avó, Olúfúnmiláyọ̀ Juliana Fáloyin.*

SUMÁRIO

Introdução   9

SEJA

Saiba quem você é   19

Seja demais   34

Sonhe com audácia   53

Reconheça sua grandeza   67

Confie na sua jornada   76

FALE

Fale a verdade   89

Fracasse em alto e bom som   107

Peça mais   119

Ganhe sua grana   131

Estabeleça seus limites   151

FAÇA

Cresça sem freios   169

Demita-se   183

Pare de engolir sapo   198

Junte uma galera   207

Faça um amigo nigeriano   221

O medo que se foda   237

Epílogo – Coragem na era do medo   243

Agradecimentos   251

Introdução

Eu sou uma encrenqueira profissional.

Aí você me pergunta: o que é uma encrenqueira profissional?

Uma encrenqueira profissional não é a pessoa que semeia o caos por onde passa. Esse é um *troll*. Uma encrenqueira profissional não é alguém que insiste em falar coisas que magoam os sentimentos alheios. Esse é um *hater*. Uma encrenqueira profissional não é alguém que quer discordar das pessoas apenas para fazer o papel de advogado do diabo. Essa é uma pessoa do contra, e o diabo nunca precisou de ajuda legal, então não sei por que tanta gente se voluntaria para o cargo.

Uma encrenqueira profissional é alguém que tem um olhar crítico sobre o mundo, os sistemas falhos e as pessoas que se recusam a fazer melhor. Enquanto escritora, porta-voz e uma nigeriana ardilosa, sou a pessoa que olha torto para as outras quando elas fazem coisas questionáveis. Sou a pessoa que é incapaz de ficar quieta quando sente que foi enganada. Sou a pessoa que diz o que você está pensando e sentindo, mas que não ousa expor em voz alta porque precisa prezar pelo seu emprego, ou porque tem medo de como vai ser recebido. Até escrevi um livro chamado *I'm Judging You: The Do-Better Manual*[1]. Livro esse

---
1 "Estou julgando você: o manual para ser alguém melhor", em tradução livre. (N. T.)

que EU ESPERO que você já tenha lido a essa altura. Se não leu, bom, eu estou julgando você. *pigarreia*

Embora um encrenqueiro profissional não seja alguém que fabrica caos e crises, essa pessoa está ciente de que ser sincero e autêntico e ir contra a maré pode resultar em caos. Porque, em um mundo que insiste que cooperemos apesar de estarmos em meio a um constante furacão, se recusar a fazer isso torna você um rebelde. Encrenqueiros profissionais lidam com isso porque eles têm uma causa a defender. Eles costumam ter a língua afiada e ser mal-interpretados, mas sempre têm um coração de ouro. Um encrenqueiro profissional tem o compromisso de falar a verdade e ser ele mesmo, e é quase incapaz de se curvar diante de um mundo que exige isso.

As pessoas frequentemente me perguntam de onde vem a minha segurança para ser eu mesma e como tenho coragem de dizer o que digo. Sempre dou de ombros e respondo que não me lembro de um momento em que não fui essa pessoa. Quando era criança, sempre que eu me metia em problemas, geralmente era por causa da minha língua. Sendo uma garota *naija* (nigeriana), venho de uma cultura que prioriza a idade quando se trata de demonstrar respeito, mas isso nunca me desceu muito bem. Logo, a pequena Luvvie costumava ficar de castigo por dizer para pessoas mais velhas quando não gostava do que elas estavam dizendo ou fazendo.

Mas também acontece porque venho de uma longa geração de encrenqueiras profissionais. Minha avó, Olúfúnmiláyọ̀ Fáloyin[2], foi meu exemplo durante a infância. Quando paro para pensar, percebo que recebi dela a coragem de toda uma geração.

Minha avó era a CEO da organização "Sem Tempo Irmão". Uma mulher mais velha, nigeriana e estadista, ela era a epítome da pessoa que vive no "que se soda"[3]. Era velha demais para ser repreendida. Sabia como aproveitar o espaço que era dado a ela e, nas situações em que não recebia espaço, ela o tomava por conta própria. Fazia tudo isso com um charme e um sorriso que a tornavam uma pessoa magnética. Ela não era grosseira, mas assertiva. Não era desagradável, mas você ouviria o que ela tinha a dizer. Ela era verdadeira e generosa, e rezava com o mesmo fervor que usava para te dar uma bronca. Ela não suportava ver pessoas

---

2   É pronunciado como Ô-LU-fun-mi-LÁ-iô FÁ-lou-IN.

3   Soda: só porque é mais engraçado que "foda". Vai se acostumando.

sendo enganadas ou maltratadas. Por ser tão justa e fazer tudo com o coração, ela foi bastante amada por muitas pessoas.

Essa é a essência do que significa ser uma encrenqueira profissional.

QUANDO A ENCRENCA ENCONTRA O MEDO

O meu primeiro livro propõe que todos nós nos comprometamos a deixar este mundo melhor do que o encontramos. Já no caso de *Seja Fale Faça*, eu o escrevi porque, para melhorar como pessoa e para ser um encrenqueiro profissional, é preciso fazer umas coisas que dão medo. Este livro é o COMO e o anterior é o O QUÊ. Como é que podemos garantir que não estamos deixando o terceiro planeta mais próximo do Sol numa situação pior do que quando chegamos nele? Como é que a gente garante que essa esfera giratória feita de água não nos dê um pé na bunda? (Bom, eu não tenho a resposta para essa pergunta. A Mãe Terra com certeza já devia ter botado a gente pra correr a essa altura; somos seres horríveis.)

Há muito a ser temido neste mundo. Em novembro de 2017, dei início à conferência TEDWomen com uma palestra chamada "Get Comfortable with Being Uncomfortable"[4], que falava exatamente sobre isso. Depois que a palestra foi ao ar, ela foi assistida mais de um milhão de vezes em apenas um mês. No presente momento, tem mais de oito milhões de visualizações, e esse número continua a subir. Recebo mensagens todo santo dia de pessoas do mundo todo falando sobre como a palestra foi impactante para elas.

Essas reações deixam evidente para mim que a ideia de conviver com o medo é uma grande dor para as pessoas. Temos medo de simplesmente aparecer no mundo e, como resultado, isso afeta tudo ao nosso redor.

Mas esta é a questão: somos humanos. O medo é o jeito de Deus de garantir que não sejamos sem noção, saltando de aviões sem paraquedas.

Deus falou, tipo:

— Vou colocar uma coisa nesses seres para que não fiquem voltando para cá antes da hora, porque sei que esses palermas precisam de limites.

---

4 "Fique confortável com o desconfortável", em tradução livre. (N. T.)

O problema é que a coisa que nos impede de colocar a mão no fogo e deixá-la ali é também o que nos impede de dizer para nossos chefes que não estamos conseguindo pagar as contas porque o salário é muito baixo e que precisamos de um aumento para poder viver com dignidade.

Uma das coisas que observei em minha jornada é como o medo poderia ter me impedido a qualquer momento de fazer aquilo que mudou a minha vida. Ou de fazer aquela coisa que me levou a conhecer a pessoa certa. Ou de fazer aquilo que permitiu que outra pessoa fizesse a coisa que mudou a vida dela. Nós falamos sobre "viver da melhor maneira possível", mas como vamos fazer isso quando o medo pesa como chumbo em nossos pés, como aqueles tênis tijolões dos anos 1990? (Nunca vou entender por que esses tênis feiorosos[5] estão na moda. Parece que seus pés estão enfiados em duas pedras quando você anda com aquelas coisas pesadonas por aí. Por que as pessoas não gostam do que é bonito? Enfim, divago.)

Não acho que a gente consiga superar o medo. É uma luta constante e vamos encontrar diversas oportunidades de fazer coisas que nos assustam. Não vou chegar aqui e dizer: "olha, essas são as táticas para anular o medo". Algum nível de medo sempre vai existir. Mas, ainda que tenhamos medo de nos queimar, nem tudo é um vulcão com lava derretida que precisa ser evitado. Em vez disso, precisamos parar de desejar a ausência completa do medo e reconhecer que estamos ansiosos, porém que não deixaremos que isso funcione como um fator decisivo.

Precisamos aprender a lidar com o medo como lidaríamos com o cabeleireiro que estraga nosso cabelo depois que tínhamos pedido para ele cortar dois dedos na altura de um chanel elegante, mas ele se empolgou e acabou mandando a gente para casa com uma tigelinha. Precisamos combater o medo como se ele tivesse chamado a nossa mãe de careca desdentada. Precisamos bater de frente com o medo como se ele tivesse bebido o último copo de refrigerante, deixado apenas um gole no fundo da garrafa e a colocado de volta na geladeira. Escroto do c******.

Pessoas como eu, que se dedicam a falar a verdade àqueles que estão no poder, não fazem isso sem medo. Não agimos assim porque não temos medo das consequências ou dos sacrifícios que precisamos fazer

---

5   Feio + Horroroso. Feioroso.

por causa disso. Estamos fazendo isso porque temos que fazer. Sabemos que precisamos seguir adiante apesar de tudo. Precisamos ouvir a sabedoria da mestra Maya Angelou quando ela disse: "a coragem é a mais importante de todas as virtudes, porque sem a coragem nenhuma outra virtude pode ser colocada em prática de maneira consistente. Sem coragem, pode-se fazer isso de maneira inconstante, mas não consistente".

Para o encrenqueiro profissional, a verdade, tanto a nossa quanto a das coisas que nos cercam, é mais importante do que o medo que nos impede de lutar por ela. As coisas que precisamos fazer são mais importantes do que as coisas das quais temos medo de fazer. Isso não quer dizer que não sabemos que há consequências; quer dizer que temos ciência de que elas podem acontecer, mas insistimos em continuar.

Encrenqueiros profissionais sabem que o medo é real e que é um *hater* perpétuo, mas ele precisa ser confrontado.

Este livro é um dedo do meio para o medo.

Mas, olha, digo tudo isso sabendo que há sistemas que fazem com que essa atitude de "foda-se o medo" seja mais arriscada para alguns de nós. Nossas identidades marginalizadas agravam o efeito de querermos sair e ir além das nossas zonas de conforto. Sei que pode ser um privilégio estar em uma posição em que existe a escolha de ser um encrenqueiro profissional. E, por isso, espero que este livro, escrito por uma mulher preta, uma imigrante que já foi pobre (mas não sabia disso), de alguma forma contribua para a sua iniciativa de ser um encrenqueiro por você mesmo.

Acho que é importante que saibamos identificar quais são nossos problemas e que, assim, criemos soluções para eles. Precisamos criar o mundo onde queremos viver.

Dito isso, tudo o que peço de vocês neste livro exijo de mim mesma antes, e exijo de mim mesma sempre. Este livro é minha desculpa para dizer A MIM MESMA que continue arrumando encrenca da melhor maneira possível. Sou eu mesma me dando permissão para não ser destemida, porque ser destemido é algo que não existe. Acho que o medo sempre estará lá, mas o que importa é seguir em frente mesmo assim. Não é uma vida *sine metu* ("sem medo" em latim). É uma vida "posso até estar com medo, mas não vou deixar que ele me paralise".

O que compartilho neste livro é o que eu adoraria ter dito para mim mesma aos dez anos de idade, assim aquela menina poderia ter encontrado confiança para ser diferente. Além de: não deixem eles colarem aquela lace no seu cabelo para o desfile de moda no dormitório da faculdade. Vai arrancar seu cabelo e arruinar sua raiz por uns meses. Não vale a pena.

Este também é o livro do qual precisei quando:

- Soube que eu realmente não queria ser médica, mas, uma vez que era um sonho ao qual eu me agarrava desde a infância, fiquei com medo de escolher outra coisa.
- Não me apresentava como escritora, embora escrevesse quatro vezes por semana por nove anos e minhas palavras estivessem tocando as pessoas de maneiras que eu jamais teria imaginado.
- Fui convidada para apresentar a palestra mais importante da minha carreira e recusei duas vezes antes de aceitar, por não achar que estava pronta e sentir medo de ser um desastre no palco.

Este também é um livro do qual preciso agora, nos momentos em que não estou me sentindo tão valente. É um livro de mim para mim mesma que estou permitindo que outras pessoas leiam. Porque, mesmo agora, ainda preciso das instruções que coloquei aqui. Mesmo agora, ainda preciso lembrar a mim mesma de fazer o negócio assustador que estou com vontade de fazer e depois lidar com as repercussões. Mesmo agora, ainda me deixo paralisar de vez em quando.

Este livro é para mim: para quem fui ontem, para quem sou hoje e para quem serei no futuro, quando precisar de um empurrãozinho extra. É o livro que quero dar para os meus filhos um dia a fim de incentivá-los a seguir em frente nesse mundo, livres.

Na seção SEJA, vou falar sobre o que precisamos acertar dentro de nós mesmos para que possamos fazer as coisas que nos dão medo. Porque metade da batalha é dentro de nós, com nossas inseguranças e com nossa bagagem. Precisamos sacudir isso tipo naquela febre que foi o vídeo do "Harlem Shake". (Será que acabei de denunciar minha idade? Não ligo.)

Na seção FALE, vou nos forçar a usar nossas vozes para nosso bem maior e, assim, para o bem maior de todos. Temos muito medo de dizer coisas necessárias, e essa é parte da razão pela qual estamos constantemente batendo de frente com um mundo que não nos respeita. Precisamos falar o que é difícil de ser dito mesmo quando nossas vozes tremem.

A seção FAÇA vai servir de encorajamento para que comecemos a colocar em ação aquela voz que estamos despertando. Há uma citação de Ralph Waldo Emerson que eu adoro, que diz: "o que você faz ecoa tão alto que não consigo ouvir o que você diz". É hora de as nossas atitudes começarem a provar a verdade das nossas palavras.

Ao longo deste livro, também vou compartilhar histórias da minha avó, porque a vida dela é, de verdade, minha maior aula de como viver apesar do medo.

Meu desejo é que, da próxima vez em que você quiser fazer algo que te deixa sem ar só de imaginar, você encontre palavras neste livro que te digam: "Preste atenção. Você consegue. Mesmo que dê tudo errado, você vai ficar bem."

Então... mãos à obra.

Essa sou eu dedurando alguém para a minha avó na festa de sessenta anos dela, e ela fazendo parecer que o que eu tinha para dizer era a coisa mais importante do mundo. De uma encrenqueira profissional para a outra.

SEJA

Precisamos fazer algumas mudanças internas se quisermos enfrentar o medo, porque o que acreditamos ser possível é metade do caminho percorrido. Na seção SEJA, vamos falar sobre o que precisamos melhorar em nós mesmos para que, mesmo quando estivermos com medo, continuemos em frente.

"MEDO: METADE DA LUTA É CONOSCO, COM NOSSAS PRÓPRIAS INSEGURANÇAS E COM NOSSA PRÓPRIA BAGAGEM."

— Luvvie Ajayi Jones

1

SAIBA QUEM VOCÊ É

Temos medo das nossas versões reais.

Temos medo de quem somos em toda a nossa glória (e coragem). Estamos sempre buscando por essa pessoa. Ou nos esquecendo dessa pessoa. Ou reprimindo essa pessoa. Em vez de nos mantermos firmes em quem essa pessoa é.

Sermos nós mesmos, VERDADEIRAMENTE, é necessário porque serve como base. Percebi que é o caso para mim. Há muita coisa a ser temida neste mundo, porque, em geral, a vida pode ser uma barbárie por aí. E nem um de nós precisa temer quem somos em essência, porque quem tem tempo para isso?

Esse lance de bater no peito e se bancar não tem a ver com ser uma pessoa inflexível que tem aquela velha opinião formada sobre tudo. Não é que "ninguém pode te falar porra nenhuma", ou que você não consegue admitir quando está errado. Na verdade, tem a ver com possuir um forte senso de identidade. Tem a ver com saber que você tem seu lugar neste mundo tanto quanto qualquer outra pessoa. Tem a ver com reivindicar um espaço que é seu simplesmente porque você existe.

Desiderata, escrito por Max Ehrmann, é um dos meus poemas favoritos. Meu trecho predileto é: "você é um filho do universo / nem mais nem menos do que as árvores e as estrelas; você tem o direito de estar aqui [...]".

"VOCÊ TEM O DIREITO DE ESTAR AQUI." Como dois e dois são quatro.

Por mais estranho que pareça, abraçar a sua essência não faz com que você seja uma pessoa teimosa. Em vez disso, faz com que você tenha mais espaço para crescer, uma vez que você sabe que tem uma base sólida que não muda, por mais que aprenda coisas novas e adquira novas perspectivas. Essa é uma etapa essencial para ser um encrenqueiro profissional. Porque VOCÊ VAI ARRANJAR ENCRENCA. Sem dúvidas. O que faz com que você saiba se vale a pena? Esse processo de compreender a totalidade de quem você é.

Muito do combate ao medo e da encrenca profissional acontece enfrentando as coisas que nos fazem perder o rebolado. Coisas que nos deixam desnorteados e nos fazem nos esquecer de tudo o que sabemos ser real. Precisamos de pés firmes, enraizados em algo forte, para continuarmos de pé.

Saber quem somos é importante porque cria esse alicerce para nós e permite que nada nem ninguém nos diga quem somos. Porque quando as pessoas dizem que somos incríveis, isso é algo muito bom de se absorver. Mas e quando nos dizem que não valemos a pena? Que não temos valor? Que não merecemos amor e carinho? Ou que fizemos por merecer os obstáculos que encontramos?

Conhecer a si mesmo é não deixar os elogios subirem à cabeça e não levar as ofensas para o coração. Saber quem somos é talhar nossos valores em pedra ainda que nossas metas estejam escritas na areia.

Conhecer a si mesmo é conhecer a própria essência e, para mim, conhecer a minha essência tem a ver com ter raízes em algo para além de mim mesma. É saber não apenas *quem* sou, mas *de quem* sou.

DE QUEM SOMOS

Saber de quem eu sou não tem a ver com pertencer a uma pessoa ou dever algo para alguém. Tem a ver com a comunidade na qual você está inserido, a comunidade com a qual você tem responsabilidades. Tem a ver com saber que você faz parte de um grupo que é maior do que você. Tem a ver com se sentir profundamente conectado a alguém e saber que, não importa para onde vá, você tem uma base. Se fôssemos celulares, saber de quem somos seria o nosso cabo do carregador.

Compreendi a importância de saber DE QUEM SOU durante a infância. Sendo uma garota iorubá, sou parte de um grupo que, algumas vezes, prioriza nosso povo tanto quanto prioriza um indivíduo. O coletivismo toma forma para nós por meio do tradicional oríkì (ô-ri-ki).

O que é o oríkì? É uma palavra em iorubá que mistura duas outras e significa "louvar cabeça/mente". *Orí* significa "cabeça" e *kì* significa "louvar ou acolher". Um oríkì é uma saudação que louva a você mesmo, acolhendo também os seus e tornando seu destino uma realidade. É como seu mantra de entusiasmo pessoal e pode ser proclamado ou cantado.

As tentativas originais de dizer a você mesmo quem você é constituem seu oríkì. Ele é usado para lembrar a você de suas raízes e sua história. Pode incluir a cidade onde seu pai nasceu e a cidade onde o pai de seu pai nasceu. Pode incluir curiosidades que tornam o seu sobrenome especial. Ele enaltece seu povo. Mostra para as pessoas quem você FOI, quem você É e quem você SERÁ. Faz com que você se lembre daqueles que vieram antes de você e abençoa os que virão depois. Pode até incluir alguma intriguinha.

Oríkìs costumam ser cantados em aniversários e outras celebrações. Eles também podem ser cantados durante a passagem para a próxima vida. O oríkì conecta você aos seus ancestrais e leva até os mais estoicos ao pranto porque você pode senti-lo em seu peito. Suas glândulas lacrimais simplesmente se rendem e deixam as águas rolarem.

Sou neta de uma mulher chamada Olúfúnmiláyọ̀ Juliana Fáloyin. Ela é a bússola da minha vida. Quando minha avó dizia o próprio nome, era sempre com um sorriso. O que faz sentido, porque o nome dela literalmente significa "Deus me deu alegria". Era como se o fato de ser ela mesma e sua própria presença fossem fonte de alegria. Quando cantaram o oríkì da minha avó em seu velório, fiquei emocionada porque era tanto uma despedida como uma afirmação poética da presença dela nesta terra. Foi uma salva de palmas para o espírito dela.

Este é um trecho do oríkì da minha avó:

Ọmọ Ògbóni Modù lorè, mèrè ní àkún
Ọmọ Fulani Ìjèṣà a múni má parò oko ọni
Ọmọ a fi oṣe foṣo kí ómọ Ẹlòmíràn fi eérú fọ ti ẹ
Ọmọ arúgbìnrin owó bọ̀dìdẹ̀

Ọmọ Olúmọṣe atìkùn àyà fọhùn
Ògbóni gbà mí, Ọ̀dọ̀fin gbà mí
Ẹ nìí tó nìí gbà lẹ̀ gbani

O que significa, bem por cima (porque há algumas palavras em iorubá que não existem em outras línguas, e é muito difícil explicar seu significado):

Filha da realeza...
Filha de Ìjèṣà Fulani que domina alguém e a propriedade desse alguém
A filha que traz o sabão para lavar suas próprias roupas enquanto a/o filha/o de outro traz as cinzas para lavar as dela/e
A filha que traz dinheiro (riquezas) em múltiplos
A filha que bate no peito ao falar (fala com segurança)
Ògbóni, salve-me. Ọ̀dọ̀fin, salve-me
Aquela que se destaca o suficiente para salvá-lo, é a que se manifestará para fazê-lo.

Esse é o laço dela com aqueles que vieram antes e que a celebram.

***

Eu não sei qual é meu oríkì. Muitos de nós não sabem. Como em muitas tradições, os oríkìs foram deixando de ser prioridade com o passar das gerações. Ando por aí sem nem metade de um oríkì para contar a história. Mas tudo bem. Não me importo, de verdade. Não fico nem um pouco chateada porque vim ao mundo num momento em que o pessoal era mais blasé em relação a isso (é nítido que estou mordida, mas vou levar isso para a terapia).

No entanto, muito do que já fazemos vem dos oríkìs e nem mesmo nos damos conta. A tradição do oríkì não é apenas iorubá, ela se difundiu pela diáspora. Pode-se perceber isso em como as pessoas falam de si mesmas no rap. Pode ser percebido na maneira como as pessoas louvam a Deus. Na maneira como declaramos quem somos nos momentos de maior orgulho.

Quando os cristãos louvam a Deus, dizemos: Rei dos reis. Deus dos Deuses. Alfa e Ômega. O começo e o fim. O Eu Sou. Aquele que abre caminhos. Até onde eu sei, isso é um oríkì.

Quando pensamos na maneira como as pessoas são apresentadas em algo fictício como a série *Game of Thrones*, faz sentido. "Daenerys da Casa Targaryen, Primeira de Seu Nome. Nascida da Tormenta. A Não Queimada. Rainha dos Ândalos e dos Primeiros Homens. Khaleesi do Grande Mar de Grama. Quebradora de Correntes. Mãe de Dragões." ISSO É SUPER UM ORÍKÌ! Você não ficava empolgado por ela toda vez que ela era apresentada? Eu ficava. E é para isso que ele serve!

De vez em quando, escrevo alguns para pessoas que eu admiro para celebrá-las conforme acho necessário. Já fiz alguns.

Para Michelle Obama:
Michelle LaVaughn da Casa Obama. Primeira de Seu Nome. Dama da Dignidade. Magnificência da Melanina. Chique de Chicago. Chefona da Genialidade. Dona dos Braços que Causam Inveja. Eterna Primeira-Dama.

Para o Presidente Barack Obama:
Barack Hussein da Casa Obama. Segundo de Seu Nome. Excelentíssima Ostentância da Casa Branca. Ele que Fala em Frases Completas. Líder Mundial da Pele de Manteiga de Carité. Amoreco da Michelle. 44 Para Sempre.

Para Beyoncé:
Beyoncé Giselle da Casa Carter. Primeira de Seu Nome. Performances de Milhões. Assassina dos Palcos. Cidadã do País das Maravilhas dos Pretos. Mina Preta Lendária. Presidente da Câmara de Wakanda.

Para Oprah:
Oprah Gail da Casa Winfrey. Primeira de Seu Nome. Transformadora de Mundos. Protetora do Reino dos Auditórios. Criadora de Caminhos. Quebradora de Correntes e Limites.

Para Toni Morrison:
Toni da Casa Morrison. Primeira de Seu Nome. Arquiteta de Mundos. Autora Aclamada. Transformadora de Culturas. Pescadora de Prêmio Nobel. Dominadora da Escrita. Laureada Lendária.

Para Aretha Franklin:
Aretha Louise da Casa Franklin. Primeira de Seu Nome. Dama de Detroit. Imperatriz das Notas Altas. Realeza da Reverberação. Dona de Vocais Vitoriosos. Soberana do Soul. Autoridade Sonora.

Para Janelle Monáe:
Janelle da Casa Monáe. Primeira de Seu Nome. Cidadã do Futuro. Equilibrista da Corda Bamba. Semeadora de #PozinhoDePirlimpimpreto. Arrasadora dos Melhores Looks. Intergaláctica que Não Dá a Mínima. Androide Diretora de Wondaland.

Como você pode criar um oríkì no estilo de *Game of Thrones*? Aqui vai a fórmula de como criei os meus:

[Primeiro nome] [Nome do meio] da Casa [Sobrenome]. [Informações sobre o agnome dele/dela (por exemplo, "Segundo de Seu Nome" se houver o agnome "Júnior"].

Essa é a parte fácil.
Próxima etapa: jogue a modéstia no lixo. Atribua a si mesmo todo o crédito do mundo. Quero que reconheça as coisas das quais se orgulha, bem como suas conquistas. Não precisam ser apenas profissionais, podem ser coisas que são tipo seu superpoder. Fique à vontade para usar pronomes reais (rainha, rei, conde, duquesa) para você, afinal, por que não? (Se alguém da monarquia estiver lendo isto, sinto muitíssimo pela apropriação. Só que não.) Seja criativo com a sua descrição se quiser. Também curto a ideia de brincar com aliterações só para dar um gostinho extra.

Substantivo [profissão ou outra descrição] de Substantivo [coisa].

Luvvie da Casa Jones. Primeira de Seu Nome. Assassina do Alfabeto. Escritora de Livros Best-seller. Conquistadora das Cópias. Dama da Dicção. Crítica da Cultura. Feiticeira do Olhar de Soslaio. Comedora de Arroz Jollof. Mestra dos Sapatos Incríveis. Rainha do Reino Jones. Dominadora de Palcos. Nobre Nigeriana e Criadora de Chi-Town.

Eu poderia continuar, mas vou parar por aqui. Você precisa de um desses, e quero que você escreva. Agora, se estiver com tempo. Se não, faça mais tarde.

Sei que deve estar pensando: "mas aquelas pessoas que Luvvie mencionou são famosas e extraordinárias e muito fodas, eu não chego nem perto delas". E, para isso, minha resposta é: "bata na sua cara antes que eu mesma bata". Neste momento. Bata na sua cara. Quero que deixe esse tipo de pensamento para trás, porque, sim, aquelas pessoas são INCRÍVEIS e já conquistaram muita coisa.

Mas você também. Só de estar aqui hoje, neste planeta, você já conquistou o suficiente. (Vamos falar da síndrome do impostor daqui a alguns capítulos.)

E se você tem uma relação complicada com seus familiares? Ou se não tem nenhum laço familiar? Ou se foi adotado e por isso não conhece o histórico familiar da sua família biológica?

Para aqueles que talvez não tenham laços sanguíneos com as pessoas que mais amam, você ainda assim faz parte de um grupo que te valoriza, que te adora e que agradece por você estar aqui nesta terra, neste lugar e neste momento. Para você, todo o meu amor. Se você não tem conhecimento sobre seus laços sanguíneos, isso não impossibilita você de pertencer a um povo ou a uma comunidade ou a um grupo.

Se você realmente não tem uma resposta para DE QUEM você é e este livro chegou às suas mãos e estas palavras estão sendo lidas ou ouvidas por você, então você é realmente uma pessoa que deveria rir na cara do medo. Gargalhar, na verdade. Não ter ninguém não é uma razão de vergonha por aqui, e sim de orgulho, porque isso significa que você atravessou o mundo destruindo esses obstáculos na bicuda por conta própria. Você é um guerreiro.

Seu oríkì pode começar com EXÉRCITO DE UM HOMEM SÓ. Você encarou a vida sozinho e, por mais que ela tenha deixado alguns hematomas, por mais que ela quase tenha afogado você, VOCÊ CHEGOU À TERRA FIRME! Você ainda está aqui. Toca aqui, você merece. Exército de Um Homem Só. Soldado Ímpar. Guerreiro Destemido. Você deixa o Rochedo de Gibraltar no chinelo.

Pode ser que você esteja lendo isso e pensando: "sou mãe e dona de casa. Não tenho nada profissional para colocar em meu oríkì". Bem, ser mãe é um emprego em tempo integral do qual você nunca se aposenta e está sempre fazendo hora extra não remunerada. PODE ACREDITAR que há muitos feitos nisso.

> *Educadora de Líderes do Futuro. Aquela que Segura a Onda de Todo Mundo. Mestra da Agenda. Especialista da Eficiência. Rainha da Dinastia do Sobrenome.*

Todo mundo precisa de um oríkì.

***

Preciso que use esse tempinho para se vangloriar. Digite no computador, escreva à mão, coloque em algum lugar à vista. Pode até plastificar se quiser. Você vai precisar disso um dia – nos momentos em que der de cara com as piores partes de si mesmo ou cair de cara no chão. Você vai precisar disso quando sentir que falhou.

Sabe aqueles momentos em que você está falando, mas está internamente incrédula porque alguém falou com você como se você fosse um zé ninguém? Isso. Nesses momentos também. Nesses momentos, você pode ler seu oríkì e se lembrar de quem você *seja* (isso mesmo, de quem você seja). Depois de se acalmar, ou até mesmo para ajudar você a se acalmar, quero que sempre tenha isso de fácil alcance para te ajudar a cair na real e perceber como você é foda.

Beleza? Beleza.

QUEM SOMOS

Além de saber DE QUEM somos, também é preciso saber QUEM somos. Além das nossas conexões com as outras pessoas, precisamos saber o que é importante. As pessoas costumam falar sobre procurar por elas mesmas e na minha cabeça fico, tipo: "ué, você foi para onde?". Mas essa sou só eu sendo engraçadinha. Sei que, com muita frequência, engolimos nossos impulsos, nossas necessidades e vontades com tanto afinco que acabamos nos esquecendo do sabor que elas têm. Deixamos de desfrutar o gostinho de ser quem somos, isso é arrancado de nós depois de tantos insultos, surras, violações, castigos, abusos e deboches. Acordamos em um belo dia e percebemos que estivemos desempenhando o papel de quem somos há tanto tempo que nos perdemos no personagem.

Essa batalha não é nossa culpa. E é esperado que escondamos quem somos para sermos aceitos. Sempre fico surpresa quando as pessoas me perguntam como sou tão confiante. Sou confiante porque estou constantemente me esforçando para não perder de vista quem eu sou, para assim nunca ter que sair em busca de mim mesma.

Quando temos certeza absoluta de quem somos, sempre temos um lugar para onde podemos voltar. Quando sabemos que o que nos define não é um emprego ou cargo profissional, isso faz com que seja menos provável que a gente se perca junto, caso alguma dessas coisas seja perdida.

Se sinto que estou querendo me perder de vista ou desaparecer, me faço as questões a seguir e depois anoto as respostas. Minha fada madrinha-mentora (que ainda não foi informada disso), Oprah, fala bastante sobre o que sabemos ser verdadeiro. Bom, essas perguntas me ajudaram a ter consciência disso.

O que importa para você?

O que é importante para você: Família? Amigos? É não perder o seu *baby hair* ainda que ele seja frágil e que usar um gorrinho de tricô mal costurado no inverno coloque a sua linha capilar em risco de recuar uns dois centímetros?

Quais são seus valores?

Nossos valores são coisas que defendemos e que nos guiam. Os meus são:

Honestidade. Um dos meus principais valores, em partes porque minto muito mal e minha cara sempre me entrega. Mas também porque quero que as pessoas que me conhecem confiem em mim. É importante para mim que eu seja uma pessoa a menos entre as quais os outros têm de desconfiar.

Autenticidade. Eu sou quem sou, não importa onde eu esteja ou com quem eu esteja. Autenticidade tem a ver com honestidade porque ela insiste que eu seja sincera comigo mesma e com a maneira como me posiciono. Não significa que eu seja sempre a mesma, mas sim que, se eu estiver quieta, estou me permitindo ficar em silêncio e observar naquele momento. Se estou curtindo e sendo a alma da festa, naquele momento estou me sentindo espalhafatosa.

Benevolência. Eu acho importante ser gentil, e ser generoso com o que temos é um fator muito importante para isso, seja com conhecimento, tempo, dinheiro ou energia. Significa que somos menos egoístas em relação à vida e que pensamos no que podemos fornecer à comunidade em prol de um bem maior.

Manteiga de carité. Sim, manteiga de carité é um valor para mim, porque acho que todos nós seríamos melhores se estivéssemos mais hidratados. Arranje um bom hidratante corporal e veja como sua vida se transforma. Você vai acordar sem arranhar a pele seca nos lençóis.

O que te traz alegria?

O que alegra seu coração? Ajudar as pessoas compartilhando o que sei me traz alegria. Meu coração se derrete quando as pessoas dizem que algo que eu fiz ou disse teve impacto na vida delas. Sim, tem um complexo do Cavaleiro Branco rolando por aqui, mas estou tratando isso com a minha terapeuta.

Mesmo em seus piores dias, o que faz com que você seja incrível?

Em momentos em que você não está no clima para ser sua melhor versão, o que é que faz com que você seja incrível apenas por ser você?

Pelo que vale a pena lutar, ainda que seus braços não sejam fortes o suficiente para lutar boxe com Deus?

Vamos supor que você saiba que seu *uppercut* é meio fraco e seu *jab* é uma porcaria. O que vai fazer com que você calce as luvas mesmo assim? O que faz com que você abra uma exceção à regra de "sem violência"? Tenho ciência de que não sei lutar de jeito nenhum, então precisa estar nítido para mim o que me faria entrar no ringue quando necessário. Para mim, é ver alguém que não merece ser maltratado, encurralado ou silenciado.

O que você quer que digam quando estiverem colocando seu corpo debaixo da terra?

Quando chegar a minha hora de deixar esta terra, quero que as pessoas digam: "o mundo ficou melhor porque ela esteve aqui". Também quero garantir que quem quer que tente pular na cova comigo para descolar o Oscar de Mais Enlutado do Mundo seja colocado em seu devido lugar porque, faça-me o favor, essa não é a hora de tentar roubar os holofotes. Vou julgá-los lá do além.

***

De tempos em tempos, eu me faço essas perguntas, porque, quando escrevo as respostas e as leio, elas funcionam como um lembrete perfeito de quem eu sou. Elas são a afirmação da minha missão de vida. Funcionam como um atlas quando percebo que saí dos trilhos depois de uma interação difícil ou de uma reunião difícil ou de um encontro difícil ou de UM DIA difícil. Eu as leio de novo quando percebo que eu (e todo mundo) pareço ter me esquecido de quem diabos eu sou (pode acreditar que senti isso diversas vezes enquanto planejava meu casamento).

A AFIRMAÇÃO DA SUA MISSÃO DE VIDA

Escreva uma afirmação de missão de vida para você. Sua bússola. Aqui está um modelo para ser preenchido:

Qual é o seu nome?

Quem você sente orgulho de ter próximo a você?

Mesmo em seu pior dia, o que faz de você incrível?

O que/quem tem valor para você? O que é importante?

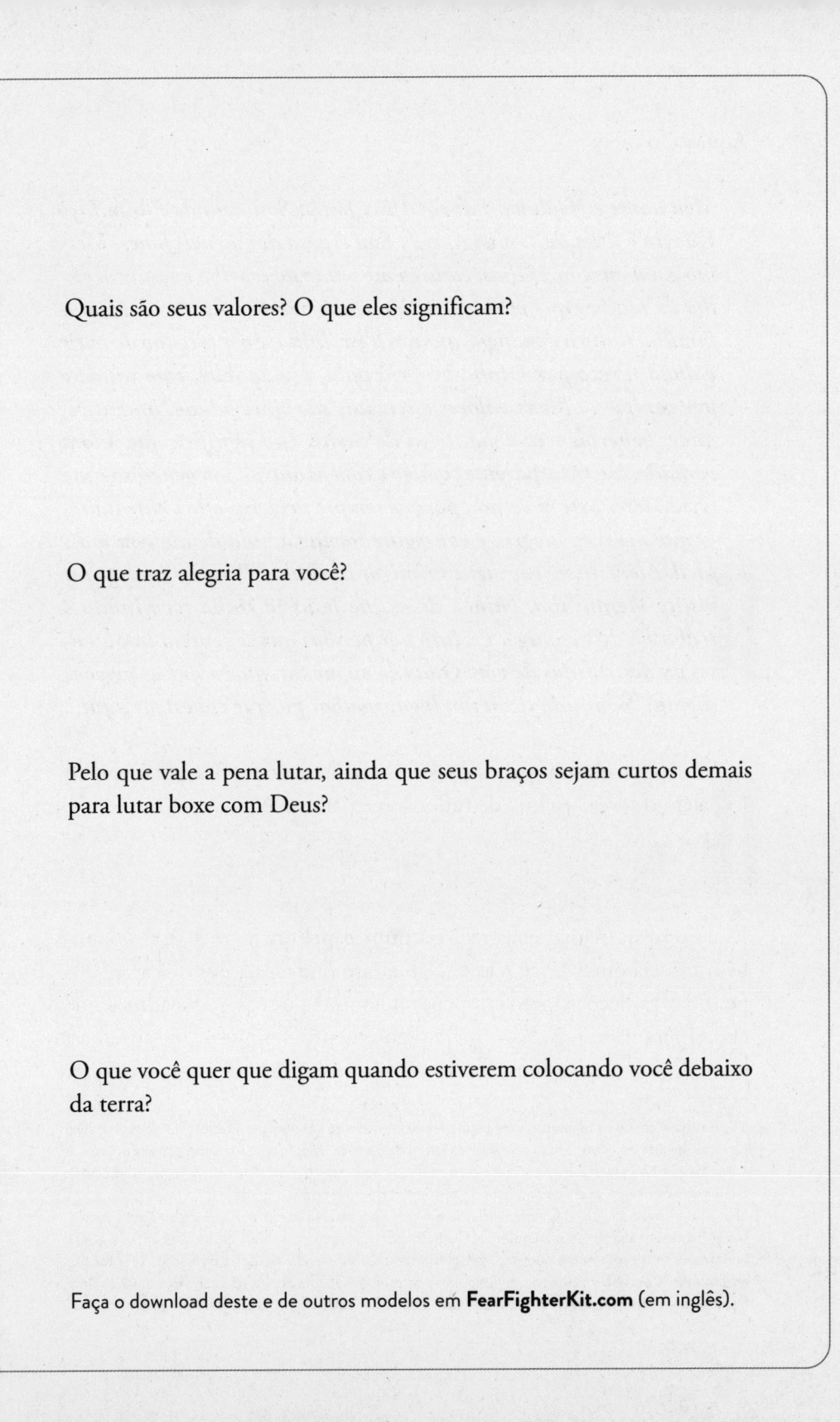

Quais são seus valores? O que eles significam?

O que traz alegria para você?

Pelo que vale a pena lutar, ainda que seus braços sejam curtos demais para lutar boxe com Deus?

O que você quer que digam quando estiverem colocando você debaixo da terra?

Faça o download deste e de outros modelos em **FearFighterKit.com** (em inglês).

Aqui vai o meu:

Meu nome é Ìfẹ́olúwa Luvvie Àjàyí Jones. Sou neta de Fúnmiláyọ̀ Fáloyin e filha de Yẹmisí Àjàyí[6]. Sou esposa de Carnell Jones. Mesmo em meus piores dias, consigo me olhar no espelho e sentir orgulho da mulher que me tornei. Não tenho arrependimentos. Minha família, tanto a de sangue quanto a escolhida, é o que tenho de mais valioso. Prezo por minha própria vida, vivida feliz, com saúde e por completo. Meus valores essenciais são sinceridade, autenticidade, benevolência e manteiga de carité. Isso significa que falo a verdade, sou transparente comigo e com os outros, sou generosa e me recuso a ter pele ressecada porque sempre priorizo estar hidratada. O que me traz alegria é conseguir tornar a vida de alguém mais fácil. Além disso: ver meus inimigos irritados. Porque: consigo ser muito mesquinha. Nunca disse que Jesus já tinha terminado o trabalho dele comigo. Eu luto por pessoas que se sentem impotentes ou destituídas de voz. Quando eu me for, quero que as pessoas digam: "o mundo ficou um lugar melhor porque ela esteve aqui".

Você pode mostrar para outras pessoas, mas não precisa que ninguém leia além de você. Acima de tudo, isso é para você.

***

Esse exercício não apenas registra num papel quem você é, mas também mostra quem você não é. Não é raro que tenhamos de carregar o peso das projeções, preconcepções de outras pessoas e os padrões que elas esperam de nós. Somos frequentemente definidos por sistemas, estereótipos e estruturas que vão muito além de nós mesmos. Saber

---

6   Iorubá é uma bonita língua tonal cujo alfabeto faz uso de acentos para refletir os sons; você vai percebê-los nas palavras iorubá que usei ao longo deste livro. Meu nome, o nome da minha avó e o nome da minha mãe são escritos aqui com todos os seus acentos para honrar a língua tradicional. Seguindo adiante, os acentos não estarão presentes no meu nome e no da minha mãe, porque nós não os usamos no dia a dia. Coloquialmente e no mundo, as palavras iorubá, principalmente nomes, são escritas sem acento com frequência. Quando escrevo meu nome, não coloco os acentos e quero honrar a mim mesma nesse quesito. Pensei muito antes de decidir se usaria ou não os acentos em nossos nomes neste livro e depois pedi a opinião de minha mãe. Ela disse: "não acho que é necessário. Somos quem somos, com ou sem os acentos". Honro a tradição tanto quanto honro a mim mesma.

quem somos é insistir em saber que não somos o que nos é imposto por outras pessoas. Não somos os nomes dos quais outras pessoas nos chamam. Não somos nossos momentos de fraqueza. Por isso, quando tentam impor toda essa agonia e trauma sobre nós, conseguimos dizer "Ah, não. Isso aí não é problema meu". Quando você sabe quem é, é mais fácil refutar quem você não é.

Você sabe quem você é? Sabe quanto esforço foi necessário para que esteja onde está hoje? Sabe quantas coisas poderiam ter dado errado para impedir você de nascer? Sabe que nem uma das pessoas ou situações que amedrontam você é maior do que isso? Você tem noção de como é foda porque há batalhas que você lutou e montanhas que você escalou que quase te tiraram do jogo? Mas não tiraram. Não conseguiram. Você está aqui agora e nem mesmo um milhão de babacas tem o direito de fazer você sentir que não merece coisas boas.

Não permita que pessoas que nem mesmo sabem escrever seu nome falem qualquer coisa sobre quem você é. Não deixe que esse pessoal que só é corajoso atrás de uma tela defina sua bondade ou seu valor enquanto pessoa. Não deixe que as pessoas que estão torcendo por seu fracasso influenciem o seu valor, porque elas vão te direcionar para o caminho errado.

Quando cair na besteira de acreditar na versão deturpada que algumas pessoas têm de você ou de acreditar na projeção de quem eles acreditam que você é, volte a ler sua missão de vida. Lembre a si mesmo de quem diabos você é antes de tentar lembrar a qualquer outra pessoa. Porque, no fim das contas, o mundo vai continuar a nos interpretar mal e vai continuar a nos chamar de piolhentos preguiçosos. Não podemos controlar isso. O que podemos controlar é a imagem que temos de nós mesmos e a certeza que temos de que merecemos amor, proteção e redenção. Em toda a nossa glória assustada e confusa.

Suas habilidades como encrenqueiro profissional dependem disso.

Espero que se sinta aclamado o suficiente. Espero que volte de vez em quando para este capítulo. E espero que, em capítulos futuros, quando eu pedir para que faça coisas que podem ser difíceis, você se lembre de que está tudo bem. E que se lembre de que você é um legado de vários fatores que deram certo (ainda que muitos outros possam ter dado errado no caminho até chegar aqui).

2

SEJA DEMAIS

**Nós temos medo de sermos julgados
por sermos diferentes.**

Quando falamos sobre sermos nós mesmos em toda a nossa plenitude e sobre como muita gente tem medo disso, não quer dizer que as pessoas não querem ser elas mesmas. Quer dizer que elas sabem que, quando se apresentarem para o mundo em todo seu esplendor, serão julgadas por isso. Ser comum e sem graça passa longe de ser uma meta de vida, mas muitas vezes acabamos sendo assim por medo.

Ainda que as pessoas reajam com uma ofensa fajuta à ideia de serem julgadas, sabemos muito bem que todos nós julgamos uns aos outros. Apenas criticamos os outros pelos motivos errados, como nossa aparência, as pessoas que amamos, as divindades que adoramos, se adoramos alguma. Em vez disso, deveríamos avaliar uns aos outros em relação a como somos gentis, a como apoiamos outros seres humanos, a como contribuímos para as soluções dos problemas, pequenos ou grandes, que o mundo enfrenta.

(Também gosto de julgar as pessoas com base no fato de elas beberem *kombucha* ou não, porque não consigo entender como alguém pode gostar de algo que tem gosto de cerveja bolorenta, unha do pé e péssimas escolhas.)

Julgamos uns aos outros e somos julgados diariamente com base em quem somos e em como somos. E, com frequência, as pessoas batem o martelo e decidem que nós somos demais.

DEMAIS (advérbio): "em demasia, em excesso; de maneira muito intensa." (Aulete.com.br)

Ser DEMAIS é ser ou fazer algo em um nível acima do que outras pessoas acreditam ser cortês. É ser diferente.

Muitos de nós já ouviram que estavam sendo escandalosos demais. Ou agressivos demais. Ou intensos demais. Ou intimidadores demais. Ou até mesmo calados demais. Ou sensíveis demais. Ou altos demais. Ou baixos demais. Ou pretos demais. E quando as pessoas dizem que somos DEMAIS em algo, não é um comentário despretensioso. É uma exigência para que mudemos, para que abaixemos o volume. E assim ficamos constrangidos ou envergonhados e tentamos consertar internamente uma coisa em nós que outras pessoas definiram como um problema.

O problema: as coisas que dizem que são demais geralmente são algo que faz parte de nossa essência, de como nos portamos, e frequentemente é algo que não podemos mudar.

Como é possível que alguém seja alto demais? Será que essa pessoa deveria se acorcundar para ficar na altura que outros desejam? Como é possível que alguém seja preto demais? Essa pessoa deveria arrancar a própria pele para ter menos melanina? Não consigo entender a audácia que leva algumas pessoas a fazerem esse tipo de julgamento. Infelizmente, internalizamos essas críticas e elas fazem com que ser diferente, seja qual for a maneira, vire motivo de apreensão.

Enquanto mulher preta, obstinada e assertiva que se recusa a pedir desculpas por qualquer uma dessas coisas, eu sou ministra do Partido Demais. Até sou responsável por levar o cafezinho da reunião mensal. Já fui considerada agressiva, ou espalhafatosa, ou raivosa simplesmente por ser direta.

Mulheres pretas são sempre as que são colocadas nas caixinhas "espalhafatosa demais", "atrevidas demais", "insolentes demais", porque o simples fato de existirmos se tornou sinônimo de algo que é demais. Tenho certeza de que é porque as pessoas conseguem enxergar a divindade que existe em nós, e isso as ofusca, elas não conseguem lidar. Enquanto isso, é melhor que coloquem uns óculos escuros e aprendam a lidar com todo esse Pozinho de Pirlimpimpreto[7].

---

7 Pozinho de Pirlimpimpreto® é o que eu considero ser a magia das pessoas pretas, especialmente de mulheres pretas. Sim, eu patenteei. Você sabe que tem gente que gosta de nos roubar.

Eu me incomodo principalmente com "agressivas demais". Quando alguém diz isso, é porque acabaram de nos ver dando um soco na boca de uma pessoa aleatória na rua? É porque demos um empurrão em alguém sem motivo algum? Ou porque xingamos uma freira? Ou é porque não colocamos pontos de exclamações animados ou *emojis* suficientes nos e-mails que enviamos para os colegas? Pedimos por coisas das quais precisamos de maneira assertiva? Como isso é ser agressivo? O que fizemos para merecer esse rótulo? Pelo menos me deixe merecer o título que vocês me concedem.

Ser acusada de ser DEMAIS é ser solicitada a ocupar menos espaço. Ser DEMAIS é ser excessivo. E como combater isso? Sendo menos do que você é. E essa ideia não me parece nada além de uma traição a si mesmo. O contrário de demais é pouco. Prefiro ser grande demais a ser pequena demais sem pensar duas vezes.

Consegue imaginar como seria se alguém te abordasse do nada e dissesse: "quero que você seja menos tal coisa"? Você ficaria desconcertado e se sentiria ofendido. Mas é EXATAMENTE ISSO que estão dizendo quando dizem que você está sendo demais – eles só estão dizendo de maneira menos acusatória e mais degradante, então você leva a sério e se deixa abalar. Você internaliza e absorve aquilo e tenta mudar quem você é.

E tudo isso para quê? Para atender aos caprichos de alguém com mais frescuras do que um abacate que está amadurecendo. (Agora, falando sério, como é que os abacates estão bons quando você vai dormir e parecem um kiwi quando você acorda? Mistérios do universo.)

Quem somos não deveria atender aos humores de pessoas que nos cercam, ou às inseguranças delas ou às suas projeções sobre nós. Porque quando alguém insinua que você é demais, isso diz muito mais sobre eles do que sobre você.

Você REALMENTE é preto demais para aquele branquelo. Sua melanina ofusca o caucasiano.

Você REALMENTE é alto demais para aquele tampinha. Sua altura faz com que ele fique com dor no pescoço, mas aí já não é problema seu.

Você REALMENTE é agressivo demais para aquela pessoa acomodada. Seu entusiasmo irrita a passividade dela.

Você REALMENTE é calado demais para aquela pessoa inconveniente. Sua calma faz com que ela fique inquieta.

Você REALMENTE é grande demais para aquele lugarzinho minúsculo. Sua vastidão sufoca a insignificância deles.

Em todas essas situações, sua responsabilidade não é deixar de ser a pessoa que foi acusado de ser. Você não deve se transformar constantemente para que as pessoas ao redor se sintam melhores em relação às próprias inseguranças ou aos próprios fracassos. Não é sua responsabilidade viver como um camaleão a ponto de se esquecer de qual é sua verdadeira natureza.

Se você é grande demais, isso quer dizer que o lugar onde você está é muito pequeno para você. Não é seu dever se diminuir para caber nele, mas sim encontrar um lugar que seja maior para que você possa ocupar todo o espaço que quiser e mesmo assim poder crescer infinitamente. Qualquer lugar que exija que você se diminua é um lugar que vai apagar seu espírito e sufocar você.

Quem sai ganhando? Não é você. Nem ninguém, na verdade, porque a versão de você que irão receber será a versão *diet*, a versão com adoçante, a versão *stevia* que provavelmente deixa um gosto ruim na boca. Pode ser que PENSEM que é uma excelente versão, porque você é tão foda que utilizar metade de seu potencial ainda é mais esplêndido do que você espera. MAS eles não têm acesso à sua versão que é livre para se posicionar e ser o melhor que você pode ser, porque estão perdendo tempo representando o que quer que considerem aceitável.

E esse constante encolhimento e apagamento é a receita por meio da qual gigantes acabam em gaiolas. E seu lugar não é em uma gaiola só porque é onde outras pessoas querem que você esteja.

***

Minha avó era a Rainha Suprema do Partido Demais da Associação Internacional de Pessoas Hiperbólicas. Ser demais fazia parte da essência dela. Ela era mandona demais, confiante demais, agressiva demais, atrevida demais, teimosa demais, assertiva demais, geniosa demais, forte demais, dramática demais. Mama Fáloyin, como era conhecida por muitos, era a própria definição de espalhafatosa. Tudo o que fazia era grandioso e não acho que um dia ela já tenha pensado em se diminuir.

Começando pela teatralidade dela. Sendo uma mulher nigeriana na terceira idade, ser dramática demais era tipo uma obrigação, um dever cultural a ser seguido. Era simplesmente o destino. Na verdade, toda a existência dela exigia que, depois de chegar a uma certa idade, ela ficasse melodramática; do contrário, ela não estaria seguindo o roteiro. Isso fazia com que fosse um deleite estar perto da minha avó mesmo quando ela estava aborrecida, porque era quase sempre muito divertido.

Minha avó vinha para os Estados Unidos uma vez por ano e ficava aqui por alguns meses. Ela tinha a tendência de ir além, então é óbvio que ela e minha mãe se estranhavam de tempos em tempos. Houve uma situação específica em que elas tiveram uma briga séria e minha avó, geniosa como era, ficou muito zangada.

Aquela senhora simplesmente entrou no quarto, enfiou algumas coisas em um saco de lixo, calçou os sapatos e depois apareceu na sala. Estava usando um cachecol de ficar em casa, meia e chinelos. Ela vestiu um casaco e pegou a bolsa. Estava muito engraçada porque as peças não faziam sentido juntas, mas isso era parte do show.

Perguntamos para onde estava indo, e ela respondeu:

— Estou indo embora. Vou ficar sentada no ponto de ônibus até que as pessoas que abrigam idosos passem para me pegar.

Nunca soube identificar o momento exato em que a risada escapou da minha boca, mas não deu tempo de segurar. Eu gargalhei! Ela olhou para mim, muito séria, quase ofendida.

Eu: vó, quem vai passar para pegar você?

Minha avó: não sei. Alguém vai ficar com pena de mim e me abrigar.

Eu queria dizer: "ah, faça-me o favor", mas não podia, não estava nos meus planos me tornar o alvo da fúria dela. Então tive que fingir implorar para que ela ficasse. Todo mundo sabia que ela não iria para lugar nenhum. O saco de lixo não fazia o menor sentido. Aquela senhora tinha malas perfeitamente utilizáveis, mas é óbvio que ela não desperdiçaria a chance de fazer cena.

Além do mais, existe por aí alguma instituição que passa pegando idosos que eu não conheço? Tipo uma carrocinha de idosos? Tipo um Uber gratuito para casos de histeria geriátrica? Caramba. Foi hilário. Você pode até dizer que foi dramático demais, porém, pelo menos, foi divertido.

E PASSAR DOS LIMITES? Bom, ela era profissional nisso. Quando minha avó completou sessenta anos de idade em 1991, ela decidiu organizar uma comemoração de sete dias para celebrar a vida dela. Foi em Ìbàdàn, na Nigéria, onde ela morava e onde cresci. Ela alugou três tendas enormes e fechou três quarteirões para a festa. Ninguém tinha que confirmar presença porque todo mundo estava convidado. Não acho que alguém contou, mas acredito que provavelmente mais ou menos mil pessoas compareceram por dia.

Matavam uma vaca por dia para fazer carne de panela para todos os convidados. O arroz *jollof* era ilimitado. Minha avó contratou Ebenezer Obey, o músico mais famoso da Nigéria naquela época, para cantar do entardecer até o nascer do sol. Literalmente. Ele só saía do palco às seis da manhã. Foram três festas de arromba naqueles sete dias, e o coral da igreja dela se apresentou. Foi um baita show de louvores! Aquilo é que foi um entretenimento ungido.

Nós, membros da família, usamos aṣọẹbí[8] o tempo todo. Mama Fáloyin usava uma lace volumosa e correntes de ouro grandes o suficiente para dar inveja em qualquer rapper. Ela preparou dois bolos para cada dia. Eu lembro principalmente de um bolo em formato de Bíblia, afinal: muito cristã.

A comemoração inteira foi UM BAITA EVENTO. Alguns até mesmo podem dizer que foi demais. Mas por que não? Quantas vezes na vida se completa sessenta anos? Uma vez! Bota pra quebrar, minha velha!

Por mais que alguns pudessem pensar que minha avó era DEMAIS em qualquer que fosse o aspecto, ninguém queria perder a festa. A mesma mulher que as pessoas achavam escandalosa demais era também quem elas procuravam para ajudar a armar um barraco quando eram

---

8   Aṣọẹbí (a pronúncia é axo-é-bi) é "traje da família" em iorubá. São vestes de tecidos combinando para ocasiões especiais; mostram que aqueles que as usam são familiares ou amigos próximos do anfitrião da celebração.

tratadas de maneira injusta ou tinham algum problema com alguma figura de autoridade. Ela era escandalosa não somente por si mesma, mas também por pessoas que não tinham voz para fazer escândalo por conta própria.

Eu me lembro de várias ocasiões em que as pessoas vinham chamá-la para intermediar conflitos que tinham com pessoas que estavam tentando enganá-las. Bastava um telefonema dela para que tudo ficasse resolvido. O escândalo que ela fazia não servia apenas para si mesma; as pessoas não a consideravam escandalosa DEMAIS quando isso as beneficiava. E essa era uma das razões pelas quais ela era muito respeitada.

***

Tenho orgulho de ser uma mulher nigeriana. Mas, quando eu tinha nove anos, me mudei da Nigéria para os Estados Unidos e entrei em uma escola nova, e minha confiança em mim mesma ficou abalada pela primeira vez na vida. Foi um dos únicos momentos em que senti que precisava me diminuir porque estava sendo demais. Eu era diferente demais.

(Que fique registrado que eu não sabia que estávamos nos mudando. Achei que estávamos saindo de férias, como já tínhamos feito antes. Ninguém pergunta a opinião da criança ou compartilha as decisões tomadas, aparentemente. Que patifaria. Como eu percebi que tínhamos nos mudado? Quando minha mãe me matriculou na escola. Foi aí que eu disse: "pera aí. Vamos ficar aqui? Mas aqui é frio". Tivemos a pachorra de sair do constante tempo ameno de Ìbàdàn na Nigéria e ir parar em Chicago, nos Estados Unidos, onde o próprio ar faz você chorar durante oito meses do ano.)

Enfim. No primeiro dia de aula, quando entrei na minha sala, a professora me pediu para ficar na frente de todos aqueles rostos desconhecidos e me apresentar. Eu imediatamente percebi que era diferente e fiquei com vergonha de um jeito que nunca tinha acontecido antes. Quem eu era e de onde vinha iam completamente na contramão do que aquelas pessoas conheciam. Foi a primeira vez em que entrei num ambiente onde nem todo mundo se parecia comigo.

Eu não sabia de nada. Até a pergunta "como você se chama?" parecia uma emboscada. A resposta era Ifeoluwa Ajayi[9], mas, naquele instante, aos nove anos, me dei conta de que as crianças (e até mesmo a professora) não conseguiriam pronunciar meu nome direito, achariam difícil, como se fosse um fardo. Meu nome parecia demais. Era estrangeiro demais. Era nigeriano demais. Era estranho demais. E por isso não serviria.

Não fiquei com vergonha do meu nome. Sinto profundo orgulho e amor por ele. Mas senti que precisava proteger uma parte de mim que era sagrada. Então, três segundos depois da pergunta, decidi me apresentar como Lovette. Era um apelido pelo qual uma de minhas tias me chamava de vez em quando, porque Ifeoluwa significa "amor de Deus" (depois, na faculdade, Lovette se tornou Luvvie).

Depois disso, eu reforçava minha decisão sempre que um professor via meu nome de verdade na lista de chamada e franzia as sobrancelhas ou dizia "epa, esse aqui é difícil". (Eles conseguiam errar AJAYI, que nem sequer é difícil de falar, mas faziam com que ficasse.) O que aquilo me dizia era: "essa característica que você tem nos causa desconforto".

Sendo uma garota naija, eu sabia que a forma como eu falava também era estranha demais. O fato de eu chamar uma caneta de "Biro" e biscoitos de "biscuits" não foi a única coisa que fez minha ficha cair; quando ouvi a primeira ofensa racista pela forma como eu falava, eu disse para mim mesma: "é isso aí, meu bem, vamos logo perdendo esse sotaque". Então passei a falar menos e a ouvir mais a maneira como meus colegas de classe falavam. Quando cheguei ao ensino médio, eu tinha perdido grande parte do que entregava que eu era uma novata: meu sotaque nigeriano.

Uma coisa da qual não abri mão foi a minha comida. Eu ainda levava arroz *jollof* para comer no intervalo. Até tentei levar sanduíches, mas, quando dava a hora de voltar para a aula, eu ficava morrendo de vontade de comer algo bem temperado. Então algumas vezes eu me sentava o mais distante possível dos meus colegas de sala para evitar perguntas como "que cheiro é esse?" e "o que é que você está comendo?". *Abeg*, olhe para a frente e me deixe comer minha comida em paz.

---

9 Ifeoluwa Ajayi se pronuncia como i-FÊ-ô-LU-ua á-já-YI, mas, por favor, não me chame pelo meu nome de batismo. Ele é reservado para as pessoas mais próximas de mim. Luvvie serve. (Preciso impor esse limite. Vamos conversar mais sobre os limites no Capítulo 10.)

Minha ascendência, meu nome, minha língua nativa, tudo isso fazia com que eu me sentisse diferente. Na adolescência, ser muito diferente dos outros não era considerado legal, então eu me esforçava muito para não ser nigeriana DEMAIS.

Depois fui para a faculdade, onde os maiores aprendizados acontecem fora da sala de aula. Foi na Universidade de Illinois que recuperei minha *naijaidade*. Foi lá onde conheci pessoas com histórias parecidas com a minha, que também adotaram novos nomes para que seus nomes verdadeiros não fossem destroçados. Foi lá onde percebi que minha perspectiva de vida, que era muito influenciada pela minha cultura, era um dos meus superpoderes. Foi lá onde criei o blog que me trouxe à vida que tenho hoje. Foi onde parei de esconder o fato de que adoro revezar entre a minha língua nativa e o inglês quando estou falando, mesmo em um lugar cheio de pessoas que não falam iorubá.

Quem sou hoje é uma mulher preta, nigeriana-americana de Chicago que não pede licença para ser quem é. Quando abracei todas essas identidades e passei a navegar entre elas, aquilo que era DEMAIS em mim se tornou um fator decisivo para meu sucesso. Meu humor e meu estilo de escrita têm tudo a ver com essas partes de mim.

Espero que jovens pretas ou imigrantes que se encontrem em solo desconhecido possam olhar para mim e saber que elas não são DEMAIS ao serem quem são. Espero que saibam que elas também podem permitir que suas línguas as levem de volta para suas raízes sem sentir vergonha. Espero que saibam que seus nomes não são diferentes demais. Espero que saibam que podem prosperar e construir a vida que desejam sendo exatamente quem elas são na essência, ainda que apareçam na escola com um cheirinho de peixe enlatado.

***

Não quero permitir que as pessoas tentem apagar nosso jeito DEMAIS de ser. A Beyoncé é alguém que, para as pessoas, sempre exagera com seu lado Sasha Fierce. Com seu amor por *bodies* cheios de glitter. Com suas performances que não são deste mundo. Algumas vezes, as pessoas se ofendem com o jeito como ela se atreve a ser tão GRANDE, mas é nítido que ela sabe que isso não é problema seu. Ela está aqui para ocupar TODO o espaço que quiser, quando quiser, e isso fez dela um ícone vivo. E a recompensa é que hoje ela é a maior artista viva. Depois da performance lendária no Coachella, ela cimentou esse título. E depois TALHOU EM PEDRA com o álbum visual *Black Is King*. ÍCONE VIVO. Se você discorda, fala com a minha mão. (Este livro é meu e essa é a verdade. Bjs.)

Penso em como Oprah Winfrey vive sendo acusada de ser DEMAIS por estar na capa da revista *O, The Oprah Magazine*, todo santo mês pelos últimos vinte anos. Ter uma revista de sucesso não é uma conquista pequena, mas manter isso por duas décadas é algo lendário. Graças a Deus ela não deixou que as pessoas a desestimulassem de fazer o que ela sabe que funciona.

A tour de Michelle Obama para o livro *Minha história* aconteceu em estádios. As pessoas também acharam que isso já era DEMAIS. Nesse meio tempo, nossa eterna primeira-dama estava gravando um documentário em todos esses eventos lotados. O livro se tornou um best-seller mundial. A visão. A ousadia. A coragem. Vivo por isso!

E se todas essas mulheres se deixassem convencer de que são demais ao fazer o que querem e ser quem querem ser? Existiria um vácuo no lugar de toda a genialidade da qual teríamos sido privados.

Um salve para todo mundo que já foi chamado de tagarela demais. Ou desbocado demais. Alguns de nós são pagos por isso como oradores profissionais. Alguns de nós colocam as palavras da cabeça no papel e escrevem livros que nos permitem ajudar nossos pais a se aposentarem. AMÉM! Sermos DEMAIS pode mesmo ser positivo. Só precisamos de tempo, oportunidade e destreza.

O que quer que as pessoas julguem como DEMAIS acaba sendo útil quando beneficia aos outros. No entanto, quando isso deixa de ser vantajoso para a vida das outras pessoas e começa a deixá-las desconfortáveis, a situação se torna algo que deve ser interrompido. Essa reação deixa óbvio que sermos DEMAIS é nitidamente útil. As maneiras nas quais somos demais são também nosso superpoder e devemos ostentá-las com orgulho.

A pessoa que é sensível DEMAIS provavelmente é alguém que tem a inteligência emocional muito aguçada. Alguém que saca como as pessoas estão se sentindo, o que permite que detectem quando uma situação terá consequências emocionais. Essas pessoas costumam ser muito cuidadosas com a maneira como falam com outras pessoas; elas são a calma em meio à tempestade. Em uma viagem, são essas pessoas que ajudam a mediar confusões quando um está pulando no pescoço do outro.

A pessoa que é certinha DEMAIS é provavelmente a que é ótima em organizar as viagens em grupo. Elas vão se certificar de que está tudo certo com o transporte do aeroporto para o hotel. Também vão se certificar de que o itinerário está correto e pronto para ser usado. Essa personalidade do tipo A é muito útil para um gerente de projetos.

A pessoa que é enérgica DEMAIS é a pessoa com quem você vai se meter em aventuras na viagem. A energia espontânea com certeza vai atrair peripécias das quais você nunca mais vai se esquecer. Mas vamos torcer para que vocês não sejam presos no exterior.

***

Você pode estar se perguntando: "e se as pessoas tiverem razão ao dizer que sou DEMAIS em alguma coisa? Como saber se não estou ignorando uma crítica construtiva?". Ótima pergunta.

Eu me pergunto algumas coisas quando estou tentando discernir entre uma crítica boa e uma crítica boa para jogar fora.

Essa coisa está atrapalhando meu crescimento pessoal?
Essa coisa está prejudicando outras pessoas?
Essa crítica vem de uma pessoa que me ama e me respeita?

Se a resposta para essas três perguntas for não, então vamos sacudir a poeira, erguer a cabeça e seguir em frente. Do contrário, vamos analisar a situação com atenção.

ESSA COISA ESTÁ ATRAPALHANDO MEU CRESCIMENTO PESSOAL?

Essa coisa na qual as pessoas dizem que você é DEMAIS – ela atrapalha seu crescimento pessoal? Quando a coisa faz com que a gente se comporte de maneiras que vão contra os nossos valores e que são incongruentes com a pessoa sobre a qual escrevemos em nossas missões de vida, vale a pena levar a crítica a sério.

Não posso dizer que generosidade é importante para mim e depois ser mão de vaca com meu dinheiro ou com meu tempo. Se eu tenho cem dólares no bolso, vejo alguém que está em situação de rua pedindo dinheiro e dou só algumas moedas encontradas no fundo da bolsa, então não estou honrando quem eu afirmo ser. NESSE CASO, eu provavelmente estou sendo mão de vaca DEMAIS.

Estou sendo arrogante, inflexível e teimosa DEMAIS? Bom, será que eu me recuso a evoluir em meus pensamentos e minhas ideias porque insisto que minhas visões são as únicas corretas? Isso pode ser um obstáculo para crescer enquanto ser humano e provavelmente significa que as pessoas me enxergam como uma pessoa imutável; o que, por sua vez, significa que a tendência é que eu encontre menos gente que me desafia e mais pessoas que só dizem SIM. E é assim que alguém se torna um terror descontrolado.

Talvez eu seja espalhafatosa DEMAIS e, assim, esteja impedindo que outras pessoas sejam ouvidas em ambientes onde estou quando faço com que minha voz seja a única a ser amplificada, o que impede que haja diversidade de ideias. Em momentos assim, não precisamos nos limitar ou pensar que nossas ideias não são necessárias. No entanto, podemos nos lembrar de dar um passo para trás. Podemos agir com a intenção de saber quando priorizar a voz do coletivo em vez da nossa.

ESSA COISA ESTÁ PREJUDICANDO OUTRAS PESSOAS?

A coisa pela qual estou sendo criticado é emocional, mental ou fisicamente prejudicial a alguém? Caso seja, então, sim, preciso baixar a bola e rever algumas coisas sobre mim mesma. A pessoa que chamam de agressiva demais pode precisar ajustar algumas coisas na própria vida, se isso quer dizer que ela é abusiva com os outros.

Não há sombra de dúvidas que há pessoas que levantariam a mão para outras, mesmo pessoas que elas dizem amar. Ser fisicamente agressivo costuma vir a calhar se você for boxeador profissional ou um lutador de MMA. Mas um ser humano normal que tem fama de quem tem acessos incontroláveis de raiva? Com certeza não é quem eu quero ser ou alguém que quero por perto. Estou permitindo o abuso? Vou me sentir segura perto dessas pessoas? Serei o objeto da agressão física delas?

Você está sendo espalhafatoso demais quando visita alguém que tem um recém-nascido a ponto de acordar a criança? Por favor, separe um tempinho para calar a boca, porque você merece levar um sacode pela falta de consideração. Essa mãe ou esse pai tem o direito de botar você para fora da casa deles na voadora. Pegue leve.

Você também pode estar sendo espalhafatoso demais se estiver no cinema ou na biblioteca e precisar usar sua voz interna. (Deus sabe que eu não tenho voz interna nessa vida. Minha alma nigeriana trabalha com articulação externa. Eu sussurro a cinquenta decibéis, mas Deus ainda não terminou meus ajustes.)

Sua sensibilidade faz com que você chore sempre que encontra um obstáculo, assim manipulando as pessoas a sempre cederem ao que você quer? Há pessoas que usam as próprias lágrimas para saírem impunes de tudo. Isso não é sensibilidade e sim manipulação, e pode causar muito ressentimento em seus relacionamentos, tanto os platônicos quanto os românticos, porque as pessoas podem sentir que os próprios sentimentos estão sendo invalidados. Isso é perigoso porque dá a entender que o que as outras pessoas dizem é desimportante.

Na real, quando mulheres brancas choram, é possível que isso literalmente coloque pessoas pretas em perigo. Imagina só: uma mulher branca se sente confrontada diante de algo que uma pessoa preta fez ou disse. Em vez de dialogar, ela chora. Na mesma hora, não importa qual tenha sido o catalisador da situação, ela acaba sendo acalmada, tranquilizada, paparicada. Já vimos lágrimas de mulheres brancas encerrarem diálogos, ainda que as mulheres brancas em questão tenham sido as responsáveis por instigar o conflito. E a outra pessoa? Acaba levando uma dura. Ou sendo demitida. Ou sendo presa. Ou morta. Quando uma Karen chora, cabeças rolam[10].

---

10 Nos Estados Unidos, alguns nomes são socialmente entendidos como de pessoas brancas – porque são utilizados com frequência para batizá-las –, e Karen é um deles. Portanto, trata-se de uma espécie de metonímia usada pela autora para se referir a mulheres brancas. (N. E.)

Portanto, sim, situações como essas podem prejudicar outras pessoas. E, nesse momento, você deve olhar para si e se esforçar para melhorar.

Do contrário, precisamos ter consciência em relação aos momentos nos quais estamos de fato sendo DEMAIS.

Se a crítica que você está recebendo não está de maneira alguma infringindo os direitos de outra pessoa ou silenciando alguém que tem menos acesso social do que você, então qual é a acusação real?

Todos nós já estivemos em lugares com caras verdadeiramente espalhafatosos que não sabem calaraboquinha, e o que eles fazem é causar confusão sem sentido. Mas, quando as pessoas acusam você de ser espalhafatoso, isso acontece no momento em que você está tentando melhorar a atmosfera de um certo ambiente? É no momento em que você está falando por alguém que não tem voz? É no momento em que as pessoas prefeririam que você não inventasse moda? Nessas situações, você não está sendo espalhafatoso demais. O que você está sendo é inconveniente demais para aquele ambiente. Você deixou todos lá desconfortáveis.

ESSA CRÍTICA VEM DE UMA PESSOA QUE ME AMA E ME RESPEITA?

Se o "demais" vem de alguém que você não tem certeza de que se importa com você ou que já te criticou duramente no passado, então é possível que essa crítica não deva ser internalizada. Eu me cerco de pessoas que amo e nas quais confio e que não têm medo de puxar a minha orelha. Quando ELAS, as pessoas que seguram as rédeas da minha vida, me chamam de canto para me dizer que estou sendo DEMAIS em alguma coisa (na teimosia, na inflexibilidade, na imprudência), eu paro, penso, processo o que me foi dito e então busco uma forma de melhorar.

Mas se vem de um *troll* ou de alguém que tem fama de *hater*, ou até mesmo de alguém que está passando por algum tipo de trauma naquele momento, eu processo a crítica com algumas reservas. Isso vale especialmente para a era das redes sociais, onde milhares de pessoas podem julgar quem somos a todo momento.

Pense em um tweet que viraliza e faz com que pessoas que você nunca viu na vida e que não dão a mínima para você te ataquem. Quando eles disserem que você está sendo DEMAIS em alguma coisa, será preciso que alguém próximo confirme o que está sendo dito.

Mas aí é que está: algumas vezes, as pessoas que nos dizem que somos DEMAIS são pessoas que nos amam muito e que querem o melhor para nós. Podem ser pessoas próximas (pais, amigos, cônjuges) que verdadeiramente nos adoram. Eles querem nosso bem, porém algumas vezes podemos ouvir isso deles. É possível que estejam tentando nos proteger ao dizer isso, mas também podem estar projetando as próprias inseguranças, ansiedades e medos sobre nós no processo.

Sua mãe faz o tipo quietinho? Pode ser que você tenha ouvido dela que precisa ser mais calmo ou que não deve ser tão metido a besta o tempo todo. Já ouvimos de familiares que estamos magros demais na intenção de nos incentivar a comer direitinho, mas isso acaba soando como uma crítica ao corpo. E grande beijo para as tias que nos cumprimentam com "está ficando cheinha, hein?" ou "você está engordando". A intenção é boa, mas de boas intenções o inferno está cheio.

Muitos familiares fazem com que pessoas que amam desenvolvam complexos de inferioridade ao declarar que elas são DEMAIS em alguma coisa. Em vez de rejeitar a falta de tato e deixar o que foi dito entrar por um ouvido e sair pelo outro, nós acabamos acreditando. Justamente porque as pessoas que mais podem nos magoar são aquelas que mais amamos.

Essa terceira pergunta não deve ser considerada sem as duas primeiras, porque se SEMPRE levamos em conta o que nossa família diz sobre nós, ainda que o que estejam criticando não impeça nosso crescimento pessoal e não magoe ninguém, nos tornaremos cópias ambulantes deles. Ou vamos passar o restante da vida tentando corresponder às expectativas da pessoa que eles ACREDITAM que devemos ser. Estaremos eternamente em busca de validação em vez de estar eternamente em busca do próprio crescimento. E, meu amigo, isso é exaustivo.

Alguém disse que você é alto demais? Eles não entendem que isso significa que não vão precisar de um banquinho enquanto você estiver por perto? Não entendem que você sempre vai ter uma visão privilegiada em qualquer show para poder narrar o que está acontecendo no palco? Além disso, por ter os braços compridos, você também provavelmente arrasa tirando selfies em grupo. Quem precisa de um pau de selfie? Você não!

Alguém acha que você é ousado demais? Isso significa que você consegue chamar a atenção de qualquer um, o que é muito útil em um ambiente cheio de gente. Significa que você costuma ser lembrado, e isso é carisma.

Alguém acha que você é emotivo demais? Significa que, quando você estiver prestes a tomar uma multa, consegue chorar ali mesmo e fazer com que o policial se sinta culpado a ponto de optar por uma advertência verbal.

Brincadeira! (Mais ou menos.)

***

Então o que você deve fazer? SEJA DEMAIS. E não peça desculpas. Se ser DEMAIS não estiver impedindo seu crescimento pessoal ou prejudicando outras pessoas, fique firme.

Perceba que eu disse crescimento PESSOAL. Profissionalmente, MUITA COISA depende de sermos o mais "não diferentes" possível do que é esperado. Nós nos matriculamos em cursos e oficinas que nos ensinam a nos comportar como pessoas completamente diferentes em entrevistas. Posamos para fotos do LinkedIn usando camisas brancas de botão para entrarmos no padrão.

Se você gosta de estampa de oncinha, vai ouvir que não pode usar essa estampa no escritório porque não cai bem em um ambiente profissional. Você curte ternos vermelhos? Sem chance. Queremos cinza ou azul porque vermelho é arrojado demais. Quer demonstrar entusiasmo e sair na liderança? Vai ouvir que deve pegar leve para trabalhar melhor em equipe.

Somos ensinados que sermos diferentes DEMAIS não é algo bem-visto, então basear a nós mesmos e nossos parâmetros no que somos no ambiente profissional vai nos fazer dar com a cara na parede de novo e de novo.

No trabalho, nos deparamos com muitas pessoas que têm muitos sentimentos. Frequentemente, você vai perceber estar fazendo seu trabalho ALÉM de carregar o fardo que é ficar de babá dos sentimentos de outros adultos, e ainda por cima sem receber hora extra pelo esforço emocional. Isso por si só é como muita gente acaba ouvindo que é

DEMAIS. Essas pessoas vão para o trabalho com toda a gama de cores quando o modelo de negócio na verdade segue uma escala de cinza.

Se basearmos a possibilidade de sermos DEMAIS ou não na vida profissional, estaremos sendo demais a todo momento.

Quero aproveitar para parabenizar a todos vocês que estão trabalhando e prosperando em ambientes corporativos. A todos vocês que precisam rasgar seda a todo momento no trabalho para não serem considerados reativos pelos colegas. A todos vocês que aprenderam a morder a língua mesmo em momentos em que a vontade é mandar o babaca da baia ao lado para o inferno. Um forte aplauso para aqueles que sabem ter um chefe incompetente e ainda assim conseguem cumprir as próprias responsabilidades. Vocês precisam fazer o próprio trabalho e o dele também E, ALÉM DISSO, agir com decoro. Vejo vocês. Minhas sinceras saudações e todo meu respeito.

Penso sempre em mulheres pretas que se viram do avesso para apresentar desempenhos excelentes apesar de colegas de egos frágeis que as delataram para o RH por "serem demais em _____". Estou vendo você, mulher que sabe que é mais inteligente do que todos na reunião, mas aprendeu a sorrir e acenar para não ser considerada agressiva. Estou vendo você, pessoa que alisa o cabelo para trabalhar para não ser considerada preta demais para um lugar que diz valorizar a diversidade, mas onde a única outra pessoa não branca está trabalhando na recepção.

Pode ser que você esteja fazendo o que tem que fazer para botar o pão na mesa (até que encontre um lugar onde não precise usar esse tipo de máscara), e você tem todo o meu respeito.

Todos que já ouviram que são demais, que exageram de alguma forma, e que por isso se sentiram como se as próprias particularidades significassem que não bastam, estou vendo vocês. Entendo como se sentem. Sou como vocês. Então o que eu faço? Insisto em ser quem sou. A totalidade de quem sou. E depois ainda completo com um pouquinho mais de eu.

Algumas vezes, adiciono uma porção extra de EU em mim mesma quando chego em algum lugar, porque quero que as pessoas se acostumem a se deparar com alguém que surge talvez em um pacote diferente do que esperam e que trabalha bem e que é excelente.

Com frequência, sou convidada para palestrar em conferências ou internamente nos eventos de uma empresa na lista das cem maiores da *Fortune* e, quando pergunto qual é o *dress code,* costumo ouvir que "trajes sociais" são a opção mais segura. E, olha só, AMO usar blazer, Oxford e sapatos sociais. Durante 40% do tempo, eu me visto como um idoso branco do Maine que tem um iate. Meu guarda-roupa é cheio de roupas engomadinhas. No entanto, há momentos em que mando o *dress code* às favas e o contrario de propósito apenas para ser diferente.

Por quê? Para que as pessoas saibam que nós merecemos estar em qualquer que seja o lugar, de todas as formas possíveis e em qualquer que seja o traje que estejamos usando.

Uma vez, cheguei a uma conferência de tecnologia que eu ia apresentar e o lugar estava cheio de nerdolas brancos. Eu era uma das duas pessoas pretas na sala. No dia seguinte, apareci usando uma camiseta com uma foto do Lionel Richie na qual se lia: *hello, is it me you're looking for?*[11]. Porque a apresentadora que eles esperavam provavelmente não era eu, mas olha só onde eu estava. Toma, toma, toma.

***

Estou ciente de que nem todo mundo tem o privilégio social ou profissional de sempre agir como um rebelde com causa. Não estou aqui para causar sentimentos negativos em relação ao fato de que você está dando seu melhor. Em vez disso, quero que aprenda a nadar em um mundo que pode parecer querer te afogar. Faça o que puder, onde e como puder. Não se martirize. Deus sabe que você já faz muitos malabarismos. Não precisa trazer complicações para si mesmo.

O que vim fazer foi te informar de que você não está sozinho quando ouve que é DEMAIS. E, da mesma forma, dizer que não tem nada de errado com você. Vim encorajá-lo a analisar as vezes em que se anulou pelo conforto dos outros. Quero que reflita sobre as vezes em que fizeram você sentir que não era bem-vindo, ou que não se encaixava, ou

---

11 Em alusão aos versos da música do cantor, cuja tradução livre seria "olá, sou eu quem você procura?". (N. E.)

que sua presença era algum tipo de incômodo porque você é uma caneta marca-texto em um mar de lápis 2B.

Você sempre vai ser demais para alguém. Quer ser menor? Tudo bem, você pode até tentar. Mesmo assim, algumas pessoas não vão achar sua tentativa suficiente. Você diminuiu seu dez para um oito quando na verdade querem um quatro. Por que tentar? Esfregue o dez na cara deles. Podemos acabar nos entortando até partir ao meio tentando caber em certos lugares e, mesmo assim, posso garantir que vai sempre existir alguém que não está satisfeito.

O seu DEMAIS é um superpoder, e os *haters* não querem ver você ostentando uma capa. Então o que fazer? Seja muito demais. Seja você em toda a sua totalidade e depois ainda adicione uma pitada extra. Seja DEMAIS, porque não importa o que faça e o quanto tente, alguém sempre vai achar que você é DEMAIS em alguma coisa. Então #mandabala e dê uma razão para que digam isso. Seja o mais você que puder ser.

3

SONHE COM AUDÁCIA

Temos medo de ter esperanças demais.

Vivemos em um mundo que, com frequência, parece ser o Quartel General do Caos, que nos arrasa diariamente em meio ao desvario e à confusão. Esse mundo é muito propenso a nos desiludir com tragédias, notícias terríveis e touquinhas horrorosas. E assim vivemos em constante suspense, sem saber quando esse tipo de coisa vai nos acontecer. A caixa de Pandora está sempre sendo aberta.

Então entendo a razão pela qual temos medo de sonhar. É difícil para nós criar esperanças de que as coisas vão correr como esperamos. Apesar disso, no entanto, precisamos afastar essa preocupação o máximo possível de nossa psique. Você pode chamar isso de insensatez, mas eu chamo de necessidade.

Quando temos medo de ter esperanças demais, estamos, na verdade, com medo de nos decepcionar. Ficamos apreensivos diante da expectativa de que o mundo nos agrade e nos traga coisas boas, afinal, e se a gente acabar dando com os burros n'água? Então sonhamos com os pés no chão ou nem sequer sonhamos. Porque se não esperarmos nada, ou se esperarmos algo pequeno, não nos decepcionamos quando as coisas grandes não acontecem. Parece ser um excelente mecanismo de defesa, mas na verdade é um empecilho em nossa vida, porque nos faz estar constantemente nos preparando para levar uma porrada.

Quando sentimos medo de pensar que as coisas podem ser muito boas, podemos concretizar justamente o que tememos. Pensamos que a vida, do alto de toda a sua filhadaputice, está esperando para nos dar um soco na cara e dizer: "ENTÃO QUER DIZER QUE VOCÊ ACHOU QUE EU SERIA FÁCIL?". Por isso não sonhamos, porque não queremos dar à vida a satisfação de puxar nosso tapete.

Isso se manifesta na vida real quando não nos arriscamos a tentar aquela vaga desejada porque achamos que a resposta vai ser não. Pode ser que a gente não preste vestibular para a universidade que mais queremos por achar que não há a mínima chance no universo de passarmos. Mas e se pudéssemos encontrar lá um grande amigo ou o amor da nossa vida? E se lá pudéssemos arranjar um estágio incrível que resultaria no emprego dos sonhos? Para resumir, acabamos vivendo uma versão desbotada da vida que realmente queremos, o que, por sua vez, acaba confirmando que a vida é uma porcaria.

Mas olha só. A vida realmente pode ser um balde de cocô, mesmo para aqueles que TENTAM e PROSPERAM e SONHAM. A diferença é que essas pessoas podem colocar a cabeça no travesseiro à noite e dormir com tranquilidade sabendo que ao menos tentaram. Elas têm o pequeno consolo de que fizeram o que estava ao seu alcance. Pode ser que as peripécias da vida passem de todos os limites para essas pessoas, mas elas sabem que a culpa é da própria vida, não delas mesmas.

***

Muitos de nós perderam a capacidade de sonhar ou nem sequer pudemos desenvolvê-la para começo de conversa, uma vez que vivemos em um mundo que faz disso muito difícil a menos que você seja um homem branco, cis, heterossexual, cristão e fisicamente apto.

Estamos presos em sistemas opressivos que foram projetados para nos jogar migalhas quando merecemos um banquete. Fomos rejeitados, desrespeitados e privados de coisas às quais temos direito. Nosso padrão é viver em modo sobrevivência e, sendo assim, sonhar é um privilégio que não podemos bancar.

Também arrancaram nossa imaginação, porque o negócio é muito injusto. Tetos de vidro já nos mostraram que, quando buscamos algo mais, o que vai acontecer é que vamos bater a cabeça em algum limite. Então acordamos em um certo dia sem o menor indício da esperança que é necessária para nos encorajar a lutar por qualquer coisa parecida com equidade neste mundo.

Quero poder sonhar como homens brancos que nunca precisaram ouvir que existem limites para onde querem chegar. Algumas vezes penso no Summit e na Powder Mountain[12]. O que é o Summit, você me pergunta? É uma organização social restrita cuja sede fica localizada na montanha que eles têm (Powder Mountain). Vou repetir: uma organização social que tem uma propriedade numa montanha comprada por ela. VOCÊ SABIA QUE EXISTEM MONTANHAS À VENDA??? Porque eu, com certeza, não sabia.

Não, mas sério, VAMOS FALAR SOBRE ISSO. Vou fazer um resumão: o Summit começou porque um grupo de caras brancos que queriam mudar o mundo começou a convidar amigos para passarem o fim de semana em chalés em uma montanha que eles gostavam em Utah. Então eles começaram a ir para essa montanha com mais frequência. Então pensaram: "pera aí, considerando que a gente vem tanto aqui, por que não compramos a montanha e chamamos mais uns amigos? Parece uma boa". E foi exatamente o que fizeram: compraram a Powder Mountain por quarenta milhões de dólares e conseguiram outras pessoas para investirem nos sonhos deles.

Tem algumas perguntas que eu adoraria fazer:

1. Como é que foi a conversa sobre comprar a montanha, afinal?
2. Alguém riu da pessoa que mencionou a ideia pela primeira vez?
3. Eles estavam chapados? Do quê?
4. Quando chegaram num consenso, tipo, "beleza, vamos comprar a montanha", ficaram receosos com a ideia?
5. Quem você procura quando está interessado em comprar uma montanha? Eu sei que não dá para encontrar isso nas páginas

---

12   Alyson Shontell. "É oficial: quatro jovens sócios acabaram de comprar uma montanha por 40 milhões de dólares para farrearem". *Business Insider*, 7 maio 2013. Disponível em: https://www.businessinsider.com/what-summit-series-is-and-why-it-bought-40-million-powder-mountain-for-summit-eden-2013-5. Acesso em: jul. 2022.

amarelas da lista telefônica. (Sim, eu sei que entreguei a minha idade falando isso.)

A audácia de um homem branco não supervisionado é de impressionar. A única inveja que sinto deles é da possibilidade de poder vivenciar a ausência de opressão, a liberdade, a coragem e o descaramento desenfreado de sequer pensar que faz sentido ser dono de uma montanha. Eu quero essa falta de limites.

O sistema que homens brancos criaram, projetaram e a partir do qual eles lucram, o sistema que nos deixa com medo de nossas próprias sombras enquanto eles pisam em nós, foi muito bem-feito, não foi? Funciona muito bem.

Mas há algo que precisa ser dito: não é que os caras no Summit sejam mais inteligentes ou até mesmo mais corajosos do que qualquer um por pensar em comprar uma montanha. Não é isso. Bom, eles de fato são inteligentes, mas, ao mesmo tempo, como milhões de homens brancos, se beneficiam de serem constantemente priorizados, bajulados e servidos. Eles não foram programados para receber menos do que isso do mundo, como acontece com o restante de nós. Por que diabos eles não quereriam comprar uma montanha?

Precisamos da coragem e da cara de pau de ousar levar essas coisas em consideração também, ainda que saibamos que vamos precisar ser quatro vezes melhores, três vezes mais qualificados e duas vezes mais profissionais para conseguir coisas que para eles são entregues de bandeja, basta aparecerem onde quer que seja, mesmo com sono e de bermuda amarrotada. Então digo sem um pingo de ingenuidade: sonhar alto, por si só, é um privilégio. No entanto, estou pedindo que nos enganemos e nos façamos pensar que temos o privilégio de sonhar alto.

***

Ser audacioso o suficiente para sonhar significa descobrir a coragem de pensar que sua vida pode ser ainda maior do que consegue imaginar. Mas, com frequência, não chegamos lá porque temos medo do que vai acontecer quando a esperança não der em nada. Temos medo do quanto ficaremos arrasados e decepcionados.

Por isso, temos que nos arriscar e pensar que o que queremos é possível, para começo de conversa. Sonhar é, por si só, um gesto de coragem, porque visualizar nosso ápice é ser ousado o suficiente para pensar que, de alguma forma, podemos chegar lá.

Em minha jornada enquanto escritora, autora e oradora por acidente, por vezes tive medo de sonhar alto demais para o caso de me decepcionar. Em outras vezes, no entanto, quando algo acontecia, eu percebia que era porque eu havia de fato externalizado aquela vontade, ainda que apenas para mim mesma.

Vamos falar sobre como minha vida mudou depois de uma afirmação de visão mais de dez anos atrás. Na verdade, vamos voltar até um pouco mais do que isso.

Quando era criança, eu sabia exatamente quem queria ser: dra. Luvvie era o meu sonho, porque eu gostava de ler e queria ajudar as pessoas – sabe como é, a grande aspiração de todas as crianças imigrantes e filhos de imigrantes nascidos em solo norte-americano. Quando nos mudamos da Nigéria para os Estados Unidos, esse sonho foi uma das coisas que trouxe comigo.

Ao longo da minha trajetória acadêmica, não precisei me esforçar muito para tirar nota máxima. Eu fazia todos os meus trabalhos na noite anterior da entrega ou até pela manhã do dia e mesmo assim conseguia. Só que, quando comecei a estudar psicologia para medicina na Universidade de Illinois, a disciplina de química aconteceu.

Eu assistia àquela aula todos os dias e ainda tinha algumas horas complementares com o professor e o monitor, mas, ainda assim, minha dificuldade era tremenda. Minha nota chegou no fim do semestre: um belo de um 4,5. Danou-se de vez. A primeira nota baixa da minha trajetória acadêmica e eu chorei como se alguém tivesse queimado minha panela de arroz.

Depois de um momento em que me sentei para ter uma conversa séria comigo mesma (que foi, tipo: "amiga, você nem gosta de hospitais! Você seria a pior médica de todos os tempos!"), procurei meu orientador e caí fora do curso voltado para medicina. Decidi que provavelmente seria melhor estudar psicologia voltada para questões organizacionais/industriais. Eu ainda poderia ajudar as pessoas dessa forma. PARABÉNS PARA MIM!

(Curiosidade: não contei para minha mãe que abandonei a parte do curso voltada para medicina, então, três anos e meio depois, na minha formatura, ela falou: "beleza, e a medicina?". Eu: "então... o que aconteceu foi o seguinte... tirei nota baixa em química. Abandonei esse sonho bem depressa. Mas, olha só, terminei a faculdade em quatro anos! PARABÉNS PARA MIM!". Sou uma salafrária de marca maior. *Bravo*. Acho que, naquela altura, ela deve ter pensado que uma vez que eu tinha me formado e que ninguém tinha ligado para ela para dizer que eu estava em apuros, eu que me virasse. Ela confiou em mim para lidar comigo mesma sozinha, o que foi um presente, mas poderia ter dado muito errado. OI, MOLECADA JOVEM LENDO ISSO, NÃO MINTAM ASSIM PARA SEUS PAIS. Não serei responsabilizada por isso. Beleza? Beleza.)

Conforme o meu sonho de medicina terminava, outro começava. Meus amigos me pressionaram para criar um "*weblog*". E, quando digo "pressionaram", quero dizer que bastou que alguém sugerisse uma vez para que eu topasse.

Comecei meu primeiro blog no começo de 2003, com um nome meio emo, tipo *A carta que eu nunca escrevi*. Nele, eu documentava minha trajetória universitária, escrevia sobre provas para as quais eu não estudava, sobre o 4,5 que tinha tirado, sobre problemas com colegas de quarto. A fonte do blog era Comic Sans, então dá para ter uma noção. Mas eu estava adorando esse novo hobby e minhas aulas de psicologia. Fiz alguns estágios na área de marketing e percebi que era boa nisso também.

Quando me formei em 2006, deletei o blog da graduação e criei outro, o que é hoje *AwesomelyLuvvie.com*. Vida nova, blog novo! Eu trabalhava em tempo integral e postava quando chegava em casa. À medida que escrevia sobre o mundo e minha perspectiva sobre ele, meu blog foi ficando popular e, em 2009, ganhei meu primeiro prêmio: Melhor Blog de Humor na premiação (hoje extinta) *Black Weblogs Awards*. Fiquei feliz porque lá estava eu, recebendo reconhecimento pelo meu hobby.

Hobby. Aham. Tá bom.

O negócio era o seguinte. Eu estava com medo de me autointitular escritora. ESCRITORA? ONDE? Eu tinha medo desse título e de todos os sonhos que poderiam vir atrelados a ele e que eu não conseguiria realizar. Toni Morrison e Maya Angelou e Zora Neale Hurston. Essas, sim, eram escritoras. Eu era só uma menina escrevendo posts pessoais falando sobre o que dava na telha. Escritora? "Minha filha, se toca. Você não está à altura desse título." Era o que eu dizia para mim mesma.

Eu gostava do meu emprego como coordenadora de marketing ajudando organizações a contar suas histórias nas mídias digitais. Eu estava ganhando o suficiente para pagar minhas contas, que não eram muitas. Estava tudo bem. Mas não estava. Eu estava entediada naquele emprego, o que me deixava inquieta. Mas eu não pediria demissão. Até parece. A gente não faz isso. A gente só engole o desconforto e continua batendo ponto todos os dias.

Mas eu devia ter me lembrado daquele negócio de que sinceridade é um dos meus valores. Quando me recusei a ser sincera comigo mesma, as mentiras que tentei contar, ainda que só para mim, não acabaram bem. Minha ética profissional é uma das minhas maiores qualidades, mas eu comecei a ser uma funcionária bem meia-boca. Passei a vestir a camisa só pela metade. Passei a postar no blog em horário de trabalho. Dormi em uma reunião. Tipo, olhos fechados, cabeça caindo. Numa reunião de equipe com mais nove pessoas. PELO AMOR DE DEUSSSSSS. Enquanto funcionária, eu estava indo de mal a pior.

De repente, em abril de 2010, fui mandada embora. Alegaram ser devido a cortes de orçamento. Eu tive a cara de pau de ficar surpresa, galera. Tive a pachorra de agir como se eu não esperasse por aquilo. Minha filha, você vem sendo uma funcionária mixuruca há meses! Na verdade, eles me fizeram um favor ao me mandar embora quando tinham razões para me dar justa causa.

A demissão foi como se Deus e o universo me dessem um empurrãozinho para dar um salto no escuro e surfar nesse sonho de escrita que eu estava com medo de alimentar. Mas sou teimosa como uma porta, então não percebi isso. Eu estava mandando currículos a torto e a direito porque precisava continuar elegível para receber um seguro-desemprego. Meu gosto por sapatos não se bancaria sozinho, no fim das contas.

Naquele período, houve momentos em que me perguntei se deveria parar de investir tanto tempo em meu blog, mas não consegui. Algo não permitiu. Eu ainda não pensava nele como algo além do meu hobby, quando todos os indícios mostravam que meu propósito era fazer as pessoas rirem e pensarem através das minhas palavras, que meu propósito era tornar o mundo um lugar melhor.

Eu era escritora. Mas estava com medo, porque não havia um manual de instruções que eu pudesse seguir e eu não via essa como uma profissão tangível. Para ganhar uma grana enquanto procurava emprego, eu projetava sites e oferecia consultoria para pequenos negócios e para outros blogueiros sobre como contar as próprias histórias usando as redes sociais (minha especialidade).

Depois de um ano procurando por um emprego tradicional (enquanto administrava o blog), finalmente fui contratada para um emprego em tempo integral como coordenadora de redes sociais de certa marca alimentícia global. Cheguei ao escritório com minha calça social e camisa de botão na maior vibe "sou uma pessoa séria". Minha primeira tarefa foi desenvolver uma campanha e eu estava arrasando!

Aí o relógio bateu uma da tarde, e as paredes daquele escritório pareciam estar se estreitando ao meu redor. Jurojuradinho que senti vontade de escorregar pela minha cadeira ergonômica até cair no chão e ficar deitada lá. Minha alma não estava curtindo o novo emprego. Naquela mesma noite, escrevi um e-mail para meu novo chefe. Agradeci pelo emprego e avisei que aquele havia sido meu primeiro E último dia. Era um emprego maravilhoso, mas não era para mim.

Enquanto isso, outras oportunidades continuavam a surgir, todas relacionadas à escrita. Eu finalmente comecei a me perguntar por que tinha tanto medo de ser escritora.

Alguns meses depois, participei da cobertura de imprensa do tapete vermelho e dos bastidores do Oscar (em fevereiro de 2012). Fui escolhida porque um produtor que adorava meu blog achou que eu deveria estar lá. Pois lá estava eu, representando o blog *Awesomely Luvvie*, nos bastidores do Oscar, comendo camarão e chocolate ao lado de jornalistas da BBC, da CNN, do *Entertainment Tonight*! Eu. Euzinha, em carne e osso! CARAMBA.

Aquela experiência sacudiu o meu mundo: eu estava naquele lugar e respirando aqueles ares graças ao meu dom, graças às minhas palavras. Como eu podia dizer que NÃO era escritora? Eu podia não ser Toni ou Maya, mas eu era Luvvie, e o medo do título de escritora tinha me privado de honrar meu propósito.

O medo pode de fato nos impedir de fazer e dizer coisas que são nosso propósito. Mas, quando tomei a decisão de que não deixaria que o medo governasse minha vida ou ditasse o que eu fizesse, meus sonhos mais improváveis começaram a se tornar realidade.

***

Depois da faculdade, eu tinha dois grandes sonhos sobre os quais escrevi incontáveis vezes em afirmações de visão ou listas de coisas para fazer antes de morrer. Um deles era escrever um livro best-seller do *New York Times*. O outro era ajudar minha mãe a se aposentar um dia.

Enquanto mãe solteira, Yemi Ajayi sempre foi uma das minhas maiores motivações para decolar neste mundo. Os sacrifícios que ela fez (nos trazer para os Estados Unidos e deixar tudo para trás e depois dar um jeito de transformar dez centavos em um dólar) me incentivaram a me atrever a sonhar. E ela lidava tão bem com as coisas que nunca percebi que estávamos a um salário do olho da rua. Sempre quis dar orgulho para ela e queria que as últimas décadas da sua vida nesta terra fossem o mais despreocupadas possíveis.

Quando completei trinta anos, em 2015, decidi que aquele seria meu ano do "tá com medo? Vai mesmo assim". Eu decidi que faria tudo o que me dava medo ou que não faria normalmente, como em *O ano em que disse sim*, da Shonda Rhymes. Naquele ano, pulei de paraquedas, viajei sozinha para cinco países diferentes e escrevi meu primeiro livro.

Escalei uma montanha pessoal e despejei 75 mil palavras que vieram a ser o *I'm Judging You: The Do-Better Manual*. Finalmente fui capaz de escrever esse livro porque superei meu medo de me autointitular escritora. A coragem da qual eu precisava não veio de uma aula ou de um diploma, veio literalmente de uma mudança de perspectiva. O monstro não deixou de ser gigante, mas decidi enfrentá-lo.

O livro foi publicado no dia 13 de setembro de 2016 e, no dia 21 de setembro de 2016, recebi um telefonema que me informava de que ele estava em quinto lugar na lista de best-sellers do *New York Times*. Eu estava oficialmente em um clube que trazia vários privilégios e minha vida mudou instantaneamente. O valor do meu trabalho dobrou e portas que eu nem sabia que existiam se abriram para mim, o que me levou a realizar meu outro grande sonho.

Um mês depois, liguei para a minha mãe e disse que ela podia parar de trabalhar porque agora eu conseguia pagar as contas DE NÓS DUAS. Foi o maior prazer da minha vida poder mostrar a ela que todo aquele trabalho e os sacrifícios não haviam sido em vão. O fato de o meu livro ter ido parar na lista de best-sellers do *New York Times* permitiu que eu ajudasse minha mãe a se aposentar. E esse sonho me levou à oportunidade de escrever este segundo livro, dedicado à mãe de Yemi, minha avó, Fúnmiláyò.

Tudo isso começou com o blog de uma garota que achava que queria ser médica, mas que na verdade era escritora. Só que ela tinha medo de ser chamada assim, tinha medo de como poderia ser o fracasso.

Aí Deus disse:

— Tenho planos para você, minha criatura cabeça-dura. Confie em mim. Descanse.

E depois que eu, mais teimosa do que um jumento, não tinha mais nenhuma desculpa a dar e me atrevi a usar o título que tanto temia, as coisas começaram a se encaixar de uma forma que pareceu divina.

Eu tinha medo porque não conseguia encontrar um exemplo de escritora como eu, mas eu mesma me tornei esse exemplo para mim. E, por isso, agora sou esse exemplo para outras pessoas. Temos a tendência a acreditar que, se ainda não encontramos o que queremos na exata maneira como imaginamos, quer dizer que não é possível. Há uma garotinha preta em algum lugar que pode dizer aos pais: "eu quero ser escritora, consigo fazer isso. Olha só para a Luvvie".

Algumas vezes, quando queremos algo que não vem com um manual de instruções, sentimos medo porque, sem um mapa, podemos nos perder. Bom, talvez NÓS tenhamos que desenhar o mapa para que aqueles que vierem depois de nós não se percam. Crie o mapa que você nunca teve. Foi o que eu fiz. Precisamos nos autorizar a ser quem queremos ser ainda que não tenhamos um manual e isso começa sonhando.

É uma bênção poder pensar em meus sonhos e perceber que eles se realizaram. Sei que não existe uma fada mágica que concede desejos e não necessariamente penso ter sido sorte. Acho que vi alguns dos meus sonhos mais improváveis se tornarem verdade porque dei duro.

Também dou crédito à graça de Deus, porque sei que há pessoas mais talentosas do que eu ou que dão mais duro do que eu cujos nomes jamais vou saber.

Mas não perco as esperanças. Por mais que possamos externar nossos desejos, é possível que nem sempre alcancemos o que sonhamos exatamente como sonhamos. No entanto, é importante continuar a sonhar, ainda que em meio à desilusão, porque isso abre a mente e nos permite enxergar melhor as coisas.

Para muitas pessoas, sonhar é viver em um mundo de fantasia onde tudo é possível e, portanto, nada é possível. É coisa de criança. É um exercício fútil. Para alguns, isso é inspirador, para outros, aterrorizante. Mas, quando algo é possível e não há parâmetros, na verdade quer dizer que mais do que imaginamos pode acontecer.

***

As vidas que levamos são cheias dos sonhos que outras pessoas realizaram. As coisas que usamos todos os dias nasceram da audácia de alguém que pensou que era possível. Muitas vezes, quando estou viajando, fico assombrada com o fato de estar numa latinha no céu. Quando estou no mesmo nível das nuvens e penso: "caaara, qual tataravô acharia que isso seria possível?", esse negócio parece mágico. A ciência é feita de imaginações que correram soltas e sonharam coisas mágicas que se tornaram viáveis.

Então por que não levamos a vida dessa forma?

Costumo pensar em todos os obstáculos que minha avó precisou superar para se tornar a mulher destemida que conheci, por exemplo, ficar órfã aos dezessete anos e precisar começar a vida do zero. Essa mulher, nascida em 1931, acabou fazendo coisas e gerando seres que resultaram em mim. Porque ela sonhou que sua vida poderia ser o que ela desejava, estou aqui hoje, sobre seus ombros. Sua existência me convence e me obriga a dar asas à minha imaginação. Então devo a Fúnmiláyọ̀ Fáloyin o fato de eu ver no céu possibilidades infinitas para mim mesma.

Ela tinha o sonho de criar filhos que temessem a Deus e fossem boas pessoas. Ela tinha o sonho de ter uma família que nunca passaria pelo sofrimento que ela passou. Ela sonhava com mais do que seus olhos podiam enxergar sendo uma jovem vinda de Lagos que escrevia a própria história em um mundo que parecia vê-la como propriedade. Com sua alma destemida, ela não se curvava perante a ninguém e, mesmo enquanto esposa, manteve a própria independência. Ela via o mundo e vivia de maneira espalhafatosa.

Escrevi este livro sabendo que, se ela estivesse viva para lê-lo, diria a todos que conhece que sua neta era uma autora publicada, que seu nome seria conhecido por pessoas em todo o mundo e jamais seria esquecido, em um livro escrito pela filha de sua terceira filha. Ela daria aquele sorriso cheio de dentes. Grifaria cada menção ao nome dela e mostraria a todo mundo que conhecia. Penso em como ela ficaria orgulhosa de estar em um livro que, estou dizendo agora, neste momento, vai vender milhões de cópias e vai inspirar as pessoas a viverem a melhor vida possível (vamos SONHAR). Quando chamasse o táxi, ela faria os motoristas pararem e lerem meu livro junto com ela. Diria a eles para comprar oito cópias para eles mesmos e para os filhos. Ela teria sido a melhor agente DE TODAS para este livro e para qualquer outra coisa que eu fizesse. Sou o maior sonho da minha avó e, sendo franca, esse é o maior motivo de orgulho de minha vida. Se eu não conquistar mais nada, sei que fiz ao menos isso.

Ao sonharmos, damos a outras pessoas a permissão para fazer o mesmo.

Ao sonharmos alto, dizemos àqueles que nos conhecem que eles também não precisam ser modestos.

Ao realizarmos nossos sonhos, estamos expandindo os mundos de outras pessoas porque agora elas sabem que os próprios sonhos podem se realizar também.

Precisamos sonhar e sonhar com ousadia e com orgulho.

***

Algumas vezes precisamos sonhar alto o bastante para deixar as outras pessoas desconfortáveis. Na verdade, é bem nesse momento que você sabe que está fazendo o que deveria – quando você conta algo para alguém e eles parecem surpresos. ISSO MESMO! QUERO SER A RAZÃO DA SUA SURPRESA!

Pode ser que você esteja pensando: "pera aí, tenho que contar meus sonhos para as pessoas? E se elas me agourarem?". Não, não precisa contar seus sonhos para todo mundo. Acho que é o mais importante é contá-los para si mesmo primeiro. As outras pessoas não precisam saber. Nem todo mundo precisa ficar sabendo dos seus maiores anseios. Algumas pessoas não merecem saber quais são nossas metas. Nossas vidas não têm nada a ver com essas pessoas. Nossos sonhos não podem ser barrados por elas também.

MAS... mas... guardar nossos sonhos em segredo também não quer necessariamente dizer que estamos no caminho certo. Várias vezes, ao comentar sobre meus objetivos com alguém, ouvi em resposta: "Ei! Conheço alguém que pode te ajudar!". Meus sonhos já foram impulsionados por pessoas que conheci em lugares certos e em momentos que decidi ser ousada com minhas palavras.

Em 2018 eu estava exausta depois de viajar muito e trabalhar para caramba, então decidi que tiraria férias no mês de julho. Eu tive o privilégio de poder fazer essa escolha, reconheço isso. Tomei essa decisão e até fiz um post no Instagram, dizendo: "não vou para canto nenhum e não vou entrar em avião algum a menos que a Beyoncé ou a Oprah me liguem pessoalmente".

Aí o que aconteceu? Recebi uma ligação de Yvette Noel-Schure, agente da Beyoncé, querendo saber se eu estava interessada em ir à primeira parada norte-americana da rainha na turnê *On The Run II*. SE ESTOU INTERESSADA? ÓBVIO QUE ESTOU INTERESSADA!!! Desliguei o telefone e morri de rir porque minha vida é esquisita e mais uma vez eu disse essas coisas em voz alta e mais uma vez elas aconteceram.

Eu aprendi que ter a audácia de expressar meus sonhos em voz alta, ainda que só para mim mesma, já me levou longe. Fico impressionada com o número de vezes que as coisas que ousei falar em voz alta se tornaram realidade. As coisas que me permiti sonhar. Eu peço, não com arrogância, mas com esperança, e coisas mágicas acontecem.

Tenha a audácia de sonhar e pedir. Algumas vezes o universo/Deus amplificam o pedido a níveis mais altos e essa é a melhor surpresa possível. Você tem tudo a ganhar e eles podem adicionar tempero *suya* e outros condimentos aos seus desejos.

Se não nos dermos permissão para sonhar, como podemos nos dar permissão para prosperar? Então autorize a si mesmo a pensar naquela coisa que parece grandiosa demais ou distante demais para ser alcançada.

A vida nunca prometeu um caminho reto e direto, e em geral, é isso o que nos atrapalha. Mas temos que sonhar. Tudo o que temos, mesmo nos piores momentos, são os sonhos de que algo melhor nos espera.

4

RECONHEÇA SUA GRANDEZA

Temos medo de sermos vistos como arrogantes.

Passamos a vida inteira tentando ser humildes e modestos porque aprendemos que agir diferente significa que nos achamos melhores do que as outras pessoas. Investimos muito do nosso tempo nos certificando de que ninguém pode nos acusar de orgulho em excesso. Parte de mim fica, tipo: "isso, não vamos perder o propósito de vista e vamos manter os pés no chão". Enquanto outra parte de mim está mais para: A MODÉSTIA QUE SE DANE. ELES QUE ME ENGULAM.

Algumas vezes você tem que chegar chamando a atenção e mostrando a que veio para que as pessoas abram espaço.

Existe uma citação muito popular que diz o seguinte: "aja com a confiança de um homem branco mediano". No capítulo anterior, falei sobre ter um pouquinho da cara de pau deles, mas não quero agir como um homem branco mediano porque esse tipo de confiança é a coisa mais sem graça que consigo imaginar. Pode até ser ousado, mas tem zero *estilo*.

Em vez disso, proponho que a gente aja com a confiança de uma mulher mais velha da África Ocidental que já passou por algumas coisas, superou todas e não aparenta ter passado por nenhuma. Nem mil babacões desses juntos são páreo para elas.

***

Minha avó era a rainha do "Vou aproveitar tudo enquanto estou aqui". O que isso quer dizer? Quer dizer que aquela mulher não tem vergonha nenhuma de aceitar todo e qualquer afeto oferecido a ela. Por ter sido criada por ela, pude presenciar de perto o que significa bater no peito e dizer com orgulho quão incrível você é.

Não que ela fosse arrogante ou saísse por aí dizendo aos quatro ventos que era maravilhosa. Nada disso. Ela não precisava. As outras pessoas, sim, faziam questão de dizer para ela que ela era maravilhosa. E ela não apenas agradecia, ela desfrutava do elogio e permitia que ele preenchesse seu coração. Minha avó não corria do elogio, ou tentava justificá-lo, ou diminuía a si mesma na tentativa de ser vista como modesta, como deveria ser.

Mama Fáloyin louvava ao Senhor com todo seu coração. E, como muitas avós pretas da diáspora, ela tinha uma linha direta com Jesuzinho & Companhia. Então onde podíamos encontrá-la aos domingos? Na igreja, é óbvio. Ela era uma cristã ferrenha, mais especificamente membro de um grupo chamado Querubim e Serafim (Q&S). Na verdade, preciso me corrigir: ela era uma profetisa na igreja. Não, não. Ainda não estou dando toda a glória que ela merece. O título oficial dela era Suma Mãe-de-Israel Profetisa Fáloyin. Pode ler isso de novo. Minha avó tinha um certificado da igreja coroando-a como a SUMA Mãe-de-Israel Profetisa Fáloyin.

Rio quando penso que as pessoas exageram, mas ela ERA um exagero. Nem sei o que o título significa, porém, se existe uma coisa que nigerianos amam, são os títulos exagerados. Quanto maior, melhor. Quanto mais grandioso, melhor.

Membros da igreja Q&S vestiam branco e davam muitíssima importância para orações e louvor, por isso cada cerimônia durava cinco horas. E minha avó colaborava para fazer com que as cerimônias durassem pelo menos trinta minutos a mais. Já vou explicar por quê.

A celebração começava às dez da manhã. As orações e os louvores duravam mais ou menos trinta minutos. Minha avó chegava por volta das 10h30. (Afinal, por que chegar na hora? MUITO ela.) Quando o pastor e o coral ficavam sabendo que ela estava lá fora e pronta para entrar, TUDO parava. Tipo, no mesmo instante, como se alguém metesse o pé no freio. Parem as máquinas, parem a cantoria! A presença dela era anunciada para a igreja e, quando as portas se abriam, todo um comitê saía correndo para recepcioná-la.

Então a música começava a tocar e minha avó, como a eterna noiva de Cristo que era, entrava na igreja dançando. Como se isso não fosse espetáculo suficiente, minha avó dançava cinco passos para a frente e depois dois para trás para um show completo. MEU AMIGO! Ela não se apressava nem um pouco e o minicarnaval seguia por todo o corredor da imensa igreja até ela ocupar seu lugar na primeira fileira, o lugar onde apenas ela se sentava.

Se dar um show fosse um esporte, aquela senhorinha com certeza ganharia medalha de ouro. Música para a entrada? Comitê de recepção? Interrupção da cerimônia? Espetáculo de dança? TEMOS. TEMOS. TEMOS. TEMOS.

A igreja insistia em fazer isso regularmente, e vovó, nada tímida, mal fazia objeção. Ela adorava. E isso por si só é um comportamento revolucionário em um mundo onde ninguém é encorajado a celebrar a si mesmo.

Nem todos nós ganhamos uma celebração semanal com dança e música simplesmente por estarmos presentes, mas pensar em como reagiríamos se fosse o caso diz muito sobre nós. Muitos de nós nem sequer sabem como aceitar elogios. Alguém nos diz que nossos sapatos são bonitos e nos desdobramos para dizer "isso aqui? Imagina. Uma velharia que eu tirei do fundo do armário!", quando um simples "obrigada" daria conta do recado. As pessoas dizem "você está bonita!" e respondemos "não, você é que está".

Óbvio que não há problema algum em trocar gentilezas, mas com que frequência fazemos isso porque estamos desconfortáveis em receber um elogio? Com que frequência elogiamos A NÓS MESMOS depois de fazer algo legal? Com que frequência desfrutamos da vibe boa quando somos VISTOS, reconhecidos, quando ouvimos palavras de incentivo? Ninguém ganha um prêmio de "pessoa mais autodepreciativa". Ou de "pessoa que melhor tira sarro de si mesma". Isso já dominamos. Agora quero que aprendamos a dominar a arte de reconhecer nossa grandeza.

Aprendi com minha avó a me permitir ser celebrada. Nós mulheres, especialmente, aprendemos que modéstia é um traço obrigatório em nosso caráter. Mas, de alguma forma, essa modéstia se transformou em autodepreciação. Fomos convencidas de que, quanto mais disfarçarmos o quanto somos incríveis, melhor se torna o mundo. Como se saber que somos fodas fosse tipo uma ameaça ao meio ambiente. Como se aceitar a celebração de como somos extraordinárias fosse fazer subir o preço da gasolina. Como se saber que acordamos e comemos excelência de café da manhã fosse a causa da fome no mundo.

Isso permeia tudo o que fazemos e como nos portamos no mundo. Quando não se está acostumado a reconhecer a própria grandeza, enormes são as chances de que você esteja escondendo como é incrível. Não estamos levantando nossa própria moral como deveríamos e como isso se manifesta? Significa que acabamos nos dando pouco valor.

***

Alguns de nós acham difícil contar sobre nossas conquistas para amigos e familiares porque parece que estamos nos gabando. Mas nossas conquistas são fatos. Não falar delas não quer dizer que não aconteceram. E quer saber de uma coisa? Se falar sobre isso faz com que achem que você está se gabando, e daí? E DAÍ?

Você faz uma postagem ou manda uma mensagem sobre algo em que se saiu bem e a pessoa que vê a informação revira os olhos PORQUE VOCÊ SE SAIU BEM. Ou deixa de seguir você. Ou deleta seu número. Esse é o tipo de pessoa que você quer ter por perto? Esse é o tipo de pessoa que você quer sentada ao seu lado todos os dias? Esse é o tipo de pessoa que você quer receber na sua casa? Não? Então, por que elas são relevantes? Por que o que elas pensam de você faz alguma diferença?

E digo mais: se há uma pessoa que você nem sequer conhece e nunca viu dizendo que você é arrogante porque você está prosperando, que diabos essa pessoa tem a ver com você? Essa pessoa desconhecida deveria ser a razão pela qual você mantém seu progresso em segredo? Essa pessoa vai impedir você de comemorar alguma coisa?

NÃO.

Não permita que as pessoas façam com que você se sinta mal por ser bem-sucedido, por ser você, por ser incrível, por alcançar suas metas. Se as pessoas se chateiam quando você compartilha algum feito, essas pessoas não deveriam estar em seu círculo. Essas pessoas não merecem sua grandeza. E essas pessoas não merecem um lugar importante na sua vida. Qualquer um que fique aborrecido com meu sucesso é um inimigo do progresso e não preciso dessa pessoa por perto.

Vamos falar sério. Ter orgulho de como você arrasa e do seu próprio valor vai fazer com que algumas pessoas não gostem de você. Porque algumas vezes refletimos as fraquezas das outras pessoas. Somos um espelho dos seus fracassos. E, por essa razão, seremos alvo do desdém delas, porque essas pessoas desejam ter essa confiança e se ressentem ao vê-la em nós. Isso é perfeitamente natural. Por sorte, o ódio alheio não me serve como combustível, porém se servisse, eu teria uma prateleira de troféus com minha coleção de frascos de diferentes tamanhos cheios até a boca com lágrimas dos *haters*.

Abraçar a própria grandeza não tem a ver com ser querido pelos outros. Tem tudo a ver com gostar de si mesmo antes de mais nada. Um de meus provérbios favoritos diz o seguinte: "quando não há inimigo do lado de dentro, o inimigo do lado de fora não pode nos atingir". Se temos firmeza em nós mesmos, as atitudes das outras pessoas têm menos chance de nos afetar.

Há pessoas deploráveis que acreditam ser incríveis. E há quem acredite nelas simplesmente porque elas convenceram os demais de que são fodas. Saber que há pessoas medíocres e meia-boca por aí que acreditam merecer as melhores coisas do mundo e os mais suntuosos elogios enquanto O SER HUMANO EXCEPCIONAL que você é se questiona a cada passo me dá vontade de dar um murro no ar.

Pode acreditar que há pessoas muito menos competentes do que você que acreditam piamente serem dignas de uma festa todos os dias para celebrá-las. Pessoas que não chegam a seus pés estão por aí no mundo, se autocoroando. Nunca subestime o efeito da autoconfiança. Se você acha que é a coisa mais foda na face da terra, pode fazer com que as pessoas pensem o mesmo, justamente por ter tanta firmeza nisso como um fato.

É hora de aceitar que somos espécimes incríveis. Você não precisa usar uma camiseta dizendo "acima de mim, apenas Deus". Não estou dizendo para que você seja arrogante, mas estou afirmando que levamos esse negócio de modéstia de uma forma prejudicial. NÃO. SE. ENCOLHA. Temos tanto costume de nos encolher na tentativa de diminuir de tamanho que, quando chega a hora de tomarmos nosso espaço, nem sequer sabemos como fazer isso. Mesmo quando somos chamados, corremos. Mesmo quando somos celebrados, dizemos às pessoas que é exagero. Mesmo quando somos convidados a falar, sussurramos. Por quê? A quem interessa que sejamos uma versão silenciada de nós mesmos?

***

Alguns de nós não apenas se encolhem, mas também se desculpam pelas próprias existências. Nós nos desculpamos pela nossa presença como se existir fosse algum tipo de transgressão aos outros. Pedimos desculpas quando alguém nos ultrapassa na calçada, como se não tivéssemos ambos o direito de estar ali ao mesmo tempo. Pedimos desculpas até mesmo PELOS NOSSOS ROSTOS. Já vi pessoas na internet postarem uma foto com a legenda "desculpem por estar com essa cara". Pera aí. Você está pedindo desculpa por sua aparência? COMO ASSIM? POR QUÊ? O que seu rosto fez para as pessoas?

Mas eu entendo. Muito disso tem a ver com traumas passados, baixa autoestima causada por anos e anos de críticas e outras camadas de bagagem. O mundo mirou tantos punhais em nós que algumas feridas ainda estão abertas. Este livro não vai ajudar você a superá-las (porque esse é um livro por si só). Peço apenas que pare de se desculpar pela sua existência e pelas coisas que fazem parte do seu corpo. Mesmo que sinta que deve fazer isso, estou aqui para lembrá-lo de que não deve, não.

E, se não quer fazer isso por você, faça pelas crianças que existem na sua vida e que estão o vendo se desculpar pela sua vitalidade. Pare de pedir desculpas por ser quem você é para que os jovens em sua vida saibam que eles também não devem pedir desculpas por serem quem são. Para que saibam que existir não é algo que requer um pedido de desculpas e sim celebração. Para que saibam que o mundo é melhor por estarem aqui.

O fato de fazermos isso me entristece muito. Principalmente as mulheres.

Em algum ponto do caminho, nos convenceram de que nosso glitter são cinzas. Convenceram-nos de que o que tocamos vira poeira, não ouro. Convenceram-nos de que sangramos como punição, não para cumprir um propósito. Em algum ponto do caminho, nossa magia foi minimizada. Eles disseram que somos comuns, não provas vivas de milagres. E passamos a acreditar nessas coisas. Passamos mesmo. Deixamos o mundo nos convencer de que precisamos nos desculpar por nós mesmas.

Devemos ser educadas, mas não rígidas demais, devemos ser sensuais, mas não sexuais demais, devemos ser líderes, mas não mandonas, confiantes, mas não arrogantes, maternais, mas não matronas. Tivemos que esconder as arestas que criaram em nós para sermos macias, mas não moles demais.

E as mulheres pretas? Bom, nos ensinaram que somos as mulas de carga quando na verdade somos as mães de tudo isso. Somos joias. Somos a razão pelas quais poemas são escritos e as musas de músicas piegas de amor com metáforas que parecem hiperbólicas, porém estão mais enraizadas na verdade do que imaginamos.

Em algum ponto do caminho, nos disseram que não éramos suficientes quando, na verdade, somos TUDO. Somos literalmente A VIDA em eternidade. Somos um instrumento de Deus. A ciência não consegue nos explicar. Somos feitas de magia. Não deixe que ninguém diga o contrário. Você é feita de pó mágico. As pessoas simplesmente não sabem o que fazer com isso.

***

Não reconhecer a minha grandeza quase me fez perder uma enorme bênção e honra. Vou te contar essa história.

No começo de 2016, eu estava me preparando para o ano de *I'm Judging You*. O meu primeiro livro seria lançado em setembro, então no início do ano eu estava focada nisso.

Em março, recebi um e-mail da equipe do canal OWN me parabenizando por ter sido escolhida como integrante da lista inaugural SuperSoul 100 da Oprah Winfrey. Era uma lista de cem pessoas, as quais a Oprah acreditava estarem "melhorando a humanidade". Li o e-mail e basicamente gargalhei, porque sabia que só podia ser spam. Devia ser coisa daquele príncipe nigeriano que disse que eu herdei uma herança de 342 milhões de dólares. HAHAHA. Essa é boa.

Então recebi uma mensagem de alguém que trabalha em uma agência que por sua vez trabalha com a equipe da OWN pedindo para eu checar o meu e-mail, porque era importante. Fiquei: "Pera aí. Aquele e-mail era real?!". Tive que ir até a minha pasta de spam para recuperá-lo. Dito e feito, era legítimo. Eu tinha sido escolhida como uma das cem pessoas que a Oprah achava estarem fazendo umas coisas bem maneiras neste mundo. MANOOOOOOOO, vou só desabar de choque aqui por um minuto.

Depois que consegui fechar a boca e ligar para algumas pessoas que amo enquanto dava gritinhos, finalmente li o e-mail e vi que eu tinha sido convidada para o *brunch* com os SuperSoul 100, um convite feito para aqueles que a *Senhora O* tinha escolhido.

Quando cheguei, fiquei numa mesa com a Sophia Bush. Olhei para a outra mesa e vi Ava DuVernay e Arianna Huffington. Então olhei para o outro lado do cômodo, localizado na propriedade da OWN, e vi Janet Mock e Zendaya. Eu estava pasma de verdade. Na minha cabeça, eu gritava: "como vim parar aqui no meio desses gigantes? COMOOOOOOOOOOO? Foi engano?".

Não foi engano nenhum. Você é foda. Você está nesse espaço. Reconheça isso. RECONHEÇA. Cale a síndrome do impostor e vá em frente. Permita-se ser celebrado, mesmo em meio a astros. Seu lugar é ali.

Foi assim que enfim conheci a Oprah, depois de ter estado em muitos espaços com ela ao longo dos anos, sem nunca ter tido a coragem de me apresentar. Em três ocasiões anteriores, eu tinha mesmo dito que, quando eu finalmente me apresentasse, ela já teria ouvido falar de mim e saberia o meu nome. Bom, dessa vez ela me escolheu para estar no mesmo espaço que ela. E eu ainda estava chocada com isso.

Tudo isso está relacionado. Quando você está esbanjando toda a sua maravilhosidade e questionando todas as dádivas que encontra, é a síndrome do impostor em ação. Com que frequência deixamos a falta de confiança em nossa magnificência bloquear as nossas bênçãos? Vamos tratar disso no próximo capítulo.

***

A minha avó sempre celebrou a si mesma. Ainda me lembro de como ela abria um sorrisão de iluminar os olhos toda vez que nos contava sobre o que estava aprontando ou sobre algo novo que tinha feito. Ela tinha um fervoroso orgulho de si mesma, sem diminuir a ela ou aos outros no processo. E não permitia que outros falassem em seu lugar.

Eu me lembro de ir a uma consulta médica com ela uma vez, e o médico, diante dessa mulher nigeriana mais velha, presumiu que ela não compreendesse inglês. Ele se virou para mim e disse:

— Qual é a data de nascimento dela?

A minha avó, sem pestanejar e com um grande sorriso no rosto, respondeu:

— Pergunta pra mim. Nasci em 31 de julho de 1931.

E eu fiquei lá sentada, no melhor estilo: "você a ouviu".

Quero ser como ela. Se a arrogância for a pior coisa em mim, então sei que estou em vantagem. Se pensar o melhor de mim mesma e me autoafirmar é uma falha, quero ser os paredões do Grand Canyon.

Fale de você mesmo e do seu trabalho usando pontos de exclamação, não de interrogação. Quando alguém te perguntar quem você é e o que faz, fale com propriedade: "eu escrevo", não "bom, eu meio que escrevo, às vezes?". Se você não souber, eles não vão saber. Precisamos honrar a nós mesmos em um mundo que não quer que façamos isso e não vamos esperar que ninguém nos dê permissão.

E, acima de tudo, não questione a dádiva.

5

CONFIE NA SUA JORNADA

Temos medo do sucesso.

O que aconteceria se mostrássemos a melhor versão de quem somos? Quantas desculpas não fariam mais sentido? Como as nossas vidas mudariam? Quem ao redor mudaria? O que mudaria dia após dia?

Falamos sobre o medo do fracasso com frequência, mas o medo do sucesso é tão real quanto, se não mais. Por muitas vezes, sabemos exatamente o que é necessário para conseguirmos o que queremos ou para realizarmos sonhos, porém pensar em como as possibilidades da vida podem ser infinitas nos assusta.

Talvez tenhamos medo de viver à altura da excelência que alcançarmos na vida. Talvez estejamos inseguros de que, uma vez que provarmos o sucesso, seremos capazes de mantê-lo. Ou talvez nos preocupemos se conseguiremos dar conta do que vem com esse sucesso. O que isso significaria para nós?

O meu medo do sucesso é, com certeza, real, porque sei que novos níveis trazem novos demônios. Muitas vezes, é isso que de fato temo, mais até do que a possibilidade de fracassar.

Grande parte dessa preocupação é causada pela síndrome do impostor: o fato de questionarmos se merecemos quaisquer que sejam as oportunidades, o que nos leva a convencer a nós mesmos de que não vamos ganhar antes até de chegarmos à competição. Por que temos tanto medo do que pode acontecer que acabamos por nos negar a oportunidade de decolar?

A minha avó não concluiu o ensino médio porque, quando ela tinha dezoito anos, seus pais morreram e ela precisou sustentar a si e a irmã mais nova. Ela nunca recebeu formação superior, mas você não poderia dizer àquela mulher que ela não pertencia a determinado espaço, fosse ele compartilhado com o presidente de um país ou com taxistas. Ela não desperdiçava tempo duvidando de si mesma.

Sabe a palestra no TED Talk que mencionei, aquela que mudou a minha vida e tem milhões de visualizações? Redigi o texto da palestra de manhã cedo, enquanto estava em um táxi a caminho do aeroporto para uma viagem a trabalho, porque eu queria que eles rejeitassem o texto, assim eu não precisaria seguir em frente com aquilo. O meu medo estava nesse nível. O meu medo do que poderia acontecer estava nesse nível – não o medo de falhar, mas o medo de ser muito boa naquilo.

Em julho de 2017, fui convidada pela curadora Pat Mitchell, uma emblemática jornalista e correspondente, para falar na TEDWomen. Eu queria responder um grande SIM porque palestrar oficialmente em uma TED Talk era um desejo antigo meu! Já tinha feito duas palestras na plataforma TEDx Talks antes, mas esse convite era para falar no palco oficial do TED. Eu já tinha um compromisso em uma conferência diferente em outra cidade naquele dia, então, com muita dor, recusei. É um problema frívolo, estou ciente. Mas mesmo assim.

Duas semanas antes do TEDWomen (que aconteceria no dia primeiro de novembro), recebi o cronograma para aquela outra conferência e descobri que o único evento agendado para aquele primeiro dia era uma festa VIP opcional. Então pensei: "pera aí. Talvez eu consiga passar um dia no TEDWomen em Nova Orleans e depois seguir para Nova York". Então entrei em contato com eles e disse que gostaria de um passe diário para a conferência. Em resposta, disseram: "por que você não vem palestrar, então?". E eu fiquei tipo: "PERA AÍ, QUÊ?". Pat Mitchell queria que eu subisse ao palco quando eu chegasse lá.

E foi aí que entrei em pânico e fiz algo que é garantido nos fazer retroceder: deixei que o medo conduzisse a minha tomada de decisão.

O negócio é o seguinte: o TED é bem meticuloso sobre palestrantes e preparações. As pessoas consultam coaches, os textos são vetados e, quando você sobe naquele palco, já foi absurdamente preparado para estar nele. As palestras não tomam enormes proporções à toa. Há muito trabalho feito nos bastidores!

Então, aqui estou eu, duas semanas antes de um evento TED, sendo convidada a palestrar. Na minha cabeça, eu estava: "E OS MEUS COACHES? NEM TENHO UM DISCURSO AINDA. AI MEU DEUS, DUAS SEMANAS NÃO SÃO NADA".

Eu não queria subir àquele palco e flopar. Eu não envergonharia a mim e ao nome da minha família naquele palco enorme. Quem eu pensava que era para chegar na última hora? SEM CHANCE. Então decidi que recusaria (de novo) e diria a Pat que eu me daria por feliz aplaudindo da plateia.

Escrevi um e-mail composto de três parágrafos expressando como eu gostaria de aceitar, mas não podia. Eu estava cansada depois de passar todo o outono indo de cidade em cidade com a turnê *Together Live* e não queria me doar menos de 100% no palco do TED. Eu estava com medo de fracassar com louvor. Quase a ponto de enviar o e-mail, resolvi ligar para a minha amiga Eunique Jones Gibson.

Eu: mana, eles me convidaram para palestrar no TED Talk e, tipo, é em uma semana e meia e acho que vou recusar porque não tô pronta. Todo mundo sempre tem meses para treinar e coaches e aqui estou eu, chegando aos 45 do segundo tempo.

Eunique: bom, você não é todo mundo.

Eu: ai, merda.

Eunique: você esteve num palco duas vezes por semana nas últimas seis semanas. Tem palestrado profissionalmente por quase uma década. Tudo o que fez até agora serviu como o seu coach. Tudo te preparou para isso. Você está pronta.

Eu: uau.

Eunique: se eles não acreditassem que você era capaz, não teriam te convidado. Você vai aceitar.

Eu: cacete. Até virei gente. Me levanta do chão depois desse tiro.

Eunique: tá bom, agora desliga e vai se preparar para o seu TED Talk. Arrasa. *encerra a ligação*

Putz, ela me colocou NOS EIXOS. Fui até o meu e-mail e deletei o rascunho que planejava enviar para a Pat. Mas uma parte de mim ainda estava abalada.

No dia seguinte, escrevi o discurso. Enquanto estava no Uber. A caminho do aeroporto. Passei a jornada de uma hora até lá escrevendo o discurso e cliquei em "enviar" assim que o carro parou em frente ao aeroporto O'Hare.

Eu estava esperando ouvir da equipe do TED:

— Luvvie, que bobagem é essa? Quer saber, deixa para lá. Cometemos um erro.

E eu fingiria desinteresse e diria:

— Erraram mesmo. Ufa.

E eu teria ficado bem porque estava buscando qualquer desculpa para amarelar. Mas eles amaram o discurso! COMOOO?

Então me informaram que eu precisaria estar em Nova Orleans dois dias antes da conferência para poder ensaiar; era um requerimento para todos os palestrantes. E eu não podia estar lá antes da manhã do dia primeiro de novembro, porque receberia um prêmio em Chicago no dia anterior (gabem-se de vocês mesmos, galera!). De novo, problemas frívolos. Pensei, tipo: "certo, é essa a hora que eles me descartam e tudo bem".

Mas, em vez disso, responderam:

— Ah. Está bem, então vamos fazer um ensaio por vídeo.

Ah, e a conferência começaria às 18h no dia primeiro de novembro. Para dar tempo de chegar à minha outra conferência, eu teria que estar no último voo saindo de lá, que era às 20h. Avisei a eles, pensando: "agora sim, essa é a gota d'água". Pat respondeu que não tinha problema, que eles garantiriam que eu fosse a primeira palestrante a discursar, assim eu conseguiria pegar o voo a tempo.

O tempo todo pensei que responderiam: "isso não vai funcionar. Obrigado, mas não", e eles encontraram uma forma de acomodar todas as minhas (válidas) desculpas.

A essa altura, a panaca dentro de mim queria deitar no chão e chorar. Minhas desculpas tinham acabado e eu REALMENTE tinha que ir em frente. Eu seria a primeira, logo depois da introdução.

OU SEJA. Um baita voto de confiança.

Na noite anterior à palestra, eu estava em casa ensaiando com uma plateia de um: o meu marido, Carnell.

Ele disse:

— Está muito bom, mas acho que está faltando alguma coisa.

Então me sentei em frente ao computador e li e reli, comecei a alterar algumas coisas. Antes que eu me desse conta, já havia alterado metade do discurso, porque eu queria que fosse o melhor que podia ser. Essa nova versão estava muito mais imbuída da minha história. Estava melhor. Muito melhor. E, pelas próximas duas horas, ensaiei muitas vezes mais e rezei a Deus para que eu subisse àquele palco e não fracassasse.

Na manhã seguinte, peguei o voo para Nova Orleans completamente exausta, porque tinha dormido muito pouco depois de reformular o meu discurso e por ser aquela pessoa que sempre faz as malas de última hora. Eu estava toda troncha no voo, com umas olheiras bisonhas. Mas, em vez de dormir, recostei a cabeça na janela e repeti o discurso para mim mesma de novo e de novo porque eu tinha decidido palestrar de cor, e não tinha decorado tudo ainda.

Quando cheguei, continuei lendo o roteiro da palestra e o repassando incontáveis vezes na cabeça, porque o único lembrete que eu usaria seria o slide que seria transmitido atrás de mim. Não havia um monitor de palco ou um *teleprompter* para me auxiliar. Eu estava assustada porque nunca tinha feito essa palestra antes.

Não fico tão nervosa quando estou prestes a palestrar, mas para aquilo ali? EU ESTAVA NERVOSA PRA PORRA. E eu seria a primeira a falar! A única coisa da qual eu queria me certificar era que, ao menos, eu estivesse bonita. O meu blazer amarelo, a blusa preta, os jeans pretos e os meus sapatos italianos bordados à mão eram como um conforto para mim.

Mesmo se fosse péssima, eu queria que as pessoas reagissem tipo:

— A palestra da Luvvie foi péssima, mas o look dela era 11/10.

Eu estava usando o meu batom vermelho característico e joias de diamante em formato de gota. Vamos nessa!

A minha hora de palestrar chegou mais rápido do que eu previa, uma vez que o tempo às vezes conspira para te envergonhar. Pat me anunciou e entrei no palco, postei-me sobre o círculo do TED e vi a plateia. Antes que eu pudesse proferir a primeira palavra, o meu aparelho de microfone escorregou da parte de trás da minha calça.

Aha! Começamos bem. Então tive que ficar parada no palco em frente a todas aquelas pessoas enquanto o técnico de som vinha ajustar tudo. De um jeito estranho, isso serviu *muito* para me acalmar porque, ei, acontece.

Aproveitei a oportunidade para soltar um: "E AÍ, PESSOAL! Como estão?". Isso acalmou os meus nervos, porque uma das coisas ruins que poderia acontecer, aconteceu. E não morri. Na verdade, não foi nem tão grave assim.

Então comecei o meu discurso. Por dez minutos, despejei mais de 1.700 palavras, desafiando as pessoas a serem mensageiras da verdade, comprometidas a fazer e falar o que era difícil porque isso é necessário para que possamos evoluir. Usei a mim mesma como um exemplo, contando sobre como a minha vida mudou quando decidi parar de ser conduzida pelo medo. Usei a ideia de ser um dominó, porque o primeiro a cair impulsiona os outros a fazerem o mesmo.

Dez minutos e 54 segundos direto. Sem parar. A palestra que ministrei no TED Talk pode ser acessada **agora**. Não há nenhuma edição mágica. Não fiz nenhuma pausa por me esquecer de uma frase. Não corri para os bastidores para checar o roteiro por ter me perdido em meio à fala. A minha voz não tremeu. O discurso jorrou de mim como se eu o recitasse há anos. Falei as últimas frases:

— É o nosso trabalho, é a nossa obrigação, é o nosso dever falar a verdade diante de quem detém o poder. Ser o dominó, não apenas quando é difícil; especialmente quando é difícil. Obrigada.

Imediatamente saí correndo do palco porque eu não tinha me esquecido de que precisava pegar o voo (eram 18h25 a essa altura).

Mas, antes que eu pudesse ir embora, o diretor de palco virou para mim e disse:

— Preciso que você volte lá para ver o número de pessoas em pé te ovacionando.

Voltei lá e vi as pessoas de pé me aplaudindo.

Assista à palestra do TED Talk em editoramelhoramentos.me/luvvie

Fiquei maravilhada. Podia ter chorado, mas eu não tinha tempo! Fiz uma reverência e saí correndo de novo.

Pulei para dentro do carro e cheguei ao aeroporto às 19h10. Corri pelo local e entrei no avião às 20h, com trinta minutos de antecedência. No voo, eu estava exausta, mas extasiada. Eu estava extasiada, galera. Eu sabia que tinha arrasado. Tinha feito algo de que me orgulhar.

Uma semana depois, recebi um e-mail dizendo que eles gostariam de destacar o meu discurso na página inicial do TED no dia primeiro de dezembro. Quase caí da cadeira, porque o TED não oferece nenhuma garantia de quando os discursos serão divulgados. Alguns só saem uns seis meses depois que aconteceram e o meu foi escolhido para ser divulgado em menos de um mês.

E, com certeza, quando chegou o dia, "Fique confortável com estar desconfortável" estava em destaque na página inicial do TED. Em menos de um mês, a palestra teve um milhão de visualizações. E agora milhões já assistiram e o número continua crescendo.

E o mais importante, as mensagens que tenho recebido de pessoas em todo o mundo me contando como o meu discurso as inspirou a tomar uma atitude que talvez não tivessem tomado de outra maneira, essas ficam enraizadas na minha memória.

Esse discurso. Essa coisa que eu fiz. Nele, falei sobre tomar mais cuidado para não deixar o medo conduzir as minhas decisões, mas às vezes preciso do meu próprio lembrete. Deixei que o medo de não estar pronta quase me impedisse de fazer essa coisa. Ministrar essa palestra foi como ser o meu próprio dominó, porque pensei que não estava pronta. Eu estava provando o meu próprio argumento, mesmo durante o processo de subir àquele palco. Não era como se eu fosse destemida, mas fiz mesmo assim. Não basta honrar os nossos talentos, temos que bancá-los.

***

A síndrome do impostor é prima do medo. Ambos são uns imensos desgraçados.

A síndrome do impostor nos causa a sensação de estarmos usando uma máscara e desempenhando um papel no qual não estamos confortáveis. Está presente naqueles momentos em que você sente que você ou o seu trabalho é uma obra do acaso, que você é um duende em meio a gigantes. Muitos de nós já vivenciamos isso, principalmente se estamos em uma indústria criativa. Por quê? Porque somos os nossos piores inimigos e não nos damos os devidos créditos.

Deixei a síndrome do impostor me convencer de que o meu lugar não era naquele palco do TED, assim como quando questionei por que Oprah tinha me escolhido para fazer parte da lista SuperSoul 100. Deixe-me repetir. Deixei que a síndrome do impostor me dissesse que eu não era merecedora da posição em que estava e da oportunidade que me foi apresentada. Mas a síndrome do impostor mente.

Quantas vezes deixamos a síndrome do impostor nos convencer de que deveríamos responder "NÃO" às perguntas cujas respostas eram "SIM"? Quantas vezes deixamos cair a chave para a porta que deveríamos estar abrindo porque não acreditávamos estar prontos? Com quanta frequência permitimos que o medo nos convencesse a não ocupar aquele espaço que poderia mudar toda a nossa vida?

Quantas vezes a síndrome do impostor nos convenceu a não escrever aquele livro, a não fazer o teste para aquela peça, a não se candidatar àquela vaga para a qual éramos qualificados? Quantas vezes deixamos que a síndrome do impostor nos impedisse de fazer o trabalho destinado a nós?

Deixamos as vozes na mente tecer contos de inadequação e acreditamos neles. Olhamos no espelho e ponderamos se mais alguém percebe que estamos apenas fingindo. Permitimos que aquela voz que está jogando *hate* na festa da nossa autoconfiança domine tudo e então ficamos ali pensando que estamos desempenhando um papel para o qual não estamos qualificados. Deixamos que ela nos convença de que não somos bons o bastante.

A síndrome do impostor nos diz que precisamos ser perfeitos; do contrário, estamos falhando. Precisamos compreender que a perfeição é inimiga do progresso, e ela não existe. Se estiver constantemente buscando alcançar a perfeição, você também estará com tanto medo de falhar que não vai criar mais nada, porque vai achar que nada está bom o bastante. Então, você não deixa que tal criação veja a luz do dia. Logo, ninguém conhece o valor do seu trabalho, porque nunca o vemos, pois você está constantemente tentando aperfeiçoá-lo. Alivie a pressão.

A síndrome do impostor nos convence de que o que nos faz diferentes diminui o nosso valor, quando a verdade é o exato oposto. Como falei no Capítulo 2, com frequência a nossa diferença é o nosso superpoder. Como uma oradora profissional que já subiu em palcos por todo o mundo, por muitas vezes ocupo espaços em que sou a ÚNICA mulher preta e acontece de eu ser a atração principal. Em vez de deixar que me tratem como a DIFERENTE, eu uso isso para reiterar como o meu trabalho e a minha voz são necessários.

Nessas ocasiões, a minha negritude é a minha âncora. Quando saio do local, aqueles que estiveram lá não vão se esquecer de quem eu sou. Você pode não se lembrar do Scott ou do Tim, mas vai se lembrar de quem é a Luvvie, que veio antes deles com o seu chapéu, batom vermelho e algumas vezes com um par de tênis Jordans descolados ou sapatos *wing tip*. Preciso me lembrar de que não estou ali porque tem alguém me fazendo um favor. Estou ali porque agrego valor ao espaço onde estou.

As minhas oportunidades não são o resultado de pessoas tendo pena de mim, mas sim a consequência do trabalho duro feito durante um tempo considerável. Negar esse fato é trair a mim e ao meu trabalho. A síndrome do impostor que se dane.

Enquanto ocupo tal espaço, o meu trabalho é agregar valor e então decifrar como posso garantir que da próxima vez eu não seja a ÚNICA. Preciso reconhecer o meu privilégio e descobrir como posso usá-lo de modo a deixar a porta aberta para que alguém que se parece comigo entre por ela em seguida. Porque, da próxima vez que eu estiver naquele espaço, não quero ser a ÚNICA (pessoa preta, mulher, pessoa com gingado etc.).

Por que eu deveria me sentir deslocada? Por que não sou como os outros ali? Certo. Mas não sou menos do que eles. Como os outros conseguiram chegar até ali? Não foi necessariamente porque eram mais inteligentes. Não foi, de maneira automática, porque sabiam mais do que eu. Não foi porque eram mais espertos. Foi porque descobriram os macetes do jogo ou conheciam alguém que conheciam alguém.

A síndrome do impostor nos diz que todos são melhores do que nós, porque parecem estar um passo adiante ou ter mais controle sobre as coisas do que nós. Diz que merecemos menos do que valemos, porque somos substituíveis. A síndrome do impostor nos faz questionar o que as pessoas apontam como bom em nós.

Vamos ignorar o fato de que elas dizem que somos inteligentes, talentosos e dotados, e que o trabalho que fazemos é necessário. Mas, no instante em que alguém nos diz o contrário, tomamos isso como um fato. Muito rapidamente, acreditamos nas noções negativas que uma pessoa tem sobre nós, porém duvidamos de cinco pessoas nos dizendo algo positivo.

O que aconteceria se de fato considerássemos as coisas positivas que dizem sobre nós em vez de internalizar todas as negativas? Talvez a síndrome do impostor não tivesse tanto poder sobre nós. Talvez possamos usar a lógica desses números para nos incentivar quando pensarmos que não estamos prontos para um grande momento apresentado a nós, ou para abrir um negócio ou pedir por aquela promoção.

Ela mente para nós. A síndrome do impostor é uma mentirosa, e muitos a aceitam como verdade. Como lutamos contra ela? Como a expulsamos da mente, ou ao menos diminuímos o seu volume?

Lembro a mim mesma de que:

Não sou a melhor. Não preciso ser. Sou o suficiente. A ideia de "melhor" é temporária. A pessoa que vence a corrida venceu uma vez. Na próxima corrida, talvez não seja mais a melhor. Ela ficou ao menos entre os três primeiros? Ao menos bateu seu tempo da corrida anterior? Podemos tentar ser os melhores, mas pensar que perdemos só porque não ficamos em primeiro lugar é o caminho mais rápido para nos desestimular.

Dei muito duro. No mínimo, o trabalho duro me ofereceu uma porta de entrada. Mesmo que eu não seja a melhor, o fato de eu SABER que trabalho duro é o suficiente para garantir a minha presença naquele espaço. A minha labuta me garantiu dar o pontapé inicial. Ao menos tenho que me dar o crédito por isso.

Mesmo que eu esteja ali por acidente e não por resultado de uma ação minha, ESTOU NAQUELE ESPAÇO. Não é mais um acidente. Uma vez que estou ali, já sou merecedora. Como torno a minha presença intencional e com propósito? Qual é o meu papel enquanto estou ali respirando aquele ar? Aproveito a oportunidade para aprender com os melhores. Saio inspirada daquele espaço, determinada a ser uma versão superior de mim mesma. Para que, da próxima vez que eu ESTIVER naquele espaço, eu me sinta em casa nele.

Já estive em espaços com as pessoas que mais admiro e, toda vez, questiono como fui parar ali. TODA SANTA VEZ. Mas depois de refletir, volto para alguns desses lembretes. Dei duro para isso. Não preciso ser a melhor. Sou o suficiente. Uma vez que estou aqui, não é um acidente. Saio do lugar sabendo que preciso continuar fazendo o que me levou àquele espaço e preciso continuar o fazendo bem.

***

A síndrome do impostor tem alguns aspectos positivos. Ela nos mantém humildes. Ela nos mantém curiosos. A dúvida tem propósito às vezes. Se não pensamos que o nosso trabalho é bom o bastante, nos esforçamos para nos sairmos melhor e sermos melhores. O que nos torna mais excelentes, porque a prática faz isso. Faz de nós eternos alpinistas que acabam, SIM, pertencendo a qualquer espaço que ocupamos, porque continuamos aperfeiçoando o ofício.

Aqueles que têm irrevogável confiança em suas habilidades são aqueles que não aperfeiçoam o seu ofício. Eles acreditam ser tão bons que precisam apenas comparecer. São aqueles que não crescem porque estão ocupados demais se vangloriando e dando tapinhas nas próprias costas sem a compulsão da evolução.

A prática te torna melhor. As pessoas que são ótimas em algo se comprometeram com esse algo durante muito tempo, e o fizeram repetidas vezes.

***

Eu, em meu blazer amarelo, com camisa preta e batom vermelho, subi àquele palco do TED e fui exatamente quem sou. Fui lembrada de que a minha jornada estava se desenrolando exatamente como deveria.

E pensar que eu quase disse "NÃO". Quando o "SIM" mudou a minha vida da melhor forma possível. E o que precisei fazer foi confiar na minha jornada e confiar que eu estava pronta para tudo o que estava por vir.

FALE

Temos que usar nossas vozes. Nesta seção, falo sobre nos manifestarmos sobre o que queremos e precisamos, porque nosso silêncio não é de utilidade para ninguém. Não falar sobre nossa vida, nossas histórias, nossos problemas e nossos aprendizados não nos traz benefício algum. Quando queremos dizer algo e nossa voz oscila, devemos usar isso como um empurrãozinho, porque esses são os momentos em que mais precisamos falar. Deixe que sua voz trema, mas fale mesmo assim.

"PRECISAMOS FALAR SOBRE COISAS DIFÍCEIS MESMO QUANDO NOSSAS VOZES TREMEM."

— Luvvie Ajayi Jones

6

FALE A VERDADE

Tememos o poder da sinceridade.

Temos medo da verdade. Ponto-final. Simples assim. Não gostamos de ouvi-la, de compartilhá-la ou de testemunhá-la. A verdade pode ser tipo o bicho-papão. Mas o que é um desvario é que ela é importante em uma sociedade funcional, então como ficamos quando a verdade não é bem-vinda, muito menos priorizada? Ficamos muito mal.

Temos medo da sinceridade porque ela expõe a vida sem filtros e nossos defeitos, coisas que queremos muito ignorar. A verdade nos coloca contra a parede, porque, quando ela é exposta, não conseguimos "desver" a feiura do que foi exposto. Pode até ser que tenhamos que tomar alguma atitude. A verdade nos desafia a mudar e a sermos melhores, e essas são exigências complicadas.

Também temos medo de bagunçar o coreto, o que costuma acontecer quando se diz a verdade. Não gostamos de perturbar a harmonia dos nossos círculos, e isso tende a acontecer quando batemos de frente com o que é confortável ou esperado. Por isso, acredito que uma das maiores formas de coragem é ser radicalmente sincero e transparente.

***

Uma das minhas citações favoritas diz: "uma mentira corre metade do mundo enquanto a verdade ainda está calçando os sapatos". (O Google não sabe dizer quem é o autor, uma vez que essa citação é atribuída a, tipo, uns cinco velhos brancos falecidos, mas é superverdade!)

Há um estudo da Universidade de Massachusetts[13] que mostra que em uma única conversa de dez minutos as pessoas mentem pelo menos uma vez. É o que fazemos, e estamos tão acostumados com conforto e harmonia que colocamos essas duas coisas acima de todas as outras. Não quer dizer que mentimos só por mentir; mentimos por autopreservação e para que gostem de nós. Mas é bem frequente que o tiro saia pela culatra; essa é parte da razão pela qual estamos em constante desordem.

Se eu minto? Com certeza. Todo mundo mente. Não vou olhar para você e dizer que não minto; isso por si só seria uma mentira. Mas desde que eu era mais jovem me esforço muito para não fazer isso o tempo todo. Faz tempo que sei que não minto bem porque tenho uma péssima cara de paisagem. Meu rosto é como se fosse uma voz externa e todos os meus pensamentos ficam escritos nele alto e bom som. Você vai saber quando eu estiver mentindo.

Durante minha infância, eu não era a criança que se metia em encrenca por subir em árvores ou por colocar a mão no fogo. Eu era muito confiante, então quando levava bronca costumava ser por causa da minha boca. Eu estava sempre defendendo a mim mesma ou a outras pessoas. "Não é justo" era uma das minhas frases favoritas quando eu era um ser humaninho. Na verdade, eu sempre arranjava confusão por dizer algo que, de tão direto, acabava soando rude, e aí eu acabava piorando as coisas tentando justificar o que eu tinha dito. E depois, quando eu ficava de castigo, eu não entendia por que estavam brigando comigo por dizer a verdade.

Minha mãe, que era muitíssimo nigeriana, provavelmente já quis me dar uns beliscões bem na boca. É bem possível que tenha dado, mesmo. Quando ela me castigava, eu dizia que tinha me sentido ofendida e que ela me devia um pedido de desculpas. Eu escrevia cartas sobre como estava decepcionada por ela estar decepcionada e sobre como eu sempre levava a pior. Cara, eu realmente fiz isso. A pequenininha era atrevida.

Ainda que eu aceitasse qualquer castigo que eu recebia, sei já faz um bom tempo que verdades deixam as pessoas profundamente

---

[13] Universidade de Massachusetts em Armherst. "Pesquisador de UMass descobre que a maioria das pessoas mente em conversas cotidianas". *Eurekalert!*, jun. 2002. Disponível em: https://www.eurekalert.org/pub_releases/2002-06/uoma-urf061002.php. Acesso em: jul. 2022.

desconfortáveis. E o que eu fiz, como encrenqueira profissional? Tornei isso a minha carreira. Mas juro que foi sem querer.

***

Criei o meu blog em 2003, quando eu era caloura na universidade. Foi antes de existir Facebook, Twitter, Instagram, todas essas coisas, na época em que o MySpace estava dando os últimos suspiros. Eu gostava de falar sobre minha vida universitária e as peripécias dela decorrentes. Escrever meus pensamentos na internet foi um presente, porque me permitia escrever da maneira que mais me parecia autêntica, real e verdadeira.

Blogar ainda não era minha carreira na época porque ainda era algo considerado como "brincadeira de internet". E por não considerar isso minha carreira, eu não podia ser ruim nela, o que foi um presente. Uma vez que não havia expectativas, eu não me sentia insegura em relação a minha escrita ou voz. E, quando você escreve como se ninguém estivesse lendo, o resultado acaba sendo o mais verdadeiro possível, porque não há outra intenção por trás.

Isso me permitiu escrever coisas que algumas vezes faziam com que as pessoas se sentissem desconfortáveis. E, à medida que as pessoas passaram a me ver como alguém que escrevia algo que elas pensavam, mas não tinham coragem de dizer, comecei a ganhar uma audiência.

Conforme meu blog crescia e depois que ganhei meus primeiros prêmios por ele, percebi que as pessoas achavam meu trabalho extraordinário. Fiquei confusa, e nem foi um negócio de falsa modéstia. Sério mesmo, fiquei meio: "por quê? Eu só estou escrevendo sobre o que penso do mundo e sobre minha verdade".

Então comecei a pensar no que as outras pessoas estavam fazendo. Elas estavam fingindo? Não estavam fazendo as coisas direito? Demorei anos para perceber que o que fazia com que eu me sobressaísse era simplesmente ser franca e autêntica. Não havia enganações no que eu escrevia.

***

No coletivo, não estamos acostumados a falar a verdade. Não por sermos pessoas más, mas porque nos esquivamos da sinceridade com tanta frequência, mesmo em situações pequenas, que, quando momentos significativos aparecem, não temos as palavras ou a capacidade para agir de maneira diferente. Se mentimos em conversas casuais, o que acontece quando nos vemos diante de coisas sérias que importam de verdade ou que causam impacto? Não sabemos o que fazer.

Aqui vai um exemplo de uma situação pequena.

Um amigo aparece e pergunta:

— Cortei o cabelo com um barbeiro novo. O que achou?

Você olha para o cabelo do seu amigo e vê que a franja está torta e que o barbeiro sabotou o cabelo dele. Os cachos não estão enrolando direito.

Seu instinto é responder: "eu amei!", porque, naquele momento, não quer magoar seu amigo ou estremecer a amizade de vocês. Eu entendo. Mas aí seu amigo tira uma selfie para o Instagram.

Nesse momento, vendo o cabelo por um ângulo diferente, ele diz:

— Putz. Não era isso que eu tinha em mente. Ficou muito cafona!

Depois ele pergunta para você:

— Acabei de postar uma foto do meu cabelo no Instagram. Por que não me disse que minha franja estava uma droga? Perguntei se você tinha curtido meu cabelo e você disse que sim.

Seu amigo percebe que você mentiu. Você não amou o cabelo novo. Sei que não queria magoá-lo, mas agora seu amigo tem um motivo para duvidar do que você diz. Da próxima vez em que ele pedir sua opinião, talvez se pergunte se você está dizendo a verdade ou o que acha que ele quer ouvir, não o que realmente pensa.

Em um mundo onde precisamos estar sempre alertas e desconfiados, não devemos ser o tipo de pessoa que causa ceticismo em quem está ao redor. Em vez disso, vamos ser os amigos ou os membros da comunidade com quem os outros contam não só para agradá-los, mas também para agir pensando no bem deles. De certa maneira, sinceridade é uma linguagem do amor. Confronte-me com os fatos. Não posso dizer que cuido de meus irmãos e irmãs se tenho que mentir constantemente. Como posso gostar de alguém se não posso ser franca e sincera?

Então como eu lidaria com a situação do cabelo novo que deu errado? Bom, de duas formas. Se tanto o corte quanto a cor estiverem um CAOS, eu acabaria avisando, considerando que, afinal de contas, você me perguntou.

Se simplesmente não for do MEU gosto, posso responder algo como: — O que importa é o que você acha. Se você gosta, então ficou legal. Suave na nave! Ninguém pode me acusar de ter mentido. Mas é óbvio que eu também acredito na máxima: "não deixe que seus amigos saiam desmazelados por aí".

Mas e naquelas situações em que alguém nos pergunta algo importante ou compartilha um problema conosco e diz: "o que você acha?". E em situações nas quais você é tratado com injustiça e se sente inferior, ou quando alguém está fazendo algo que nos prejudica e temos a oportunidade de falar sobre isso? Por não queremos causar estresse, podemos deixar que a verdade vá por água abaixo.

Para mim, reuniões são um microcosmo do mundo e de como nos portamos nele. Pode-se ter uma amostra da vida em uma reunião, bem como uma reprise de *Senhor das moscas*. Quantos de nós já não estiveram em reuniões em que alguém dá uma ideia que, no mínimo, foi mal pensada e, no máximo, é horrorosa? Todos nós. Todos nós já estivemos. Quando isso acontece, é comum que todos fiquem em silêncio, tentando decidir entre dizer alguma coisa, contestar ou não. Na maioria das vezes, ninguém contesta.

Quando vejo uma empresa ou marca sendo cancelada por divulgar um comercial insensível ou pela falta de tato em uma campanha, sempre me pergunto quem estava na sala de reunião. Quem não disse a verdade sobre a fuleragem do que quer que tenha sido? Sempre há pelo menos uma pessoa na reunião que sabe que o negócio vai feder. Sempre me pergunto: "por que essa pessoa não se manifestou?".

Pessoa 1: está cansada de sempre ser aquela que se manifesta; decidiu dar um tempo.

Pessoa 2: acha que a situação não tem nada a ver com o departamento ou a função dela.

Pessoa 3: sente que sua manifestação não seria bem-vinda ali.

Pessoa 4: acha que vai ser punida caso se oponha.

Todas as razões anteriores são válidas.

Se você for a Pessoa 1, entendo-o de corpo e alma. Você merece dar uma respirada e está torcendo para que outra pessoa faça o trabalho sujo. Não julgo.

Pessoa 2, também entendo que você só quer cuidar dos próprios assuntos. Infelizmente, esse assunto também é seu para ser cuidado. Você pode ser afetado se os feedbacks da campanha forem extremamente negativos para a marca e cortes no quadro de funcionários aconteçam como resultado disso. Pode se tornar um assunto do seu interesse bem depressa. Estamos sempre prontos para nos abster da responsabilidade de coisas que acontecem entre nós sob o pretexto de "cuidar apenas dos nossos assuntos", e isso é muito prejudicial. Se a casa do vizinho está pegando fogo, não podemos achar que o fogo não é problema nosso, porque a fumaça pode chegar até a nossa casa logo em seguida. É do nosso interesse ajudá-los a apagar o fogo antes que o fogo nos atinja. O bem-estar coletivo precisa ser um assunto de todos.

A Pessoa 3 pode ter detectado uma atmosfera de *gaslighting*[14] na situação, por isso não se sente confiante para se manifestar.

A Pessoa 4 provavelmente já viu alguém sofrer retaliação por falar a verdade.

Pessoas 3 e 4, entendo vocês de maneira visceral. Vocês querem se preservar porque já viram outras pessoas receberem uma reação negativa. Todos vocês têm o direito de não manifestar a própria autenticidade porque ela pode ser usada contra vocês. Embora muitas pessoas passem por isso, mulheres pretas em particular se encontram em situações assim constantemente.

Mulheres pretas vão trabalhar todos os dias sem chance de errar e sem quem possa defendê-las, principalmente em momentos cruciais. Falando por mim, sei que PRECISO trabalhar como autônoma. Por quê? Porque depois de ouvir (diariamente) o que pessoas pretas passam com colegas brancos que não conseguem lidar com nada que sequer chegue perto de ser a verdade, percebi que não tenho as ferramentas necessárias para trabalhar em um ambiente corporativo. É preciso desempenhar a

---

14 Termo usado para designar uma forma de abuso psicológico em que informações são manipuladas até que a vítima não consiga mais acreditar na própria percepção da realidade. (N. E.)

própria função E ADEMAIS se certificar de não ofender as fragilidades da galera branca. É cansativo.

Se eu trabalhasse em um escritório, com certeza ouviria nas avaliações de desempenho que sou "agressiva" e acabaria sendo demitida. Sei disso porque sei que não tenho as ferramentas.

Acredito muito fortemente que mulheres pretas são tipo os adultos em um ambiente cheio de crianças, mas numa escala mundial. É frequente que estejamos no papel de monitorar, não porque queremos, mas porque não temos escolha. Somos empurradas para a frente da sala porque percebemos que as coisas ficarão caóticas se não fizermos isso.

Acredito que mulheres pretas são o centro moral do universo e ninguém me tira isso da cabeça. Apesar do fato de pisarem em nós, de sermos desrespeitadas com frequência, de sermos tratadas como se fôssemos descartáveis, estamos lá. Nós nos manifestamos, comparecemos, ficamos do lado de quem precisa, até de quem não merece. Sofremos o diabo por causa disso.

Mas as pessoas não nos dão ouvidos como deveriam. As coisas seriam muito mais serenas se o mundo honrasse mais nossas vozes. Haveria menos caos, mais equidade e menos sofrimento se todos entendessem que as mulheres pretas têm as respostas. É como se fizéssemos parte do maior trabalho em grupo de todos os tempos em que, infelizmente, nossa nota depende dos outros. Somos nós que nos recusamos a tirar um 0, então fazemos todo o trabalho e todo mundo se beneficia do 10 que nós, e apenas nós, merecíamos tirar.

Nosso instinto para a autopreservação é mais do que justificado. Fica aqui registrado meu respeito por minhas irmãs que estão transitando pelo mundo da melhor maneira que podem. Meu respeito por aquelas que precisam lidar com as microagressões, os microrreconhecimentos e o megapreconceito todos os dias. Vejo vocês. São super-heroínas.

Quando vocês decidem se manifestar apesar de tudo isso, sei que é algo especial. Algo que não podemos subestimar. Agora precisamos que todas as outras pessoas deem um passo à frente e usem suas vozes.

***

Não vou mentir para você e dizer:
    — Siga o coração, fale a verdade. Nada de ruim vai acontecer.

ATÉ PARECE. O caldo pode entornar e pode haver consequências. Com certeza há um certo risco em se manifestar sobre a verdade. No entanto, prefiro esse perigo ao risco de me arrepender pela minha falta de atitude ou meu silêncio.

Penso sempre na pergunta da poeta Audre Lorde: "quais são as palavras que você ainda não tem? O que precisa dizer? Quais são as tiranias que engole diariamente, levando para o coração, até que te adoeçam e você padeça, ainda em silêncio?". Não quero me apegar a essas tiranias. Para mim, me decepcionar comigo mesma é uma consequência muito pior do que decepcionar outras pessoas.

Então como reunir coragem para se manifestar de forma franca sabendo que pode haver repercussões negativas? Quando temos medo de dizer a verdade ou de causar desconforto em um determinado ambiente, a primeira coisa que precisamos identificar é a consequência da qual temos medo. Que consequência é essa?

E, em seguida, identificar qual seria a pior das situações em decorrência dela. Talvez você receba uma advertência do RH, talvez seu cliente encerre o contrato se você questionar a ideia dele. Ou a consequência poderia ser você perder o emprego ao se manifestar com sinceridade. O que mais o assusta quando se trata de dizer a verdade naquele momento?

Agora vamos supor que isso DE FATO aconteça. Você consegue resolver? Se existe a possibilidade de você perder o emprego do qual precisa para sobreviver, então, por favor, puxe uma lixinha de unhas e assista de camarote enquanto as coisas degringolam. A maioria das pessoas tem a grana contada no fim do mês, então uma alteração nas finanças seria algo negativo.

Quem estou desafiando aqui são aqueles que têm estabilidade financeira suficiente e que não precisam lidar com a insegurança de não ter um teto sobre as próprias cabeças caso não possam trabalhar por dois meses. Pensando na hierarquia de necessidades da pirâmide de Maslow: suas necessidades fisiológicas e de segurança estão atendidas? Isso é para você. Você pode correr certos riscos. Sim, você aí.

Costumamos ter tanto medo das consequências atreladas à franqueza e ao que acontece quando criamos desconforto que não pensamos no cenário mais favorável que também pode acontecer se fizermos isso.

Se a consequência é que você pode ser mandado embora, será que esse é o lugar onde quer trabalhar mesmo? Se você corre o risco de ser demitido por questionar uma ideia em uma reunião, será que essa empresa vale seu tempo e sua energia? Se a consequência não é demissão ou advertência do RH, então o que é que está em jogo se você se posicionar? É desagradar quem quer que você questione?

Baseei toda a minha carreira em falar a verdade e meter o pé na porta. Não porque saio de casa pensando: "UHUL, HOJE É DIA DE DEIXAR TODO MUNDO DESCONFORTÁVEL!", mas porque sei que, para estar presente da melhor maneira possível, não posso ficar em silêncio se o que está acontecendo ao meu redor não está certo. Sinto que não tenho escolha a não ser botar a boca no trombone.

Ter compromisso com a verdade não é moleza. É exaustivo sempre sentir que você tem que ser a pessoa madura. É cansativo ser a pessoa que se opõe sem ter respaldo algum. Mas também acho que espaços evoluem quando estamos presentes. Quando as pessoas sabem que você está presente, talvez se sintam menos propensas a falar abobrinhas por saber que você estará lá. Significa que sabem que é melhor andar na linha para não levar um sacode.

De maneira semelhante, se você está em um lugar com a pessoa que vai fazer as perguntas que realmente importam, a pessoa que vai dizer "essa ideia realmente está pronta e madura como deveria estar?", você não vai apresentar ideias meia-boca. Se existirmos em um mundo onde sabemos que todos estão esperando o melhor de nós, isso é o que vamos levar conosco onde quer que estejamos.

***

Questionar pessoas ou sistemas nunca é fácil, mesmo que você tenha feito isso a vida toda. É uma decisão intencional.

Quando fiz trinta anos, fui pular de paraquedas a convite de um de meus amigos. Quando ele me convidou, eu disse SIM tão depressa que não pude voltar atrás. Foi um sim tão forte que até eu fiquei chocada. Considerando que sou uma mulher de palavra, cumpri o prometido. Então pegamos a estrada para um lugar superfora de mão em Long Island e assinamos uma montanha de termos basicamente concordando que, se virássemos panqueca no chão, não seria responsabilidade de ninguém.

Entramos no avião e subimos mais ou menos uns 4.500 metros. Eu estava presa ao profissional que saltaria comigo e, conforme fomos chegando perto da hora de saltar, ele apertou meus cintos com tanta força que fiquei suspensa sobre meu assento. Todo o meu peso estava sobre ele e isso acabou me trazendo segurança, porque pensei: "bom, agora você está nessa também, porque, se eu morrer, você morre junto. Beleza. Vamos nessa".

Aquele fragmento momentâneo de coragem desapareceu instantaneamente quando nos sentamos na porta do helicóptero e olhei para baixo. Pensei: "caramba, isso aqui foi uma má ideia. Já fiz coisas estúpidas. Essa é uma delas. Por que estou fazendo isso de propósito? Estou gastando dinheiro para cair de um avião que não está com defeito nem nada!". Isso é que é problema de primeiro mundo.

Quando caímos do avião, juro que me esqueci de como se respira por uns três segundos.

Foi como se os reflexos do meu corpo dissessem:

— Não, não. Não sabemos fazer isso. Nem pensar.

E depois o meu corpo:

— Está se lembrando? Beleza, faz aquele negócio de usar os pulmões.

Respirei fundo em algum ponto da nossa queda livre, o paraquedas abriu e começamos a flutuar no céu enquanto o profissional que estava comigo ia narrando um passeio aéreo por Nova York. Foi lindo e estou muito feliz por ter feito esse negócio absurdo! Quando aterrissamos, até consegui pousar de pé!

Quando eu quero dizer algo que me causa desconforto ou que é difícil ou que é maior do que eu, me lembro do momento em que saltei do avião e fiquei sem respirar por três segundos. Penso em como, quando consegui encher os pulmões de ar e pude olhar para baixo, maravilhada, tudo o que vi foi beleza. Foi a melhor coisa que eu poderia ter feito. Pareceu certo, ainda que aterrorizante.

Por mais que eu tenha prática em ser a pessoa que diz a verdade e que questiona durante toda a minha vida, falar a verdade é assustador toda vez. Digo isso porque muitas vezes as pessoas acham que ser sincero é algo simples para quem o é. Elas pensam: "você é assim há tanto tempo que já deve ter se acostumado. Para você é fácil". Não, nunca é fácil. Você só desenvolve o hábito de dizer a verdade ainda que isso dê medo.

Se você pensa nessas pessoas questionadoras, aquelas que constantemente deixam as demais desconfortáveis com suas verdades ou que agem da maneira mais autêntica possível independentemente do lugar onde estão, e deseja ser como elas, estou aqui para dizer que você pode.

***

Como decidir quando se manifestar ou questionar?

Não se é um encrenqueiro profissional apenas para deixar as pessoas desconfortáveis, para ser do contra ou para causar tensão em um determinado ambiente. Questionar tem a ver com esperar o melhor de todo mundo e assim garantir que as pessoas possam enxergar os próprios pontos cegos. Como fazer isso?

Seja humano. Todos os dias temos que praticar a empatia nos lugares que ocupamos. Temos que nos colocar no lugar das pessoas e reconhecer a humanidade delas.

Algumas vezes, quando é muito difícil questionar alguém, digo:

— Tudo bem, enquanto cidadã deste mundo e sua igual, me sinto na obrigação de questionar você dessa maneira.

Perguntar também é uma excelente maneira de se fazer isso. É o que acontece na terapia. Seu terapeuta faz um monte de perguntas, fala pouco e deixa que você mesmo encontre a solução que procura. Então, algumas vezes, ser uma pessoa questionadora significa simplesmente fazer as perguntas certas.

Por exemplo, a ideia horrível na reunião. Responda assim: "Você pensou bem nisso? De que outras perspectivas poderíamos abordar esse problema? Quais obstáculos podemos encontrar se seguirmos com essa ideia?".

Ou quando alguém contar uma piada racista, você pode dizer: "não entendi, pode me explicar?", para que essas pessoas tenham que expor o próprio preconceito.

Todos nós já conhecemos (ou até mesmo já fomos) uma pessoa com total falta de tato para falar a verdade. Essa é a pessoa que vem à mente quando pensamos em alguém questionador ou um encrenqueiro profissional. Estamos pensando na pessoa que fala na lata sem medir consequências. Não seja essa pessoa que é exagerada e do contra ou cruel sem razão. Seja a pessoa ponderada ao fazer isso.

Veja bem, não estou dizendo que tudo será um mar de rosas se você for cuidadoso. Mas, se você tentar estar o mais bem-informado possível, ao menos é possível minimizar alguns riscos. Não podemos fazer nada além disso. Eu me pergunto três coisas antes de dizer algo que possa exaltar os ânimos:

Eu realmente acredito no que vou dizer? Para você, isso é sério?

Consigo defender o que estou prestes a dizer? Ao ser uma pessoa questionadora, também preciso estar preparada para ser questionada e cutucada. Minhas ideias precisam ser exploradas mais a fundo. Tenho os argumentos para defender meu ponto de vista? O que digo tem fundamento?

É possível dizer isso de maneira atenciosa e cuidadosa? Minhas intenções são boas? Posso acreditar estar certa na minha indignação ou na minha oposição, mas estou expressando isso de maneira cuidadosa ou atenciosa? Não importa quão correto ou verdadeiro possa parecer, se eu disser isso sendo cruel ou de maneira que faça com que as pessoas se sintam diminuídas ou inferiores, a mensagem não vai ser recebida.

Eu realmente acredito no que vou dizer? Consigo defender o que estou prestes a dizer? É possível dizer isso de maneira atenciosa e cuidadosa? Se a resposta para as três perguntas for sim, digo e espero pelas consequências.

Seja apresentando um obstáculo em uma reunião, ou para um amigo, ou para minha mãe, sempre penso nessas três perguntas para ter certeza de que não está faltando tato da minha parte. Assim posso argumentar de maneira consciente e responsável.

Não é um método infalível, e algumas vezes ainda cometo erros ou digo algo que eu não deveria. Mas essas perguntas podem nos ajudar a manter as boas intenções.

Uma coisa é fato: boas intenções também podem ter um impacto negativo, mas ao menos são pontos de partida. Seja tão atencioso quanto puder. Como o que você diz é recebido pelos outros é algo que não está sob o seu controle. Quando parar para pensar nisso, não estará sendo impulsivo, estará sendo você, por completo. Você fez o seu melhor.

Cada uma dessas perguntas tem um propósito para manter meus pés no chão. Elas são meus pontos de verificação, minha forma de garantir que mesmo quando estou brava ou quando as emoções falam mais alto vou conseguir pausar e dizer: "pera aí, vale a pena dizer isso? É assim que quero agir?". Isso me dá coragem para dizer SIM.

***

A outra coisa da qual precisamos estar cientes ao falar a verdade é do poder que temos em mãos. Em meu primeiro livro, falei sobre a caminhada do privilégio na faculdade. É um exercício em que os participantes se posicionam em uma fila reta e horizontal numa sala e devem ficar com a mão sobre o ombro das pessoas ao lado. Então o moderador lê algumas perguntas e, com base nas respostas, eles devem dar um passo para a frente ou um passo para trás.

Por exemplo: "dê um passo para a frente se é fácil de achar curativos adesivos da cor da sua pele na farmácia"; "dê um passo para trás se as pessoas nunca acertam seu nome"; "dê um passo para a frente se fazer faculdade já era algo certo ou esperado de você". Conforme as pessoas se afastam, vai chegar um momento em que precisam quebrar o contato com quem está ao lado.

No fim do exercício, todos estão em uma posição diferente. É uma representação física de poder e privilégio, e um exercício extremamente interessante.

Por ter os privilégios de ser uma mulher heterossexual, cristã e cisgênero, cujos pais tiveram acesso à educação, acabei ficando no meio. Quando me virei e vi alguns de meus colegas atrás de mim, me lembro de ter sido tomada por um sentimento visceral de responsabilidade, porque queria que eles estivessem ao meu lado. O fato de ter precisado quebrar o contato com eles fez com que eu me sentisse culpada.

Naquele momento, me dei conta de que uma das minhas metas é fazer de tudo para que eu não precise ver pessoas atrás de mim. Se há pessoas atrás de mim, preciso encontrar uma forma de trazê-las até onde estou.

Isso é importante porque, quando chego a alguns lugares, preciso reconhecer o poder que estou trazendo comigo. Isso calibra minha voz e me mostra que devo dizer aquela coisa difícil. Se deixarmos nosso poder debaixo do tapete ou nem sequer reconhecermos que ele existe, corremos o risco de pensar que não conseguimos fazer coisas difíceis.

Como palestrante profissional, sei que quando estou no palco, em qualquer que seja o lugar, sou a pessoa mais influente ali. Por quê? Porque sou a pessoa que está segurando o microfone. Isso pode mudar no mesmo instante em que eu sair do palco, mas, nos 55 minutos em que estou segurando o microfone, quem conduz o ambiente sou eu. Meu trabalho é causar uma inquietação e usar a minha influência para garantir que alguém com menos autoridade se sinta importante e reconhecido. Ou que alguém que não está com o microfone ainda se sinta ouvido. Não estou lá para agradar os executivos; estou lá para falar pelo estagiário que não consegue se fazer ouvir nas reuniões.

Uma amiga minha (que é por sinal uma professora e ativista brilhante), Brittany Packnett Cunningham, me apresentou a máxima: "gaste seu privilégio". Ela ouviu isso da defensora dos direitos de pessoas com deficiência, Rebecca Cokley. A ideia é que o privilégio que temos neste mundo é infinito. Ele nunca acaba. Você não se impõe hoje e precisa conquistar sua voz outra vez no dia seguinte. O poder é ilimitado e usar o nosso em prol de outras pessoas não o diminui. Precisamos utilizar nossa influência, nossas habilidades e nosso DINHEIRO para fazer o bem maior.

Não peço para que as pessoas façam nada que não exigi de mim mesma antes. É comum que precisemos observar alguém fazendo algo arriscado antes de acreditarmos que podemos fazer aquilo também. E minha carreira está repleta de momentos arriscados, mas sempre uso a mim mesma como exemplo. Sou uma mulher preta que já chegou a muitos lugares importantes apesar de ser muito bocuda.

Não estou pedindo para que os mais marginalizados entre nós assumam essa luta sozinhos. Meu desafio é para que aqueles que são ricos, brancos, heterossexuais e cisgênero se posicionem. Parem de esperar pelo restante do mundo. E se decidirem esperar, arranjem um jeito de ser úteis.

Vamos voltar a falar sobre as reuniões. Se você não é a pessoa que fala a verdade naquele ambiente, ao menos pode ser um respaldo para elas. Se não vai ser o primeiro dominó, seja o segundo. Se costumo ser a pessoa que fala primeiro e sugere que repensemos qualquer que seja a ideia, ter alguém para se juntar ao coro do que estou dizendo é revigorante e extremamente útil. Se o que está sendo dito faz sentido para você, apoie quem está dizendo, porque a união faz a força. Ninguém quer ser o náufrago solitário em uma ilha.

Isso posto, há momentos em que não quero ser a pessoa a falar a verdade. Há momentos em que me pego pensando que aquele vai ser o dia em que não digo nada. Não me manifesto. Não faço perguntas.

Passamos o bastão com tanta frequência para outras pessoas acreditando que é responsabilidade delas falar a verdade, mas o que acontece quando o questionador decide que precisa de uma folga? Não podemos apostar tudo na pessoa que costuma questionar, porque isso não é um trabalho de uma pessoa só, é trabalho do coletivo. Todos nós precisamos ser questionadores, porém, em vez disso, ficamos esperando pelo Super-Homem quando todos temos uma capa vermelha também.

Para mulheres, é especialmente importante que a união faça a força, porque estamos inseridas em espaços onde somos constantemente interrompidas. Ou onde alguém diz exatamente a mesma coisa que acabamos de dizer e leva o crédito por nossa ideia. É fácil ignorar uma só e difícil ignorar duas. E não dá para ignorar três. É necessário que a união faça a força para arranjar encrenca!

Em vez disso, muitos de nós ficam em silêncio e oferecem apenas um microapoio vazio. Se depois da reunião você vai até o questionador e diz: "caramba, que bom que você disse aquilo!", isso é um microapoio vazio. Está me dizendo isso quando ninguém está ouvindo. O auxílio do qual eu precisava já não é mais aproveitável e ninguém está presente para ver. Se não consegue me apoiar durante a reunião, de que adianta?

Vamos parar de fazer isso e nos certificar de que, no momento certo, vamos nos posicionar verbalmente em vez de esperar até que todos tenham ido embora. Fique fisicamente ao lado dessa pessoa. Use suas palavras para apoiar as pessoas em voz alta e dar a elas mais credibilidade.

Muita gente lida com isso diariamente e quero que isso aconteça menos. Por isso bato palmas para pessoas em ambientes corporativos que precisam trabalhar com pessoas que não são corajosas ou o são silenciosamente, depois do momento relevante, e isso não é coragem.

Sei que eu já teria sido demitida várias vezes, porque, se fosse eu a receber os microapoios, responderia: "quer saber? Guarda isso aí para você". E aí teriam me delatado para o RH e o resto é história. Porque dou pouca importância para a rasgação de seda. Serei gentil com você fazendo questão de mostrar que estou a seu lado, fazendo questão de me manifestar quando você estiver com receio de fazer isso. Mas e nos momentos em que quem não quer se manifestar sou eu? Quem fala por mim? Quem fala pela pessoa que fala pelos outros?

Muita gente se pergunta por que estão cercados de pessoas que mentem para elas. É porque se mostraram como pessoas em que não se pode confiar com a sinceridade sem transformá-la em arma. Se você está em um ambiente onde as pessoas são punidas por se expressarem, então precisa lidar com as consequências de um trabalho merda. Se você é o amigo que desliga na cara dos amigos quando eles tentam te alertar sobre suas escolhas ruins, eles provavelmente vão começar a não dizer nada enquanto você continua sendo CEO na empresa Escolhas Ruins. Cada um colhe o que planta.

Quer mais sinceridade ao redor? Peça. Precisamos criar espaços que fazem com que as pessoas se sintam confortáveis para falar e questionar. Se há alguém que costuma ficar em silêncio, tente engajá-lo. "Adoraria ouvir o que você tem a dizer. Adoraria saber seu feedback. Você tem alguma dúvida? Acho que alguns de nós monopolizaram a conversa, mas suas opiniões são muito importantes. Pode compartilhar suas percepções conosco?"

Seja um agente da verdade não apenas para seus amigos do Facebook, mas também para sua família. De que adianta abrir um berreiro sobre racismo, ou homofobia, ou transfobia, ou o patriarcado para desconhecidos que acessam nosso conteúdo clicando num botão se não estamos questionando as pessoas na vida real?

Algumas vezes pensamos que estamos fazendo a diferença com nosso falatório na internet e então nos mantemos em silêncio nos espaços que ocupamos, em meio a pessoas com quem podemos fazer a diferença, diante do real círculo de influência que temos. Seja um agente da verdade para aqueles mais próximos de você, não apenas para pessoas desconhecidas atrás da tela.

Muita gente acredita não ter um "público". Todos temos. Nosso público são nossos familiares, amigos próximos, colegas de trabalho. Temos que começar o trabalho pelo nosso quintal, assim ele pode se expandir para mais longe. As palavras que mais nos tocam são aquelas que vêm das pessoas que amamos.

***

Sempre me lembro de um momento em que quase deixei de me posicionar sobre um assunto porque me disseram que haveria consequências negativas caso eu fizesse isso. Penso em quando me senti profundamente desconfortável porque poderia perder muito da minha renda ao me posicionar contra uma conferência que não garantia igualdade salarial. E penso na ansiedade que senti nesses momentos. Mas se eu disser a verdade apenas quando for fácil, para que serve o privilégio que tenho? Dizer a verdade é algo que precisa ser feito nos momentos mais difíceis. É quando realmente faz a diferença.

E, sim, temos medo de que a pior das hipóteses de fato aconteça, mas e se a melhor das hipóteses acontecer? E se transformarmos os sistemas nos lugares que ocupamos ou as pessoas com quem interagimos porque ousamos ser alguém que se posiciona e usa sua voz tão necessária?

Falo isso como mulher negra que está constantemente colocando a verdade em ação, sempre tentando fazer isso da maneira mais genuína que consigo, que algumas vezes erra. Nossa melhor versão é aquela que está disposta a ser corajosa nos momentos mais difíceis, considerando que esses são os momentos em que nossa coragem se faz mais necessária.

Quando é muito assustador, quando temos vontade de nos esconder debaixo da cama, quando alguém diz que você deveria falar menos, não fale menos. Se sente que é sua obrigação dizer certa coisa, então provavelmente você deve dizê-la.

Precisamos priorizar a verdade porque o mundo está cheio de coisas a serem escancaradas, de injustiças a serem combatidas, de sistemas a serem desmantelados. Se não partirmos da sinceridade, como saberemos quais problemas precisamos resolver? Não podemos consertar algo que não sabemos estar quebrado. Não podemos conseguir um mundo justo por meio de mentiras, assim como não podemos chegar à equidade sendo condescendentes.

Precisamos encontrar nossa integridade individual e franqueza coletiva para o bem maior, e começamos sendo sinceros em quaisquer que sejam os lugares que ocupamos.

Muitos de nós estão arriscando menos do que nos damos conta quando optamos por dizer a verdade. Agentes REAIS da verdade são aqueles que lutam pela liberdade e que já foram espancados, presos ou mortos por ousar questionar o *status quo*. Estamos longe de ser os Panteras Negras, uma vez que nos sentamos em salas de reunião com paredes de vidro, receosos de dizer "isso não é uma boa ideia". Não é nossa vida ou liberdade que está em jogo.

Ninguém disse que seria fácil, mas as coisas que valem a pena geralmente não são. Só que você já sabia disso. Ser um agente da verdade é um músculo e, como todo músculo, precisa de prática e exercício para se fortalecer. Odeio me exercitar, e qualquer um que diga que é divertido é um mentiroso de uma figa. Ainda assim faço isso porque, se não fizer, o prejuízo é meu. Sou a que mais vai sofrer com isso. Defender a verdade exige prática.

Quando comecei a palestrar, minha voz tremia pelos cinco a dez primeiros minutos de palco. Não sei se mais alguém percebia, mas eu, com certeza, sim. Eu continuava falando e, cedo ou tarde, minha voz parava de tremer. Não sei quando isso aconteceu, mas um dia subi ao palco e percebi que minha voz não tremia mais.

Penso nas palavras do ÓTIMO encrenqueiro profissional que mudou o mundo, John Lewis: "quando você vê algo que não está certo, não é imparcial, não é justo, você tem a obrigação moral de fazer alguma coisa, de dizer alguma coisa, e quebrar seu silêncio". Temos a obrigação moral de dizer a verdade. Dizer a verdade, ainda que nossas vozes tremam. Dizer a verdade, mesmo com a possibilidade de bagunçar o coreto. Dizer a verdade, ainda que possa haver consequências. Porque dizer a verdade por si só nos faz mais corajosos do que a maior parte das pessoas do mundo.

Use as três perguntas, saiba que sua voz é necessária e fale a verdade diante daqueles que detêm o poder. Mesmo um suspiro de verdade faz a diferença em uma câmara onde a mentira ecoa.

7

FRACASSE EM ALTO E BOM SOM

Temos medo de fracassar.

Fracassar é uma droga. Temos medo de que as pessoas vejam nossos tropeços e a partir deles descubram algo sobre nós que pode funcionar como munição para nos atacarem. Temos medo de dizer ou fazer a coisa errada, então, para nos proteger, passamos a não fazer nem dizer nada relevante. A boa e velha zona de conforto.

Se você está vivendo uma vida vibrante, uma vida que causa impacto, uma vida relevante, vai cometer erros. Vai fazer merda. Vai mostrar que é um eterno boboca que está sempre com a vida de ponta cabeça. E não tem problema, porque o fracasso é necessário. É essencial para que possamos viver em alto e bom som. É doloroso, costuma ser inesperado e pode nos deixar de cara no chão.

Já fracassei muito e já fracassei em alto e bom som. É um rito de passagem para nosso próprio bem, algo que precisamos usar como aprendizado.

***

Em 2018, no dia em que Aretha Franklin faleceu e todos ficamos em luto coletivo, começou-se a discutir quem faria seu tributo. Quais artistas poderiam fazer jus ao legado dela para eternizá-la em canção? Vários nomes estavam sendo considerados online, e alguém sugeriu uma artista R&B muito querida no começo dos anos 1990.

Em minha ocasional impulsividade, por não ter ouvido o nome da pessoa ou visto qualquer lançamento dela há uns quinze anos, tweetei:

— De onde desenterraram esse nome?

Algumas pessoas responderam:

— Na verdade, é uma boa sugestão.

Muitas outras disseram:

— Eu também não teria pensado nela para estar no topo do *line-up* desse tributo.

A conversa continuou e mais nomes foram jogados na roda.

Tudo estava bem. Pelo menos era o que eu acreditava.

Acordei na manhã seguinte e minhas *replies* no Twitter estavam um completo caos. O assunto tinha ido para o rumo de que, considerando que eu não tinha nascido nos Estados Unidos e, portanto, não era afro-americana, não poderia opinar.

E assim começou o maior fracasso público que já tive.

Meus amigos começaram a me mandar mensagens assim que começaram a ver isso nos respectivos *feeds,* então perguntei a eles o que achavam que eu deveria fazer. Deveria responder? Deixar a poeira baixar? Deveria me defender? Fingir que não vi e tweetar outras coisas aleatórias?

Optei por ficar de fora do alvoroço por um tempo até que alguém tweetou algo pejorativo a meu respeito. Nesse momento, meu ego tomou as rédeas e respondi. Respondi dizendo alguma coisa sobre ter percebido que aquela pessoa estava tentando me atingir como se eu não pertencesse. Também falei algo sobre essa pessoa em questão ter ficado pilhada com o que eu considerava ser um simples tweet perguntando como alguém tinha se lembrado do nome daquele artista em particular.

Foi como colocar lenha na fogueira para que ela se alastrasse.

E de fato se alastrou. Meu nome acabou indo parar nos Assuntos do Momento do Twitter. Fui o oitavo assunto mais comentado nos Estados Unidos por mais ou menos uma hora. Metade das pessoas me chamava de coitada para baixo e a outra metade se perguntava quem era essa tal de Luvvie que não saía do feed deles. A primeira a julgar passou a ser a que estava sendo julgada. E em alto e bom som.

Saí do Twitter. Sabia que a coisa estava feia porque recebi várias mensagens das pessoas querendo saber como eu estava. "Tudo bem por aí? Estou vendo o que está acontecendo. Lamento muito. Se precisar de mim, me avise."

Estavam dizendo que eu era uma nigeriana arrogante que não sabia do que diabos estava falando. Alguns escavaram meus tweets procurando qualquer coisa que pudesse parecer ofensiva a norte-americanos ou afro-americanos. Artigos de opinião foram escritos sobre mim e parecia que meu nome estava por todo lugar. Tudo o que eu já tinha dito na vida sobre ser preta na América estava sendo esquadrinhado. Fui detonada.

Eu me senti perseguida e difamada. Então escrevi um post-resposta me explicando, dizendo que eu passava longe de ser a pessoa que estavam me acusando de ser. Para resumir, não foi o melhor dos posts, porque em nenhum momento pedi desculpas.

Esse post iniciou um novo incêndio, e algumas pessoas pareciam muito empenhadas em causar meu fracasso e minha ruína. Uma delas postou um status sobre mim no Facebook que dizia: "quero destruir a carreira dela". Outra criou uma conta de e-mail anônima para mandar mensagens para marcas com as quais eu tinha parceria ou qualquer outro evento no qual eu falaria sugerindo que eles rompessem os vínculos comigo. Um famoso misógino antinegros colocou os seguidores dele atrás de mim, e minha plataforma ficou repleta de comentários como "volta para a África" e "morre, vagabunda".

Isso acabou comigo. Atravessou toda a carapaça e autoconfiança que eu acreditava que tinha. Eu me senti como o Jon Snow no episódio de *Game of Thrones* em que as tropas partem para cima dele cheias de munição e ele só fica lá olhando para os homens e rezando para não morrer. Eu seria o Jon Snow se o Jon Snow tivesse ficado no sofá chorando e se odiando.

Eu não conseguia comer. Eu me recusava a comer. Meu namorado até me levou para um dos meus restaurantes favoritos e fiquei lá, encarando os frutos do mar deliciosos, mal encostei na comida. Da mesma forma que dizem que Deus não gosta quando passamos diante de uma igreja sem fazer o sinal da cruz, aposto que ele também fica mordido quando dispensamos um bom prato com caranguejo.

Eu perdi 3,5 kg em uma semana. Eu, que tenho 54 kg se estiver usando roupas molhadas e tiver tomado muita água num dia de muita comilança, perdi 3,5 kg. Então já devem imaginar que fiquei cadavérica para caramba.

E foi minha culpa. Tudo o que aconteceu. Eu estava me culpando mais do que qualquer um. Uma coisa é decepcionar os outros. Isso é uma merda. Mas decepcionar a mim mesma foi a parte mais difícil. Senti vergonha de um jeito que nunca tinha sentido antes. Eu estava chateada comigo mesma por ter cometido um erro e dito algo que não deveria. Eu devia ter pensado melhor. Devia ter agido diferente. Devia ter sido diferente.

As pessoas começaram a procurar razões para me criticar, mas foi MINHA culpa ter proporcionado as coisas que elas acabaram encontrando. Foi minha culpa ter sido chamada de insensível. Ou ter ouvido que não tive tato. Ou que fui babaca. Se eu não tivesse dado motivos, eles não teriam achado nada para me arrastar na lama.

Eu sabia que eu estava errada. Eu não era vítima da maldade das pessoas e sim uma vítima da minha própria língua por nem sempre ser cuidadosa como deveria ou por fazer piadas que não são piadas e porque humilham alguém. Meus dois pés, que sempre estiveram ancorados no chão, enraizados no fato de que gosto de verdade de mim mesma, estremeceram. Eu já tinha passado por isso antes, mas não a esse nível e não por tanto tempo. Parecia não ter fim.

Então sumi da internet. Meus amigos me ligavam para saber como eu estava e, nos piores momentos, para me lembrar de quem eu era. Eles puxavam minha orelha em meio ao consolo e me impediram de descer mais fundo no buraco da vergonha.

Meu parceiro me disse:

— Você deixa que as pessoas roubem sua luz.

Marquei uma sessão com minha psicóloga porque, afinal, S.O.S.! Eu não estava bem! Quando nos vimos depois de uns dias, ela me disse que eu estava com sintomas de transtorno de estresse pós-traumático: distúrbios do sono, falta de apetite e uma aguda sensação de estar em perigo mesmo em momentos que não apresentavam risco algum.

Esse incidente me desestabilizou completamente; fiquei com vontade de abrir um buraco no chão e me enterrar. Estava com medo de nunca mais me recuperar disso e de que o golpe em minha imagem fosse irreparável. Eu, de verdade, senti vontade de jogar tudo para o alto, me mudar para uma cidade do interior e ir trabalhar em uma biblioteca. Porque, afinal: dramática.

Sabe qual foi a pior parte? Comecei a temer minha voz. Questionei meu bom senso. Até aquele momento, minha confiança em minha própria voz raramente tinha oscilado. Era a maior bênção que Deus havia me dado. No entanto, depois de enfrentar uma repercussão tão pública quanto aquela, nascida em um momento em que usei minha voz de maneira descuidada, comecei a questionar essa bênção.

Estava com medo da ousadia de minha própria sombra: "ô merda. Se eu disser isso, será que as pessoas vão ficar bravas?". Eu sentia um frio na barriga toda vez que pensava em dizer algo, com um medo real de cair de volta naquele momento em que vi meu nome nos assuntos mais comentados do Twitter. Parei de escrever. Parei de me expressar. Eu me escondi.

Durante um ano, não postei nada no site além do conteúdo de TV que eu era paga para escrever. No Twitter, eu tomava cuidado extra para não postar nada muito impactante, temendo inflamar os ânimos e voltar para os Assuntos do Momento. Nas outras redes, eu ainda postava o que estava na minha cabeça, mas acompanhado de um "tem certeza de que quer falar isso?".

Minha justificativa para não usar minha voz foi: "bom, talvez eu precise evoluir e deixar o blog para trás. Talvez meu trabalho precise de uma nova cara. E, pensando bem, ainda estou falando o que quero falar de outras maneiras, no meu podcast e tal".

Eu ainda estava machucada pela humilhação da coisa toda, queria deixá-la no passado. Isso era meu ego falando. Era meu fracasso falando. Era o medo falando.

Minha agente me perguntava:

— E aí, como é que vai ser o livro dois?

Eu dizia que ainda estava pensando sobre isso. Sobre o que diabos eu escreveria? O que eu tinha para dizer?

Depois de quase um ano, outra grande perda balançou o mundo: Toni Morrison faleceu no dia 5 de agosto de 2019. A escritora que citei na segunda página do *I'm Judging You: The Do-Better Manual:* "se existe um livro que você gostaria de ler, mas ainda não foi escrito, você deve escrevê-lo". Foi Toni quem disse isso e quem sou eu para não a ouvir? Literalmente segui as palavras dela como instruções ao longo da minha vida. Ela foi a mulher que me deixava com vergonha de dizer que era escritora porque sentia que suas palavras eram grandiosas demais para que nós duas estivéssemos na mesma categoria.

Mas essa mulher tinha partido deste mundo e a morte dela me despertou. Nunca a conheci, mas sua ausência permanente foi como um choque na minha alma. Foi como se um dedo fosse apontado para a minha cara porque eu estava optando por permanecer deitada em vez de fazer o que vim ao mundo para fazer.

Isso me lembrou de que escritores não param porque as pessoas os criticam, não importa quão difícil pareça. Eles não abandonam a própria arte por se sentirem incompreendidos ou por estarem magoados. Não abandonam os próprios propósitos por terem críticos estrondosos. Eles cometem erros e permitem que os erros os impulsionem a criar uma arte ainda melhor. Deus disse que armas seriam forjadas; não se pode permitir que elas prosperem ao deixar que impeçam você de usar seu dom.

A primeira coisa que escrevi foi uma homenagem à Toni, falando sobre o que ela significava para mim: a professora favorita que eu nunca tinha conhecido pessoalmente. Depois disso, me veio a ideia deste livro. Passei um ano com medo de mim mesma, da minha voz e do meu dom. Não podia mais permitir que o medo conduzisse minha vida.

Minha jornada verdadeiramente tem a ver com enfrentar o medo de forma constante.

***

Fracassei em alto e bom som e para todo mundo ver. Mas como eu poderia usar isso em prol de algo maior? A sensação de derrota acabou servindo para um bem maior para mim e a única maneira de tudo aquilo ter sido em vão seria se eu não me tornasse uma versão melhor de mim mesma posteriormente. Eu me perguntei: por que isso aconteceu da forma como aconteceu? Como sigo em frente? O que tenho que aprender?

Tantas lições.

Quando se trata de fracasso, criamos na cabeça histórias sobre quem somos por causa disso. No meu caso, foi daí que veio a vergonha. Senti que fui pega de calças arriadas e bunda de fora. Senti-me exposta e nua, e pensei que tudo o que eu tinha conquistado era claramente uma farsa porque eu estava prestes a perder tudo. Enquanto as pessoas desenterravam coisas problemáticas ditas pela minha versão desbocada de 24 anos no Twitter, senti vergonha.

Os aprendizados foram muitos.

A ANTIGA "EU" FOI NECESSÁRIA

Na terapia, comecei a perceber que a garota que fui um dia foi necessária porque ela se tornou a mulher que sou hoje. E eu tinha que agradecer a ela por tudo o que fez e pela pessoa que foi, porque ela me trouxe até aqui. Depois tive que agradecer a mulher que sou hoje, na casa dos trinta, que se conhece melhor, conhece melhor a própria voz e o mundo. Eu não poderia ser eu sem ela, então minha vergonha não tinha lugar. Eu precisava me acolher e me perdoar pelos meus erros.

Precisei ser gentil com a garota do passado, a garota que tinha medo de se autointitular escritora porque achava que não merecia o título. Aquela garota nunca teria escrito este livro, nunca teria se manifestado com confiança nos espaços em que eu estive. A pessoa que falava antes de pensar não poderia ser a pessoa com a plataforma que tenho hoje, porque eu não saberia usá-la com responsabilidade como sei agora. Penso em como a pessoa que ganhava 35 mil por ano não poderia ser a mesma pessoa que assinou um contrato de seis dígitos para escrever um livro. Eu não saberia como lidar com os impostos e muito menos o que fazer com o dinheiro.

Mas aquela garota precisou existir para que eu pudesse escrever sobre ela, sobre seus erros, sobre as coisas que ela teve que aprender a duras penas. A Luvvie 1.0 precisou existir para poder evoluir para a Luvvie 3.0, que pôde escrever este livro.

NENHUM DE NÓS DEVE ESTAR NUM PEDESTAL

Nem unzinho. Somos pessoas com defeitos; nossas carreiras nos fazem parecer melhores do que realmente somos. Eu bem sei que posso fazer umas coisas tenebrosas. Não sou infalível ou mais inteligente do que alguém só porque tenho alcance. Até parece. Fui derrubada do meu pedestal e espero que ninguém me coloque de volta, porque não mereço. Deixem-me aqui embaixo, porque não consigo atender às expectativas que as pessoas costumam colocar sobre os famosos a quem seguem. Vou desapontar vocês. Vou decepcionar vocês. Vou fazer merda. Mas torço para nunca deixar de aprender a me posicionar da melhor maneira que eu puder. Não vou deixar de crescer. Não vou deixar de me responsabilizar perante a pessoa que digo ser.

QUANDO MOMENTOS DE JULGAMENTO ACONTECEM, NÃO DEVEMOS DESPERDIÇÁ-LOS

Outro aprendizado que tive? Quem julga será julgado. Sempre desafio as pessoas a serem melhores. Isso significa que eu também serei desafiada a fazer a mesma coisa. Também me encontrarei diante do tribunal da opinião pública porque estou fadada a cometer erros. O que importa é como lido com isso e sigo em frente; com base nisso é que serei verdadeiramente julgada e com base nisso fui condenada.

Eu deveria ter me desculpado sem me explicar ou me defender. As pessoas querem se sentir compreendidas e ouvidas quando causamos danos. Eu precisava me redimir, precisava me responsabilizar e prometer fazer diferente numa ocasião futura. Fiz uma coisa errada e deveria ter lidado com isso mais cedo.

Um pedido de desculpas apropriado seria tipo assim:

Oi, galera, hoje foi complicado, e ver meu nome sob os holofotes dessa maneira não é motivo de orgulho para mim. Fiz merda e peço desculpas. Minhas palavras magoaram outras pessoas. Minha intenção, boa ou ruim, não importa, porque todos sabemos que as intenções de alguém nem sempre estão alinhadas com o impacto que essa pessoa causa. Eu deveria ter pensado melhor e agido de maneira melhor. Preciso me certificar de ser ainda mais cautelosa com a forma como me expresso no mundo. Tenho um alcance grande e, como resultado dele, as expectativas em relação a mim são altas. Nem sempre vou conseguir atendê-las; na verdade, sei que vou errar outra vez. Mas ao menos posso tentar ser melhor do que fui. Me desculpem.

Essa humildade poderia ter me poupado de muitos problemas, porque eu estava errada. Não só por causa do que eu disse, mas também pela forma como agi quando fui questionada. Eu deveria ter abaixado a cabeça e depois seguido em frente.

Depois de tudo isso, também ficou evidente para mim que meu nome era mais relevante do que eu imaginava. Eu não era só uma garota qualquer de Chicago que tinha vindo da Nigéria, twittando piadinhas entre amigos. Eu sou a Marca Luvvie, com mais de um milhão de seguidores nas redes sociais. Represento a empresa *Awe Luv*.

Não importa quanto eu me veja como uma garota que começou a escrever um dia desses e depois viveu coisas legais, estou no comando de um alcance imenso e é muito nítido que minhas responsabilidades são grandes. Minha voz ecoa. Meu público é grande. Devo o melhor de mim para um público que está maior do que nunca, maior do que eu já imaginei. Preciso agir de acordo.

Isso não significa que devo mudar minha voz e sim que devo me comportar ligeiramente diferente. Eu era Davi, mas agora sou Golias, e essa é uma ideia difícil de processar. Não sou mais o pequeno que pode jogar pedras, agora sou o grandão em quem pedras são arremessadas. Para mim, isso é algo assustador. Significa que as coisas ou pessoas sobre quem falo precisam ser diferentes porque meu alcance é maior.

Todo o incidente foi como se Deus estivesse segurando meu rosto e dizendo: "isso aqui é território desconhecido. Preciso que você se comporte de maneira diferente e seja mais responsável". Certo, tudo bem, mas será que Ele não podia ter feito as coisas de maneira menos dolorosa? Provavelmente podia. Mas eu, do alto da minha teimosia, provavelmente precisava desse choque de realidade. Recado recebido, Santidade. Já entendi, beleza?

Fui lembrada de que devo sempre mirar para CIMA, nunca para baixo. ("Mirar para cima" é quando desafiamos alguém com mais poder do que nós, enquanto "mirar para baixo" é quando avançamos sobre alguém que tem menos poder do que nós.) Sim, devo sempre mirar para cima, mas o que isso significa mudou, agora que tenho mais influência e que o que digo tem mais peso. Posso me pegar mirando para baixo sem querer, caso não reconheça essa nova dinâmica e meu privilégio acumulado.

Por isso o humor é algo dinâmico e por isso comediantes reformulam as próprias piadas ao longo dos anos. O comediante célebre que está gravando especiais da Netflix de cinquenta milhões de dólares não pode fazer as mesmas piadas que fazia na época de *stand-up* amador.

Também aprendi que posso sentir orgulho de meu trabalho, mas não preciso atrelar todo o meu valor a ele, porque isso pode ser efêmero. Embora a gente deva abraçar nossa grandeza, não podemos deixar que toda a bajulação suba à cabeça. As pessoas nos amam num dia e nos ODEIAM no dia seguinte.

Essa experiência fez com que eu passasse a ser mais gentil, porque estar diante de mil dedos apontados é angustiante. Estive pensando em algumas críticas feitas aos outros no passado, o que foi um choque necessário para pegar leve nesse sentido. Crescer tem a ver com ser mais gentil.

Estar no meio daquele furacão me fez lembrar de que preciso ajudar outras mulheres pretas quando estiverem em situações parecidas. Ser uma mulher preta, especialmente com visibilidade, é estar exposta a agressões frequentes torcendo para que elas não perfurem seu coração fundo demais. Agora faço questão de contatar as mulheres em posições notáveis que conheço quando é a vez delas de estar na fogueira. Um ombro amigo, ainda que não venha de uma pessoa superpróxima, sempre é de ajuda.

Isso também me fez querer defender com unhas e dentes as mulheres negras que são confrontadas por erros que não são baseados em ódio. Meu público e minha voz não são apenas para momentos confortáveis. Se as pessoas vierem para cima de mim por defender alguém, vou lidar com isso. Sou amada e sou valorizada. Mereço ser defendida e protegida até mesmo em meus piores dias, assim como as outras pessoas.

É preciso muito para ser uma mulher negra e famosa. Admiro Beyoncé, Serena e Oprah por mais coisas além de seus respectivos trabalhos. Respeito profundamente a elegância que elas têm sob pressão constante. Elas são fotografadas em momentos de expressão facial não muito amigáveis e ficam nos assuntos mais falados por dias, enquanto todo tipo de pessoa inventa histórias sobre seus estados de espírito. E elas não se manifestam. Isso é o que ainda não tenho e que estou tentando aprender: a arte de calar a porra da boca mesmo quando as pessoas partem para cima de mim.

Um dos meus erros nisso tudo foi responder a algumas das pessoas que estavam me atacando. Sou a pessoa que costuma pedir para que meus amigos se acalmem quando algo semelhante acontece com eles. Não ouvi meu próprio conselho, e a dinamite explodiu bem na minha cara. Eu mesma acendi o pavio. Sim, fiquei magoada, mas não precisamos retrucar toda vez que nos convidam para uma briga.

Da próxima vez, preciso me perguntar:

— O que a Beyoncé faria?

A mana fingiria que nem viu. Em vez disso, estaria em algum lugar criando arte incrível enquanto as pessoas falam o que bem entendem dela. Por isso comecei a pagar a mensalidade da comunidade Beyhive. Aquela mulher merece a nossa obsessão.

AS MINHAS ORAÇÕES PRECISAM MUDAR

Conforme cresço e a minha carreira cresce, preciso fazer orações mais fortes. Não há mesmo nada que eu possa fazer além de tentar sempre ser cuidadosa e aprender com os meus erros, mas não posso dizer que nunca mais vou errar. Então, se eu cometer o próximo erro, isso significa que vou ficar na fossa por um ano inteiro porque decidiram apontar todas as flechas em minha direção?

Também vou rezar para me fortalecer nas situações em que as pessoas me acusam de ser o que não sou, porque isso não vai parar. Posso dizer amanhã que o céu é azul e alguém se ofender por isso. Certo? Se eles escolherem se ofender, vão se ofender.

Tenho que estar fortalecida para que quando a arma seja preparada contra mim não prospere. Não posso deixar de viver o propósito que Deus tem para mim porque algumas pessoas não gostam de mim. Preciso aprender, me fortificar e rezar que a minha armadura seja mais forte do que nunca, que se torne mais forte a cada dia, que os meus pés estejam mais estáveis e fincados no chão do que nunca. Preciso rezar para que, como uma líder, eu esteja demonstrando o que é falhar e superar isso.

Penso na minha avó, cujas orações sei que me cobrem diariamente. Aquelas três horas de orações no meio da noite devem ser responsáveis por parte do meu sucesso, porque cheguei até aqui apesar de e por causa de mim mesma.

***

Sou uma babaca em recuperação que usa todos os tombos como degraus para ser melhor, mais inteligente, mais forte, mais gentil e mais graciosa. Sou grata por aquele 4,5 que tirei em química. Fico muito feliz por ter sido demitida/dispensada daquele trabalho em marketing. E ter entrado nos assuntos do momento no Twitter depois de ser descuidada com as palavras foi uma bênção. Cada vez que dou com a cara no chão é uma reinicialização e um redirecionamento cósmico que me conduzem para o caminho o qual devo seguir. É uma recalibração do GPS da minha vida. Errar sempre me eleva a um patamar mais alto.

Não tenho nada do que me arrepender porque os tombos são necessários para que eu aprenda o que não sei (e tem muita coisa que não sei). Podemos cair de cara no chão e ressurgir das cinzas dos nossos antigos "eus", melhores do que antes.

Durmo bem à noite porque estou em paz comigo mesma e com a minha alma. Acordo pela manhã, olho o meu reflexo no espelho e realmente amo a mulher que me olha de volta. Ela é imperfeita pra porra, mas sabe, sem dúvida, ela é melhor agora do que quem era antes. E ela sabe que os seus erros não a definem; as lições que tira deles, sim.

Da mesma forma, você não é o seu pior momento ou pior erro. Você sabe quem você é (volte ao Capítulo 1 – aquele exercício é bastante benéfico quando está no meio do fogo cruzado). No centro dos seus erros, pode parecer que o mundo está acabando e que você nunca vai se recuperar. Mas tudo, mesmo os seus piores momentos, é temporário. A humilhação é temporária. A dor aguda é temporária.

Saiba que a cortesia e a responsabilização podem coexistir. A cortesia faz com que você se perdoe por seus erros e a responsabilização te mostra que a lição aprendida precisa ser relembrada e esses erros não podem ser frequentes. Você precisa dançar conforme a música.

O fracasso é o maior professor que temos na vida, e a única maneira de realmente fracassarmos é se não aprendermos nada com os baixos pelos quais passamos.

8

PEÇA MAIS

Temos medo da decepção.

Um dos meus mantras favoritos, o qual ouvi pela primeira vez há muito tempo e no qual ainda acredito, é: "é melhor viver uma vida dizendo 'enfim' em vez de 'e se?'". Muitos de nós vivem uma vida "e se?", porque não sabemos pedir pelo que queremos, pelo que precisamos e pelo que gostaríamos.

Estamos constantemente deixando de reivindicar oportunidades que nos são dadas porque temos medo dos "nãos" que podem surgir posteriormente. Não queremos lidar com a dor de arriscar e acabar rejeitados, então nos tornamos pessoas que nunca pedem nada.

Eu me pergunto o que aconteceria se nos déssemos a permissão para PEDIR MAIS, da vida e do universo, de relacionamentos, de chefes e colegas de trabalho. O que pode acontecer quando percebermos que o "NÃO" não vai nos matar, mas que o "SIM" poderia mudar as nossas vidas?

Amo o sentimento exposto pelo brilhante Paulo Coelho, autor de um dos meus livros favoritos, *O alquimista*: "a mera possibilidade de conseguir o que queremos preenche a alma da pessoa comum com culpa. Olhamos ao redor, para aqueles que fracassaram em conseguir o que queriam, e sentimos que também não merecemos conseguir o que queremos. Esquecemo-nos dos obstáculos que superamos, do sofrimento que enfrentamos, de todas as coisas das quais tivemos que abdicar para chegar até aqui".

A nossa inabilidade de pedir pelas coisas vem de uma vida inteira aprendendo que PEDIR é com frequência se decepcionar. É um medo justificado. De jeito algum acredito que simplesmente acordamos em um belo dia e descobrimos que a voz para pedir pelo que queremos desapareceu.

Em vez disso, acho que todos nós já passamos por experiências que nos ensinaram que é arriscado pedir coisas às pessoas. Somos parte do time "Vou descobrir sozinho uma hora ou outra" ou do time "Eu dou conta, não se preocupe comigo". Por quê? Por algumas razões.

Alguns de nós se tornam essas pessoas graças à necessidade. Talvez tenhamos precisado nos cuidar sozinhos porque nossos pais não estavam lá, física ou emocionalmente. Ou, ao crescer, talvez não tenhamos tido amigos com os quais contar. Talvez ninguém nunca tenha provido por nós, então precisamos aprender a fazer isso sozinhos. Talvez a única pessoa com qual pudemos contar tenha sido nós mesmos. Talvez tenhamos que ter sido essa pessoa porque ninguém mais se provou leal, confiável ou estável o bastante para estar ali da forma que precisávamos.

Ou talvez tenhamos nos tornado essa pessoa porque tivemos algumas experiências dolorosas nas ocasiões em que pedimos por algo. Talvez já tenha dado muito errado muitas vezes e agora temos medo de pedir. Talvez alguém tenha jogado na nossa cara algo que fez por nós durante uma briga e carregamos essa experiência conosco como mais um motivo para nunca pedir nada a ninguém.

Qualquer que seja a sua razão, ela é válida e não te culpo. Como alguém que, ao pedir ajuda, já ouviu demais coisas como "que porra foi essa?", eu entendo. Compreendo você em um nível espiritual. Combinamos que nem sombra e água fresca. É por isso que estou aqui para dizer para PEDIR MAIS mesmo assim.

Infelizmente, tal razão não impede o "não pedir" de ser algo prejudicial ou limitante em sua vida. Quando não sabemos como pedir pelas coisas, por mais, não estamos extraindo tudo o que a vida pode nos oferecer. A vida nos deve alguma coisa? Na verdade, não. Mas a vida tem uma coleção valiosa de coisas que podemos explorar, pelas quais, se não pedirmos, não receberemos. Como está escrito em Tiago 4:2: "[...] nada tendes, porque não pedis".

Sei que não é tão preto e branco quanto isso, mas ainda repito essa passagem para mim mesma porque é uma afirmação do que devo fazer e da minha capacidade. Tenho menos apego ao resultado sabendo que ao menos fiz a minha parte: eu pedi. Qualquer coisa além disso é um bônus.

***

Precisei começar a fazer terapia para de fato compreender que eu era alguém que, mesmo em meio a toda essa ousadia, tinha medo de pedir mais. Deixe eu te contar como a minha terapeuta, que é uma mulher preta gentil de meia-idade (que pode ter entre 35 e 65 anos, mas não consigo discernir, porque tendemos a ser atemporais e a nossa melanina se recusa a romper, craquelar ou estourar), narrou a minha vida inteira para mim.

Gosto de fazer terapia porque aprecio pagar para alguém me gongar. Durante algumas sessões, acabo vomitando palavras sobre estar estressada demais. Tenho orgulho de pertencer ao time "Dou conta de tudo", não importa o que aconteça, mas até Atlas largou de mão depois de um tempo, não é?

Um dia, estava especialmente estressada por causa do trabalho em adição à vida doméstica e, na terapia, rolou o seguinte:

Minha terapeuta: você pediu ajuda ao seu companheiro?
Eu: não, vou dar um jeito. Ele também tem coisas pra fazer. Isso é coisa minha.
Ela: por quê? Não acha que ele ia querer te ajudar o máximo possível?
Eu: ele ia. Na verdade, ele me perguntou como pode ajudar.
Ela: por que não pede a ele para ajudar e assim se desafoga um pouco?
Eu: bom, como já falei que vou dar um jeito, quero cumprir minha palavra.
Ela: vejo porque está estressada. Seu marido também vê isso e já se ofereceu para ajudar, mas você não deixa. Por que acha que isso acontece?
Eu: fico frustrada porque preciso de ajuda e ele fica frustrado porque já se ofereceu pra ajudar... ah, você tá tentando usar as minhas palavras contra mim!

Ela: (olhar neutro)
Eu: você tá certa. Tô viajando.
Ela: você não acha que merece ajuda?

E foi então que a minha mente explodiu. Eu não acho que mereço ajuda? ALGUÉM ME PEGAAAAA, ME SACODEEEE, PÓE JUÍZOOO EM MIM!

Foi assim que começamos a explorar o fato de eu colocar rochedos às minhas costas enquanto outras pessoas transportavam rochas porque eu preferia carregar o fardo. Isso é em parte porque não há ninguém em quem eu confie mais para lidar com as coisas do que eu mesma e em parte porque não acho que mereço ajuda, considerando que outros precisam de ajuda muito mais do que eu. Enquanto isso, vou ficando sem coluna, assim sinto que estou fazendo o possível para que os outros mantenham as deles.

Acabei de descrever a sua vida? Sim, foi o que fiz. Bem-vindo ao clube "Dou conta de tudo mesmo às custas de mim mesmo". As reuniões acontecem às terças a cada quinze dias. Por favor, traga um aperitivo que não cause azia.

Deixe eu contar tintim por tintim sobre mim. Sempre fui A Responsável e tenho um grande senso de responsabilidade por mim mesma, minha jornada e minhas ações. Eu era a menina de sete anos a qual ninguém precisava mandar estudar, porque eu já estava fazendo isso. Sempre tirava nota máxima e me julgava quando tirava um 8 antes que qualquer um o fizesse.

Não quero que as pessoas se preocupem comigo. O mundo já é um baita de um lixão imprevisível. Nunca quis dar mais uma razão para que aqueles que eu amava ou aqueles que me cercavam ficassem ansiosos, chateados ou estressados. Se eu fosse uma super-heroína, seria a Super Independente. Não preciso de nada de ninguém. Não peço dinheiro a ninguém, inclusive a minha mãe, desde que eu tinha dezessete anos. E já faz muito tempo que isso é um símbolo de honra para mim.

Como A Responsável, a mesma insistência em não ser um fardo para ninguém vinha acompanhada com a responsabilidade autoimposta de garantir que todos ao meu redor estivessem bem. Como eu estava bem, sentia a obrigação de me certificar de que eles estivessem também. Isso me transformou em "aquela que se doa e nunca pede por nada", o que é um problema.

Um salve para aqueles de nós que são DOADORES. Definimos a nós mesmos a partir do quanto doamos aos outros. A nossa benevolência como valor central é algo de que nos orgulhamos muito. (Lembra do Capítulo 1? É, temos uma Tia Generosa aqui.) Entretanto, DOADORES geralmente são TOMADORES ruins, o que é uma desvantagem.

Há tantos de nós que tirariam a própria camisa para vestir o outro, mas que não sabem como receber um simples elogio sem sentir que precisam devolver a gentileza. Sou uma doadora em reabilitação, o que significa que eu costumava ser incapaz de pedir ajuda ou de receber presentes sem sentir que eu estava devendo a alguém.

Temos que reavaliar as nossas motivações quando tudo o que fazemos é doar sem saber como receber. Como vamos permitir que as pessoas demonstrem amor por nós quando não deixamos que elas sejam generosas conosco?

Amamos a sensação quando percebemos "ei, acabei de fazer isso aqui por alguém". Então por que não permitimos que outros experimentem a mesma sensação quando eles nos oferecem algo, seja um elogio, um presente ou o próprio tempo?

Quando você está apenas doando sem receber, você pode estar, inconscientemente, deixando o ego te guiar. Talvez, lá no fundo, você ame ouvir as pessoas lhe agradecendo. Talvez, inconscientemente, ser sempre o "Capitão Tá na Mão" seja uma forma de alimentar o seu ego. Amamos a sensação gostosa que vem quando doamos a alguém. A generosidade nos ajuda a esconder a nossa vulnerabilidade. Sempre oferecer ajuda sem pedir por ela é uma forma de garantir que não sejamos vistos como fracos.

Ou talvez pensemos que nós mesmos não mereçamos assistência. Não queremos que as pessoas pensem que estamos nos aproveitando delas. Não queremos causar a impressão de que somos alguém que precisa de outra pessoa. É um problema porque não somos de fato honestos com nós mesmos nem com as pessoas na nossa vida.

***

Muitos de nós vão perceber estar em uma crise antes de dizer "preciso de ajuda". E nesses momentos de sobrecarga, a chance é grande de que não tenhamos nada o que doar, porque já estamos nos esforçando ao limite. Se precisamos de ajuda, recebê-la não deveria ser condicional ao que podemos dar de volta. Você não precisa esperar começar a se afogar para então levantar a mão e gritar por socorro.

Quando comecei a entender que posso receber algo sem isso representar que tenho uma dívida com alguém, comecei a me sentir mais livre. É algo que ainda está sendo trabalhado em mim, mas agora digo "obrigada" com sinceridade. Agora posso me comprometer a doar para alguém, sabendo que eles também não me devem nada.

Tenho que agradecer a minha família, amigos e comunidade por me forçarem a me tornar alguém que passou a aceitar pedir e receber ajuda. A forma como as pessoas que amo me apoiam e me oferecem tanto do seu tempo, dinheiro, energia, conselho e presença, me forçou a RECEBER coisas delas. Elas usaram o amor como uma ação para me desarmar e me ajudar antes mesmo que eu pudesse pedir. O amor deles me ensinou que se eu precisar de algo deles, posso PEDIR.

A minha comunidade também me ensinou que há algumas ações tão significativas que, por mais que eu tente "recompensá-los", não há como, porque cada ato de bondade existe por si próprio. Não há algo que eu possa fazer para igualar o placar. Caramba, se alguém te doar o próprio rim, não dá para você chegar e oferecer os pulmões como retribuição. Não é assim que funciona.

Já recebi alguns presentes bem grandes na minha vida, que me fizeram perder a voz de tanto choque e provam o que acabo de dizer. Por exemplo, a minha despedida de solteira. Nove das minhas amigas me levaram para Anguilla (na primeira classe do avião). Elas me "noivastraram" e me levaram em uma viagem de seis dias para o paraíso, planejaram tudo. Não havia nada mais a resolver. Até criaram um site para celebrar a viagem e usamos a hashtag #NoivaLuvv.

A viagem foi barulhenta, espalhafatosa e cara *pra porra* (ficamos no hotel Four Seasons). Logo eu, que só ontem descobri os luxos da vida. Ainda me lembrava de, no passado, ter dividido a cama com amigas em viagens que insistimos em fazer, ainda que mal conseguíssemos pagar as contas. Lembrei-me de quando o Four Seasons tinha sido o meu sonho de consumo. E então estávamos ali e era vida real, e eu tinha amigas que insistiram em me proporcionar aquela experiência.

Naquela viagem, senti uma gratidão imensa, porque nove pessoas acreditavam que eu era merecedora de tanto do seu tempo, dinheiro, energia e amor. Pensei de novo na minha terapeuta dizendo: "você não acha que merece isso?". Passei todos aqueles seis dias maravilhada, porque eu estava tipo: "uau, eu mereço tudo isso?".

O que me fez perceber que muitas das vezes em que não sabemos como receber coisas sem achar que devemos algo a alguém é porque não acreditamos ser merecedores daquele presente, ou porque pensamos que não seremos capazes de fazer jus a ele.

Eu não tinha como começar a recompensá-las, então apenas precisei aceitar tudo e ser grata. Foi um divisor de águas porque ninguém é obrigado a fazer coisas por nós, nem pequenas nem grandes. Mas às vezes você vai receber presentes e amor estritamente porque você é você, nada mais. Quando as pessoas fizerem isso e derem a você, receba. Tente não questionar tanto. Tente não agir tipo: "por que eu?". Por que *não* você?

O que você pode fazer é continuar a ser gentil e generoso. Enquanto isso, tente não dispensar ajuda ou presentes de cara. Saiba que você é merecedor desse gesto porque está aqui.

***

Em momentos de frustração, lamentei por SEMPRE ter feito tudo sozinha e é por isso que não preciso que ninguém faça nada por mim. Enquanto isso, já movi céus e terras pelas pessoas, mesmo quando não pediram.

Certa vez, o meu marido basicamente canalizou a minha terapeuta e leu os pergaminhos da minha vida para mim.

Ele disse:

— Você ser tão mão aberta parece um recurso seu para não colocar o peso da dor em outra pessoa. Vou te desafiar a parar de dizer o quanto você não precisa de alguém. Quero que pare de dizer o quanto você não pede nada de ninguém e o quanto você dá conta de cuidar de tudo sozinha. Você fala muito isso em voz alta. Estou te pedindo isso porque, quando você diz essas coisas, percebo que está usando essa ação como uma medalha e uma conquista. Se essa fosse a Olimpíada da Dificuldade, até faria sentido, mas não é.

Você tinha que ver como coloquei o meu rabinho entre as pernas. VOCÊ ACABOU DE ME INTERPRETAR COM TANTA PRECISÃO E USANDO AS MINHAS PRÓPRIAS PALAVRAS? Sabe quando alguém diz algo que é tão certeiro que você não consegue pensar em uma resposta porque o seu cérebro insiste em quicar a bola com os dizeres "ele está certo" de uma parede para a outra dentro do seu crânio? Foi o que aconteceu comigo ao ouvir aquilo.

A percepção de que eu tinha passado a definir a mim mesma como alguém que não precisava de ninguém. Será que eu pensava que exaurir todas as minhas forças era uma nova forma de biscoitar? A que tipo de pódio de martírio eu estava buscando subir?

O que ganhamos ao insistir em ser autossuficientes mesmo quando estamos nos afogando, quando tudo do que precisamos é de uma mão enquanto os nossos braços se agitam na água? Está querendo me dizer que aquele que "viveu sem dar trabalho e sem precisar de ninguém" não recebe um biscoito no fim das contas? Ô, porra.

Lembro-me da citação da Brené Brown: "aprendi que lutar para respirar enquanto se oferece para aplicar a massagem cardíaca em outra pessoa não é um ato heroico. É morrer sufocado pelo ressentimento". UM BELO DE UM SERMÃO.

Estamos tão acostumados a sermos chamados de fortes, especialmente mulheres pretas, que alguns de nós consideram uma fraqueza o fato de precisar do apoio das pessoas que fazem parte da nossa comunidade.

Não podemos basear quem somos em quão pouca ajuda recebemos ou em quanto ajudamos as outras pessoas. E se chegar um momento em que não tivermos nada para DOAR? Isso faz de nós pessoas horríveis? Perdemos a nossa bússola? Vamos passar a nos sentir inferiores por causa disso?

Quando não pedimos, ou não aprendemos a receber, é possível que estejamos impedindo a chegada de bênçãos. Isso vai além dos momentos em que precisamos de ajuda. Quando não sabemos como pedir pelo que precisamos ou pedir por mais, acabamos recebendo menos do que deveríamos.

O fato é que as pessoas vão te oferecer o mínimo do mínimo se você deixar. Às vezes nem estamos "deixando". Estamos com medo de ser MUITO difíceis ou exigentes (ei, Capítulo 2), então aceitamos a primeira coisa que nos oferecem.

***

Venho de uma longa linhagem de pechincheiros, e a minha avó definitivamente foi uma. Pechinchar é um exercício de pedir por mais até que você esteja satisfeito. Então por que vim para os Estados Unidos e me esqueci da minha ancestralidade pechincheira? Eu deveria lidar com as minhas negociações de trabalho como se fosse um mercado nigeriano, onde o lema é "sempre peça pelo que você quer". O primeiro "não" não é de fato o que eles querem dizer. Continue pedindo e, mesmo que não consiga exatamente o que quer, você chega o mais perto possível do objetivo. "Ao menos eu tentei" é um estilo de vida.

Quando Mama Fáloyin vinha aos Estados Unidos, ela me pedia para levá-la até o seu mercado de usados favorito em Chicago. Ao me levar com ela, garantia ter um par extra de mãos para carregar a infinidade de coisas que compraria. Bem como para empurrar o segundo carrinho.

No meu primeiro ano do ensino médio, os sapatos *k-swiss* estavam na moda. A minha mãe, como a estraga-prazeres que era (leia-se: mãe solo que não podia custear sapatos de 75 dólares) não ia comprar um para mim. E como a minha mesada era, tipo, uns cinco dólares por semana, economizar para comprar levaria meses.

Então minha avó e eu fomos até esse armazém enorme que, honestamente, logo me deixou de queixo caído. Tive um momento de arrependimento instantâneo assim que entramos lá, porque 930 metros quadrados de compartimentos desorganizados entre os quais você tem que garimpar é o meu conceito de inferno na terra. (Isso e ter que pegar um voo da companhia Spirit Airlines.) Eu estava disposta a abdicar de todos os meus pecados em nome da santidade porque, se o inferno fosse daquele jeito, eu DEFINITIVAMENTE não queria ir para lá.

Depois de mais ou menos noventa minutos de garimpo, de alguma forma me deparei com um par de *k-swisses* brancos. Eles tinham um comprimento médio com cinco listras de cada lado e cadarços brancos. QUÊ?!?!? Que sorte, meu Deus! Aqueles sapatos se tornaram de cara a menina dos meus olhos. (A Luvvie adolescente era cafona, então não sabia que aqueles sapatos eram coisas FEIOROSAS e por essa razão tinham ido parar em um compartimento de um armazém aleatório, não na prateleira de uma loja. Tudo o que eu sabia era: AI CARAMBA VOU CONSEGUIR ESSES SAPATOS DE MARCA.)

Eu não me importava com o fato de que eles pareciam meias de cano alto com uma base de borracha ou que alguém tivesse feito um trabalho péssimo em colar borracha debaixo de umas meias desbotadas (porque, veja bem, eles eram feitos de tecido, não era nem couro).

A minha avó viu a minha animação (porque eu provavelmente estava parecendo o Ió do Ursinho Pooh antes disso) e me disse para colocar os sapatos no carrinho. Eu estava tentando não ficar muito esperançosa, porque sabia que eles não iriam para casa comigo. Seriam muito caros. Eu SABIA disso. Então, quando chegamos ao caixa, o preço dos sapatos era 25 dólares. E pensei: "é isso, agora acabou. Ela vai largar os sapatos aí". Em vez disso, a minha avó falou:

— Amada. Os sapatos são pra minha neta. Por favor. Consegue fazer pra mim por dez?

E eu estava pensando: "a minha avó não bate bem da cabeça", enquanto ao mesmo tempo lamentava pelos sapatos que quase tive.

Galera. A minha avó conseguiu que eles vendessem os sapatos para ela por oito dólares! QUE TIPO DE FEITIÇARIA ELA FEZ? E eles ainda deram a ela uma caneca, que ela tinha visto perto do caixa, de cortesia. Eu estava tipo: "ISSO É DIVINO". Ousadia e manifestação de dádivas. Um mulherão da porra. Peça e você receberá. Peça com ousadia, acreditando que a resposta já é sim.

Usei aqueles *k-swisses* até virarem farrapos. Aquelas cinco listras provavelmente viraram duas no momento que os deixei de lado. Mas a audácia de pedir... Foi tudo. Peça o que você quer. O universo pode te surpreender e dizer SIM.

***

Deixe-me te mostrar uma passagem rapidinho. Mateus 7:7: "peçam, e lhes será dado; busquem, e encontrarão; batam, e a porta lhes será aberta".

O que aconteceria se acreditássemos merecer o mundo que nem aquele cara branco que não consegue chegar aos nossos pés em uma mera partida de palavras-cruzadas? O que aconteceria se pedíssemos pelas coisas com a confiança daquele cara o qual venceríamos num teste de QI por pelo menos uns 25 pontos? Consegue imaginar o divisor de águas que seria se nós, pessoas boas, espertas e conscientes, tivéssemos a audácia de um cara branco que não tem um pingo de bom senso? Minha nossa. Chegaríamos a algum lugar!

Ou se tivéssemos a ousadia de uma mulher nigeriana mais velha que acreditava que ela podia conseguir o que queria por meio da gentileza e daquele sorrisão? Poderíamos mover montanhas!

Não se force a querer menos só para aplacar os outros. Não minimize as suas necessidades para evitar pedir por mais. Você quer o que quer. Peça por isso. Um "NÃO" não vai te matar.

Peça por mais, porque se o medo da decepção te impede de ir atrás do que deseja, então você está escolhendo o fracasso precoce. É uma profecia autorrealizável. Se não acharmos que devemos pedir pelo que queremos, seja uma promoção ao chefe, ou mais ações do companheiro, ou mais atenção dos amigos, então estamos optando pelo "NÃO", em vez de tentar conseguir o "SIM". Se recebermos um "NÃO", ainda estaremos no mesmo lugar, não perdemos nada. Mas se conseguirmos o "SIM", qual nos levaria para mais perto de onde queremos estar?

Quando você escolhe deixar o medo te manter na zona de conforto, você pode pensar que está evitando a decepção quando o que está fazendo, de fato, é escolhendo aquele caminho porque sabe que não vai conseguir aquilo que quer e do qual precisa. O "NÃO" não vai te matar, mas o "SIM" pode te salvar.

A minha vida mudou quando comecei a ter coragem de PEDIR pelo que quero. A coragem de PEDIR para as pessoas pararem de fazer coisas que não me agradam. A coragem de PEDIR para as pessoas com as quais trabalho por coisas que pensei merecer. A coragem de PEDIR para o meu companheiro o que eu precisava para me sentir amada. A coragem de PEDIR aos meus amigos pelos seus ombros quando eu precisava chorar. A coragem de PEDIR para o universo/Deus por coisas que eu julgava serem implausíveis.

Sei que já ouvimos que "em boca fechada não entra mosca". É clichê. E não deve ser levado ao pé da letra. Fechamos a boca mesmo quando as pessoas nos desrespeitam. Fechamos a boca porque não acreditamos estar em posição de pedir nada. Fechamos a boca porque temos medo do "NÃO". Quando aprendi a abrir a boca, a minha vida se transformou.

Não fiquei mais esperta, nem mais fofa, nem mais interessante, não abaixei a voz e não me tornei mais calada. Porém, não estava mais com medo de ser vulnerável e dizer que eu precisava de ajuda. Eu não estava mais atrelada ao conceito de "sou a pessoa com a qual ninguém precisa se preocupar". Eu me tornei mais modesta e percebi que viver não é carregar um fardo maior do que conseguimos para que outra pessoa decole sobre nossas costas.

Sabe o que aconteceu quando comecei a pedir mais? A magia aconteceu. E por magia quero dizer que as pessoas me deram mais. O amor que eu esperava que as pessoas sentissem emanando de mim voltou com uma potência infinita.

Eu me senti mais forte, ciente de que, nesse mundo, não caminhava sozinha. Eu me senti mais amada, porque dei às pessoas a chance de me apoiarem e de se sentirem tão bem quanto eu me sentia enquanto deixava o ato de doar me guiar. E me senti mais confiante, porque as coisas com as quais sonhei, e algumas que eu nunca nem sequer imaginei, começaram a acontecer para mim.

9
GANHE SUA GRANA

Temos medo de sermos vistos como gananciosos.

Disseram para nós que o dinheiro é um tabu, ainda que GOMA (Grana Ordena, Manda e Arrebenta). Como deixamos de falar sobre a coisa que, com frequência, dita a nossa qualidade de vida?

Não ter dinheiro o suficiente custa caro e, infelizmente, vivemos em um mundo onde as oito pessoas mais ricas do planeta possuem a grana equivalente ao que metade da raça humana detém. Há mais de sete bilhões de pessoas vivendo na terceira rocha mais próxima do sol; OITO delas possuem metade do dinheiro do mundo. E todos esses oito bilionários são homens cisgênero, obviamente.

Não há nada justo no capitalismo, e somos apenas peões nesse jogo. Maaaas me pergunto se esses peões conseguem ter um pouco mais de dinheiro enquanto estivermos nos movimentando pelo tabuleiro.

***

Mulheres são as principais pessoas desencorajadas a se importarem muito com dinheiro, porque "deveríamos" estar sempre com a disposição de servir a alguém, mesmo enquanto outros planejam formas de empilhar suas moedas. As pessoas presumem que queremos servir e somos pressionadas a sentir a obrigação de servir. É por isso que mais mulheres dão preferência a trabalhar em organizações sem fins lucrativos.

De acordo com um levantamento feito pelo Bayer Center for Nonprofit Management, as mulheres constituem 74% da mão de obra de trabalho em organizações sem fins lucrativos e geralmente recebem 74% menos para fazerem o mesmo trabalho que um homem[15]. Somos metade da população, mas representamos três quartos daqueles que trabalham em uma área voltada para fazer o bem. E considerando que esse tipo de organização dispõe de menos recursos, historicamente paga menos (porque, afinal: todas são quebradas) e é considerado trabalho de mulher, esse amor por servir que temos acaba sendo uma grande questão de justiça econômica.

Se as mulheres compõem 74% das pessoas que trabalham em uma área na qual o padrão e a expectativa para a remuneração são inferiores, então, automaticamente, não há paridade salarial entre nós. Já aí, a atual conjuntura nos passa a perna. Fazer o bem no mundo é importante. É também uma droga que essa ação seja tão desvalorizada e depreciada.

Enquanto isso, as grandes empresas que agem com a mentalidade de que o lucro vem em primeiro lugar, não o bem social, estão imprimindo dinheiro! IMPRIMINDO! A Apple tem mais de 245 bilhões de dólares em valor líquido. Se o CEO da empresa fosse até o caixa eletrônico, ele receberia um comprovante de 245.000.000.000 dólares. Os comprovantes que recebemos nas lojas da rede de drogarias CVS morreriam de inveja. (Aliás, por que diabos os comprovantes são tão extensos? As próprias CVS devem estar matando árvores na Amazônia ao fazerem questão de imprimir Os Manuscritos do Mar Morto quando você só entrou lá para comprar uma embalagem de Mentos.)

Enquanto isso, a organização sem fins lucrativos da sua região que está tentando alimentar crianças vindas de lares de baixa renda precisa se atirar aos pés de patrocinadores, implorando (assim como o cantor Keith Sweat) para conseguir financiamento para o seu programa de trinta mil dólares. Elas precisam escrever propostas de duzentas páginas com promessas de gastar cada dólar no programa, não na equipe, como se as PESSOAS não fossem aquelas que fazem os programas acontecerem. E no ACASO de receberem METADE do que precisam para administrar

---

15   Peggy Outon. "Mulheres em organizações sem fins lucrativos: passado e presente". *GuideStar*, 20 nov. 2015. Disponível em: https://trust.guidestar.org/blog/2015/11/20/women-in-nonprofits--then-now/. Acesso em: jul. 2022.

tal programa, elas precisam enviar de volta um relatório de cem páginas que ninguém foi pago para escrever, porque o dinheiro não pode ser destinado ao trabalho. Ajude-me a encontrar sentido nisso, senhor meu Deus!

As mulheres fazem esse trabalho, dedicando longas horas e recebendo muito pouco por ele. Em uma sociedade capitalista, a filantropia é um fardo o qual só nós carregamos, e que tem consequências reais.

A sociedade não coloca a pressão de servir sobre os homens, logo eles conseguem ser capitalistas sem culpa. Sabe o que costuma pagar muito? Ser um executivo no setor privado. Oitenta e seis por cento da lista de executivos *Fortune 500* são homens[16]. Enquanto isso, fazem as mulheres sentirem culpa quando querem ganhar um dinheiro razoável (ou muito dinheiro).

O nosso capitalismo vem com uma grande dose de contrição, porque temos medo de receber a nossa grana, mesmo quando ela advém de trabalho honesto. Temos a preocupação de que, se nos importarmos muito com dinheiro ou falarmos muito sobre ele, estamos sendo gananciosas. Ainda que TENHAMOS que nos importar com dinheiro para sobreviver. Tudo o que fazemos está atrelado à nossa condição financeira.

Esse medo é o motivo que leva a nós mulheres sermos as mais propensas a organizar eventos beneficentes NOS NOSSOS ANIVERSÁRIOS, pedindo que as pessoas doem dinheiro para alguém que precisa. Você sabe, aqueles eventos beneficentes no Facebook, em que alguém faz aniversário e pede aos amigos para doarem determinada quantia a uma causa da escolha deles? Eu AMOOOO o nosso altruísmo, mas qual é o custo de sermos tão generosas? Parece que o único momento em que finalmente pedimos ajuda é quando essa ajuda é para o benefício de outra pessoa.

Por vezes me pergunto se as pessoas que promovem eventos beneficentes em seus próprios aniversários estão com alguma conta atrasada. Você está angariando dinheiro pela causa do câncer de mama sem saber como vai pagar o aluguel, porque o trabalho ao qual se dedica tanto não está te pagando o suficiente para que se sustente? Está vendendo produtos para fazer uma renda extra e doando recursos para a organização não

---

16 Kristen Joiner. "Assim como limpar, o trabalho em organizações não lucrativas é tarefa de mulher". *Stanford Social Innovation Review*, 12 jun. 2015. Disponível em: https://ssir.org/articles/entry/like_the_vacuuming_nonprofit_work_is_womens_work. Acesso em: jul. 2022.

lucrativa local enquanto não consegue pagar a prestação do carro porque precisou escolher entre isso e o remédio de asma do seu filho? Amiga, você merece toda aquela grana para se manter de pé. Não precisa doar nada se no exato momento não sabe de onde vai tirar dinheiro para as próximas cinco refeições.

As mulheres criam e trabalham em organizações sem fins lucrativos porque, sendo aquelas que nutrem, dizemos: "queremos ajudar o mundo". Não, ajude a si mesma primeiro, amiga. E então ajude o mundo. Coloque a sua máscara primeiro e todo aquele rolê. Espalho a palavra de que precisamos deixar o mundo melhor do que o encontramos, mas também temos que conseguir melhorar a nós mesmos frente ao mundo, não piorar.

Disseram para nós que a nossa bondade nesse mundo está diretamente ligada ao quanto nos sacrificamos pelos outros. A pressão para sacrificar QUALQUER COISA é posta apenas sobre as mulheres. É o NOSSO trabalho organizar esses eventos beneficentes e nos doar em excesso. Para a mulher que está ganhando trinta mil dólares por ano e dando o seu melhor, mas ainda tem dificuldade para se sustentar, quero que saiba que a sua prioridade número um não é salvar outra pessoa, quando você própria precisa ser salva no momento. Mas, ei, pessoa solteira que não tem dívidas e ganha cem mil dólares ao ano, talvez você possa doar um pouco mais para que assim ela não sinta que é quem precisa fazer isso.

***

Isso se estende em especial aos negócios. Passam a perna em nós, principalmente enquanto mulheres ou outros grupos marginalizados. Dizem que as pessoas estão fazendo um favor ao nos contratar. Durante toda a vida, ouvimos aquela mensagem nociva de que temos menos valor e somos mais descartáveis, que devemos ceder porque é mais conveniente aos outros. Então internalizamos tudo e selamos os lábios para nos proteger.

Não é culpa nossa. O mundo realmente fez um bom trabalho em nos convencer de que somos estorvos em vez de vantagens, e isso é pura lorota. Conseguiram extinguir parte da nossa disposição em lutar, então nos enganam a torto e a direito, somos mal pagos, sobrecarregados no trabalho e desvalorizados.

Os sistemas de opressão instituídos contra nós nos depreciam e nos colocam à mercê deles. Sou MUITO direta quanto a isso. Homens brancos são o padrão de medida porque eles criaram tais sistemas e os administram como a máquina bem lubrificada que são. É por essa razão que:

- Uma mulher branca ganha 79 centavos para cada dólar que o cara branco ganha.
- Mulheres latinas ganham 54 centavos a cada dólar ganho pelo cara branco.
- Mulheres indígenas ganham 58 centavos para cada dólar que o cara branco leva para casa.
- Mulheres negras ganham 62 centavos para cada dólar que o cara branco embolsa.
- Mulheres asiáticas ganham 90 centavos a cada dólar que pagam para o cara branco.

Estamos sistemicamente nadando, nadando e morrendo na praia; isso não está certo.

***

Falei anteriormente da última vez que trabalhei em período integral para outra pessoa, como uma coordenadora de marketing em uma organização sem fins lucrativos que ensinava outras organizações do mesmo tipo a contarem suas histórias da forma certa. Na época, era o trabalho dos meus sonhos. Eu me lembro de me candidatar, cruzar os dedos e torcer para que eu fosse sortuda o bastante para conseguir uma entrevista. Bom, consegui a entrevista e arrasei. Em setembro de 2008, recebi a proposta.

— Seu salário inicial será de 35 mil ao ano.

Droga, eu esperava conseguir ganhar quarenta mil ao ano, mas quem era eu para ser gananciosa? Imediatamente respondi ao e-mail, aceitando.

Não negociei absolutamente nada. Nem mesmo as duas semanas de férias pagas. Nem o 5% de aumento salarial que *talvez* eu ganharia depois de um ano. Eu sei. É de conhecimento geral que as organizações não lucrativas não pagam muito, mas agora sei que geralmente há muito mais dinheiro disponível. Porque a Eu de Agora sabe mais das coisas. Eu devia ter pedido mais dinheiro.

Se não extrair nada mais deste livro, por favor absorva isso: SEMPRE NEGOCIE POR MELHORES CONDIÇÕES NAS SUAS PROPOSTAS DE TRABALHO. Não importa que a proposta já seja incrível! Sempre peça mais. Há alguns motivos para isso:

1. Ninguém está fazendo um favor por te contratar. NINGUÉM. Você é contratado para fazer um trabalho porque você tem habilidade para tal. Eles precisam de você para fazer o trabalho acontecer.
2. O correto é negociar. De fato, quando você não negocia, você está fazendo o oposto do padrão. Negociar faz parte do jogo dos negócios. Você tem o direito de SEMPRE pedir pelo que acha que vale. A resposta não está sob o seu controle, mas PEDIR está TOTALMENTE sob o seu controle. FAÇA ISSO O TEMPO TODO.
3. A primeira proposta não é a melhor proposta. Isso significa que: as pessoas podem pagar mais do que aquilo que te oferecem primeiramente. O primeiro número jogado em cima de você não é NUNCA o número máximo com o qual alguém pode te pagar. Eles te ofereceram quarenta mil? A chance é grande de que o número no orçamento para te pagar seja 45 mil. Peça por sete mil a mais e talvez vocês cheguem a um meio termo. Muitos de nós desistem porque temos medo. O que me leva a:
4. Você pedir por mais dinheiro (mais tempo de férias ou benefícios) não significa que eles vão voltar atrás na oferta de trabalho. Não é porque você diz "quero mais" que eles vão dizer "não te queremos mais". Sei que bate uma baita ansiedade pensar que, se tentarmos negociar, eles vão de alguma forma se ofender e não mais oferecer nada. Ouça bem: caçadores de talentos, contratações e montagens de equipes são elementos CAROS para as empresas! Se você tem medo de que eles rescindam a proposta no momento em que você pedir por um valor específico, volte ao motivo número um. Eles não estão te fazendo um favor ao te contratar. Eles também

precisam de você. E o departamento de RH sabe que procurar por outra pessoa consome muito dinheiro e tempo. Não querem retornar à estaca zero. Quando te encontram, o candidato perfeito, eles não querem que você vá embora. Precisam de você. ELES PRECISAM DE VOCÊ. Então cale o medo que diz que pedir por mais vai te levar a perder a vaga. Você não vai.

5. Mulheres e pessoas não brancas não foram ensinadas a negociar. Já falei com muitas pessoas que trabalham em departamentos de RH e eles sempre me dizem que isso os deixa frustrados. Uma amiga minha enviou uma proposta de trabalho para uma candidata. A pessoa aceitou imediatamente. E ela ficou tipo: "MERDA. POR QUE ELA NÃO PEDIU MAIS? Eu tinha mais quinze mil para ela". E antes que você diga: "por que as pessoas simplesmente não já oferecem tudo o que podem? Não é esse o justo?". Há. Ah, se os negócios fossem sobre o que é justo. Não são. Você tem que jogar de acordo com as regras do jogo e dizer: "isso não é o bastante. Quero mais". E eles te retornam com: "CERTO, conseguimos mais". Eu nunca recebi a permissão nem o conselho de pedir por mais em um trabalho. Descobri isso ao longo do caminho.

O salário que aceitamos no início da nossa carreira segue conosco. Os 35 mil que aceitei sem questionar poderia ter afetado todos os meus salários subsequentes naquela empresa. Um aumento de 5% para 35 mil é 1.750 dólares. Isso me levou a ganhar o salário anual de 36.750 dólares depois de um ano de trabalho. Imagine se eu tivesse negociado o valor de quarenta mil. Cinco por cento disso seria dois mil dólares, o que resultaria em 42 mil dólares por ano.

A mesma posição na mesma empresa poderia ter me rendido cinco mil a mais em um ano se eu tivesse simplesmente pedido. Não pedir literalmente nos custa dinheiro. Ficar calado às vezes sai caro, e esse foi um desses momentos. Temos que pedir mais dinheiro.

Preciso que vocês negociem SEMPRE. Eu preciso disso. Quero que paremos de deixar o dinheiro para trás.

***

Então, aquele meu salário anual de 35 mil do último emprego em período integral que tive? Hoje isso é algo que já fiz em um fim de semana e com uma hora de trabalho, e dizer isso é o ÁPICE. Como cheguei até esse ponto? Bom, construí uma plataforma enorme, dediquei dez anos da vida construindo uma reputação, escrevi um livro best-seller do *New York Times* e provei de novo e de novo que a excelência era algo muito importante para mim.

E esse número é alto. Fui de alguém que não era capaz de pedir um salário maior do que aquilo para um ano para pedir por isso por um único evento. Deixe-me contar como aprendi a pedir: pesquisei, treinei e pedi apesar das sirenes na minha mente que tentaram me convencer de que eu estava passando dos limites. Apesar da síndrome do impostor que me alcança vez ou outra para dizer: "quem você pensa que é para pedir isso?". Apesar da culpa de saber que já ganhei mais dinheiro em um ano do que a minha mãe ganhou em uma década de trabalho.

Negociar me fez embolsar valores que me fazem gargalhar com desconforto graças ao absurdo que eles são.

Há livros inteiros voltados a ensinar a arte da negociação. Considere ler um deles. Enquanto isso, aqui está minha versão resumida:

1. Pesquise a indústria. Quanto os seus colegas estão ganhando? Quanto as pessoas recebem ao fazer um trabalho similar? Saiba disso porque te dá uma vantagem ao chegar a um lugar. Esse conhecimento é um poder para você usar ao seu favor.
2. Saiba que você não está sendo ganancioso por pedir pelo que vale ou por pedir mais dinheiro.
3. Diga o valor com um ponto de exclamação, não um de interrogação, e cale a boca. O que quero dizer com ponto de exclamação é que quando for pedir pelo que quer, diga "gostaria de 50 mil ao ano!". Não diga: "hum... gostaria de 50 mil ao ano???", enquanto no final sua voz fica muito aguda e parece que está fazendo uma pergunta. Se você está fazendo uma pergunta em vez de uma afirmação, parece que não tem certeza de que vale mais dinheiro, então por que eles teriam? Diga o seu valor com confiança e nada mais. Fique sentado ali e aguarde pela resposta. Não é hora de dizer outra coisa porque já estará explicando

demais. Antes que o salário seja dito em voz alta, você já vai ter exposto o seu valor, então é hora de jogar a bola para o outro lado e esperar que eles a peguem.

Alguns amigos meus que trabalham no RH me contaram que eles encontraram pessoas que expuseram o número que queriam e ficaram em silêncio. E depois de cinco segundos aguardando a resposta, a pessoa complementou: "não, tudo bem. Posso considerar menos também". NÃOOOOOOOO!!!! Não faça isso! Sei que o silêncio vindo da outra parte pode ser desconfortável, mas não volte atrás no que deseja! É válido. A outra pessoa está provavelmente registrando tudo e fazendo cálculos. O medo entrou em ação, e é por isso que às vezes retiramos o que dissemos querer.

***

Em adição a negociar por mais, não deveríamos nos orgulhar de ser mão de obra barata. Ser conhecido como mão de obra barata não deveria ser a nossa proposta de valor. Você não é a loja de 1,99 e não deveria ser. Nunca vou ser a opção mais barata ou usar isso como uma forma de convencer alguém a me contratar. Por quê? Porque você colhe o que planta, e eu sei meu valor.

Seu valor não está no quanto o orçamento pelo seu serviço sai barato, mas em como o seu trabalho é bom. E as pessoas precisam estar dispostas a te pagar pelo seu serviço. Se não puderem pagar o que você vale, então eles podem economizar dinheiro até conseguirem pagar ou procurar por outra pessoa cujos serviços ou produtos sejam mais baratos – contudo, essa pessoa não precisa ser você.

Você já deve ter ouvido falar no conceito do "bom, rápido e barato". Escolha dois dos três quando estiver escolhendo um serviço. Não dá para ter os três.

Se o serviço é RÁPIDO e BARATO, provavelmente não é tão BOM. Se é BOM e BARATO, não é RÁPIDO. Se é RÁPIDO e BOM, não vai ser BARATO.

As pessoas esperam ter os três e eu fico: COMO, QUERIDO? Com frequência, as pessoas vão escolher o BARATO em vez de o BOM. É assim que a galera recebe logotipos feitos naquele recurso *Clip Art* da Microsoft. Se alguém for as três coisas, essa pessoa está desvalorizando o próprio trabalho, porque se é rápido e bom, não deveria ser barato.

Constantemente estamos dispostos a aceitar menos do que queremos porque temos medo de perder dinheiro. "Eu custo cem dólares, mas eles só têm vinte. É melhor eu aceitar esses vinte porque vinte dólares é melhor que zero dólares." *Nope*. Porque, se você está aceitando vinte como o seu preço, da próxima vez que quiserem te contratar, vão se lembrar de ter pago vinte e provavelmente não estarão preparados para pagar cem.

É evidente que você pode doar seus serviços a causas importantes ou aceitar um pagamento menor, dependendo do caso. Mas como um hábito ou um mantra, o sucesso, principalmente para empreendedores, com frequência depende de você receber o valor que pede para o trabalho que você faz.

As pessoas que pagam bem pelo seu trabalho te oferecem a liberdade de doar o seu tempo e um bom trabalho a uma organização sem fins lucrativos, ou para crianças que precisam daquilo que você pode oferecer. (Com que frequência se espera que homens doem seu tempo, energia e trabalho para os outros? E quando eles se recusam a fazê-lo, quem os culpa ou os chama de egoístas? Com que frequência oferecem visibilidade como pagamento pelo trabalho de homens? O que... deixe-me elaborar melhor...)

As pessoas AMAM nos oferecer visibilidade como pagamento. Mas a visibilidade não é uma moeda que eu possa usar para pagar a minha hipoteca nem para sustentar o meu vício em sapatos. Às vezes, tenho vontade de dizer: "visibilidade, meu ovo". Sei que não tenho ovo, mas o que vale é a intenção. Como alguém que começou o negócio como blogueira, posso dizer que sei a sensação de ter pessoas, que não percebiam estarem sendo inúteis, oferecendo visibilidade como um método real de pagamento.

Todos os dias, certa marca que paga milhões de dólares para qualquer agência que crie um logotipo com tipografia sem serifa que expresse "minimalismo", mesmo que seja literalmente o nome da marca escrito em fonte Helvetica, manda um e-mail para um influenciador pedindo para que façam uma publicidade para eles em troca de "visibilidade". E todos os dias, um anjo perde uma corda em sua harpa.

Eles vão conseguir fazer dinheiro com essa publicidade? Há grandes chances de que sim. Eles querem que trabalhemos de graça ainda que estejamos rendendo mais dinheiro a eles, colocando-os em frente ao nosso público e fazendo para eles um trabalho que leva horas (e às vezes dias) para ser completo. E querem nos pagar com visibilidade? *Sotaque nigeriano* Thunda fire you! Ou, em boa tradução, vai se ferrar!

Trabalhar por visibilidade é escrever para um dos maiores veículos de notícias na internet e eles oferecerem me pagar ao retweetar o nome de usuário na conta deles para que eu ganhe mais seguidores. Tem que ter coragem, porque noção... Sabe de uma coisa? Eles podem até oferecer, mas minha resposta sempre será NEM FODENDO.

***

Penso na história da Nicki Minaj que mudou a minha vida e como vejo a ideia de pedir pelo equivalente ao meu valor e pela minha grana. É sobre o suco de picles e por que deveríamos nos recusar a bebê-lo.

Por que suco de picles? Bem, a Nicki Minaj estava agendada para uma sessão de fotos. Quando ela chegou, nenhum dos itens pelos quais tinha pedido estava lá. Ela foi até o buffet e, em vez de comida, havia apenas um frasco de picles na mesa. As roupas eram horrorosas. O esquema todo era terrível, então ela foi embora. A agente dela tentou impedi-la, mas ela se recusou a aceitar a situação. Não permitiria que um suco de picles se tornasse uma âncora em negociações futuras.

Como ela disse no documentário *My Time Now* da MTV:

— Faço questão de colocar qualidade em tudo o que eu faço... então se chego a uma sessão de fotos e você me oferece um monte de roupas que custou uns cinquenta dólares no total e uns malditos picles fatiados numa mesa, sabe de uma coisa? Não. Vou embora. Isso é errado? Querer mais para mim mesma? Querer que as pessoas me tratem com respeito? Sabe de uma coisa? Da próxima vez, eles vão pensar duas vezes. Mas se eu tivesse aceitado o suco de picles, seria suco de picles que eu estaria bebendo agora[17].

---

17 "Nicki Minaj não quer seu suco de picles". *Rap-Up*, 26 nov. 2010. Disponível em: https://www.rap-up.com/2010/11/26/nicki-minaj-doesnt-want-your-pickle-juice/. Acesso em: jul. 2022.

É uma grande lição sobre saber o seu valor, bancá-lo, exigir por ele, mesmo diante de pessoas recomendando que você aceite menos. Ela sabia o próprio valor. NÃO. ACEITE. SUCO. DE. PICLES. Porque, mais uma vez, as pessoas vão fazer e nos dar o mínimo que nos propusermos a aceitar. Adoramos pensar que elas serão virtuosas, mas as pessoas são egoístas.

***

A disparidade salarial é muito real para as mulheres e me faz querer dar murro em ponta de faca pela eternidade.

Recebi um e-mail com um convite para palestrar em uma conferência de tecnologia na Europa e a minha agente de palestras respondeu. Para cada compromisso de palestra, pedimos pela minha comissão como também pela cobertura da minha passagem aérea e da hospedagem. Eles responderam dizendo que na verdade não oferecem remuneração aos palestrantes nem cobrem os custos de viagem, mas a "visibilidade seria ótima para mim". Eu me lembro de pensar: "bom, com certeza tenho visibilidade, porque você me encontrou. Vocês entraram em contato comigo!". E era uma conferência tecnológica grande, cheia de manos, então eu realmente duvidava de que eles não estivessem pagando ninguém.

Sou parte de um grupo de 250 mulheres influentes em negócios, tecnologia e mídia. O nome é *TheLi.st*. Conversamos umas com as outras sobre tudo, desde negócios a assuntos pessoais. Um tópico pode ser sobre pesquisar um bom aplicativo de investimentos, outro pode ser sobre procurar uma babá para os filhos, outro ainda sobre quem sabe de vagas para trabalhar em um escritório como diretora de marketing. Cobre todos os assuntos. Todos os dias as pessoas conversam, compartilham e estreitam relações.

Então entrei na *TheLi.st* e falei:

— Ei, galera, fui convidada para palestrar nessa conferência, que ganha mais que quinze milhões de euros por ano. Eles me disseram que não pagam ninguém para palestrar.

Em quinze minutos, as mulheres no grupo começaram a responder coisas como:

— Ah, não. Um dos meus amigos homens palestrou lá no ano passado. Eles pagaram pela palestra, compraram os livros dele e pagaram pela viagem também.

Outra pessoa contou que tinha palestrado lá e os seus custos de viagem foram cobertos.

Como o *TheLi.st* é bastante diverso, com mulheres de várias etnias, consegui traçar um bom panorama em termos de hierarquia e padrão sobre como aquela conferência pagava as pessoas. Homens brancos que palestravam recebiam remuneração e, se não fosse em dinheiro, a conferência comprava uma certa quantidade dos livros deles.

Além disso, cobriam os custos de viagem. Para mulheres brancas, geralmente cobriam os custos de viagem. Algumas poucas mulheres negras foram convidadas a palestrar naquela conferência tendo a visibilidade como compensação.

Se NINGUÉM recebesse remuneração e fosse uma regra estabelecida pela diretoria, então eu tomaria a decisão de doar ou não o meu tempo. Estaria tudo bem, sabendo que todos eram tratados da mesma forma. Mas não era o caso.

Naquele momento, percebi que eu tinha que ser a pessoa que encararia seus medos de frente e ainda seguiria adiante. Eu tinha que demonstrar ser a pessoa que digo que sou.

Falei para as minhas agentes que essa forma de remuneração não era correta e que eu tinha sérios problemas com ela. Falei que queria declarar isso publicamente. Minhas agentes me conhecem bem e sabem que sou uma mulher verdadeira, mas elas tiveram um miniataque de nervos. Elas levantaram bons argumentos sobre como, se eu falasse publicamente a respeito, poderia ter dificuldade para conseguir fechar outros trabalhos em conferências que talvez tivessem visto minha declaração pública e temessem que eu fizesse o mesmo com elas. Isso poderia afetar o meu bolso. Elas estavam com medo por mim. E, honestamente, eu estava com medo por mim mesma.

Então resolvi me voltar às minhas três perguntas (veja o Capítulo 6).

Verifiquei dentro de mim e com as perguntas: "certo, tenho palestrado há quase uma década; já estive em alguns lugares bem influentes. Já estive em alguns palcos bem renomados e tenho um grande alcance. Minha comissão é bem generosa. Se eu não sou a pessoa que pode falar sobre isso, quem é? Estou esperando que a pessoa que começou a palestrar ontem se posicione? A pessoa que nunca nem foi paga por uma palestra? Estou esperando que a pessoa que conseguiu a primeira oportunidade para palestrar na semana passada seja aquela a desafiar a disparidade salarial na tecnologia, que é uma indústria gigante comandada por caras que náos se parecem comigo? Quem estou esperando que tome essa postura, se náo eu?".

Eu sabia que tinha a habilidade para me posicionar, mas também sabia que eu provavelmente seria punida por usar aquele poder. Todos aqueles medos estavam ligados ao dinheiro, ter medo de ser gananciosa e das consequências que poderiam resultar da ação de eu, uma mulher preta, pedir em voz alta para ser compensada de maneira justa pelo trabalho que esperavam que eu fizesse.

Então pensei nos piores cenários possíveis: que eu fechasse menos trabalhos para palestrar em conferências ou não fechasse trabalho algum. As pessoas parariam de me chamar para palestrar e uma grande parcela da minha renda deixaria de existir. Bem, então eu precisaria adequar o meu modelo de negócio para atender mais clientes individuais.

Sempre poderia voltar a prestar consultoria com foco em marketing. Sempre poderia focar em ajudar pequenos empreendedores a criarem plataformas enormes para eles mesmos, assim como eu tinha feito por mim. Eu não acabaria morando na rua de verdade se tomasse aquela decisão e aquilo arruinasse a minha carreira de palestrante, porque, se as minhas economias acabassem (eu tinha guardado o equivalente a seis meses de despesas), eu poderia dormir no sofá da minha mãe até conseguir me reerguer. Pensei nas consequências catastróficas que poderiam resultar de me posicionar e, a partir dali, percebi que ainda assim ficaria bem.

Depois de passar pelas três perguntas e pelos piores cenários possíveis, sabia que as respostas eram SIM, então decidi falar sobre a situação no Twitter. Assim começou uma conversa de horas, com outras pessoas compartilhando as próprias histórias e frustrações sobre momentos em que outros lhes ofereceram uma merreca como pagamento pelo trabalho delas. Uma mulher contou sobre quando ela e o irmão foram convidados para palestrarem, separadamente, em uma conferência na China. Eles disseram a ela que não tinham dinheiro para pagar os palestrantes. E disseram a ele que pagariam vinte mil dólares e o levariam para a conferência em um jatinho particular. O PRÓPRIO IRMÃO DELA. Mesmo trabalho, pagamentos completamente diferentes.

Ora porra. Então uma escritora da *Forbes*, Christina Wallace, que por acaso também faz parte do grupo *TheLi.st*, me perguntou se eu gostaria de falar oficialmente sobre a situação. Obviamente, sendo a masoquista que sou, eu disse sim. A Christina escreveu o artigo com o título "É hora de acabar com a disparidade salarial entre palestrantes em conferências de tecnologia[18]". O cara branco que comanda a conferência acabou enviando um e-mail para mim e para a Christina, demonstrando muitos sentimentos grotescos. Porque sabe do que o Boris (o nome real dele) não gosta? De ser desafiado e exposto por duas mulheres, uma sendo melaninada.

Aquele mané falou: "quando respondemos dizendo que 'não temos orçamento para pagar os palestrantes', a verdade desagradável é que precisamos priorizar para quem vamos destinar o nosso orçamento limitado, e nesse caso são palestrantes que talvez sejam mais relevantes para o nosso público, os mais procurados. Isso não quer dizer, de forma alguma, que não acreditamos que Luvvie Ajayi não mereça remuneração – temos certeza absoluta de que, com o público certo e na cidade certa, ela com certeza faz valer sua comissão".

Na voz do músico Flavor Flav UAUUUUUU, a audácia da branquitude está viva e passa bem. Foi um apito de cachorro[19], basicamente dizendo que não quiseram me pagar porque Amsterdã não é Atlanta. Que merda é essa? Eu estava quieta na minha e vocês vieram ME convidar para palestrar.

O Boris nos ajudou, porém, porque a conversa foi reavivada pela resposta dele, provando exatamente o que eu queria dizer. Ele aprofundou o intuito do artigo: que eles veem a mim e ao meu conhecimento, o fato de que sou boa no que faço, e ainda assim não querem pagar o valor que mereço, estritamente porque não acreditam que eu me encaixe no perfil demográfico. Colocando de modo simples, sou preta demais para merecer ser remunerada.

---

18 Christina Wallace. "É hora de acabar com a disparidade salarial entre palestrantes em conferências de tecnologia". *Forbes*, 13 mar. 2017. Disponível em: https://www.forbes.com/sites/christinawallace/2017/03/13/pay-gap-for-speakers-at-tech-conferences/. Acesso em: jul. 2022.

19 Trata-se de uma analogia que funciona como uma mensagem para quem está familiarizado com o seu significado, mas que não faz sentido para as pessoas em geral. Ela se baseia no fato de cachorros emitirem sons em frequências que não podem ser ouvidas pelos ouvidos humanos, mas sim só compreendidas por outros cães. (N. T.)

O medo que eu tinha (de perder dinheiro depois que as pessoas vissem que eu estava criticando a conferência) não se concretizou. Na verdade, foi o contrário. O artigo da *Forbes* teve um alcance gigante e acabou gerando para mim mais convites para palestrar. Foi naquele ano que fiz o meu discurso no TED Talk também. Então, coisas bem bacanas aconteceram em decorrência daquele artigo. Se eu não tivesse me posicionado por medo das repercussões, então talvez as recompensas nunca tivessem surgido.

Se você estiver me pedindo para doar meu tempo, é uma coisa. Mas não insulte a minha inteligência ao dizer que a visibilidade vai compensar. "Não temos orçamento para essa campanha, mas vamos te promover. Vai ser uma ótima visibilidade."

Temos tanto medo de cobrar pelo que de fato valemos porque tememos que as pessoas nos deem as costas. Para isso eu digo: a praga já vai é tarde. As pessoas que querem nos pagar em suco de picles pelo nosso trabalho que vale uma taça de champanhe precisam se acostumar a ouvir não. Não chegue a uma sala da faculdade com as expectativas do ensino básico. Não chegue a uma festa do arroz com um prato de couve.

Fiz o possível e o impossível para ter a oportunidade com algumas empresas anteriormente. Já cobrei menos do que eu sabia que era o meu valor para "construir relações" e no fim senti que tinham me passado a perna. E ESSE é o pior de tudo. Quando percebe que se aproveitaram de você e que você deixou que isso acontecesse, é aí que você decide que não quer que aconteça de novo.

***

Acredito firmemente que nos convenceram a nos calar sobre o dinheiro para tirar proveito da situação. O nosso silêncio se torna uma arma contra nós. Aprendemos durante muito tempo que não devemos falar sobre dinheiro, mas isso é parte da razão de sermos enganados de novo e de novo.

Reconheço o privilégio que tenho ao participar de uma rede como o *TheLi.st*, a qual posso acessar e pedir por uma transparência radical.

Posso ligar para uma amiga e dizer:

— Ei, eles querem que eu faça isso aqui. Essa é a comissão.

E a minha amiga responde:

— Não. Eles dispõem do dobro disso. Volte e peça pelo dobro.
Então desligo e entro em contato com eles:
— Olha, vou precisar de valor X.
— Está bem.
— Beleza.

Assim tão fácil? Eu só tinha que saber que vocês tinham o dobro para pagar? Porque ninguém me contou. O valor de compartilhar esse tipo de informação não pode ser subestimado.

Quando pensamos sobre dinheiro, pensamos em "eu, eu, eu". O pior é que estamos fazendo um desserviço a nós mesmos. Se estou comparecendo a um local, não sou barata. O problema é que, se eu não te disser o meu preço, e você disser para a mesma pessoa qual é o seu preço e o seu preço for um décimo do meu, isso não me ajuda. Por quê? Porque eles vão ouvir o meu valor e pensar: "caramba, ela é cara". Não sou cara, sou valiosa, e estou pedindo para ser paga de acordo. Nenhum de nós ganha nesse cenário em que o nosso trabalho é similar, mas você está minando os meus valores. Vencemos quando ambos podemos ser transparentes e honestos, e recebemos valores justos.

Ninguém ganha quando estou aqui em cima e você está aí embaixo. Quando não falamos o nosso preço, estamos na verdade prejudicando um ao outro. Mas quando compartilhamos os números, outras pessoas podem se acostumar a ouvir grandes quantias sendo cobradas por mulheres. "Ah, você não tem o suficiente no orçamento para pagar a minha comissão? Tranquilo. Não posso ir. Ah, você arranjou. Obrigada."

Quero que paremos de nos sentir culpados por pedir um valor que de fato vamos fazer por merecer. Ser pago não é alguém te fazer um favor. Você está fornecendo a eles o seu trabalho, o seu serviço, o conhecimento que adquiriu, a coisa à qual dedicou horas da sua vida. É por isso que eles estão pagando e deveriam pagar cada centavo. Não se sinta culpado por ser um capitalista que quer se sair bem na vida.

Há uma razão pela qual cerca de 95% dos bilionários no mundo são homens. Não é porque eles são mais inteligentes ou trabalham mais do que nós. É porque não vivenciam culpa alguma atrelada ao ato de ganhar muita grana e o sistema lhes oferece o suporte para que façam exatamente isso. Eles não vivenciam culpa alguma por quererem ser financeiramente prósperos.

Você tem o direito de exigir a remuneração que você vale. E o fato de você ter a pele escura e/ou ser uma mulher não dá a ninguém o direito de te pagar menos. NÓS representamos um trilhão de dólares em poder de compra. Então quando vocês aparecem na minha porta dizendo que só possuem um tiquinho de dinheiro disponível para pagar pelo meu trabalho, estão ofendendo a mim e à minha raça. Não tenho nada a ver com seu orçamento para a diversidade.

Nas palavras da Robyn Rihanna Fenty, Encrenqueira Profissional Profetiza-mor:

— *Bitch better have my money*.

Ou, em boa tradução: porra, acho bom você estar com o meu dinheiro.

***

A minha avó não dava mole com o dinheiro dela. A minha tia me contou uma história da época que a minha avó confeccionava perucas. Ela aprendeu a fazê-las para segurar as pontas, para complementar a renda do meu avô. Afinal, eles tinham seis crianças para criar.

De qualquer modo, os rumores de que a vovó estava confeccionando perucas se espalharam e ela foi contratada pela esposa de um governador. Quando Mama Fáloyin foi entregar a peruca para a moça, ela não estava em casa na hora. A vovó percebeu que a moça estava tentando dar calote. NÃO, SENHORA. NÃO, SENHOR. Não é assim que vai funcionar.

Então a vovó se recusou a ir embora até que recebesse seu dinheiro. De início, disseram que a moça não estava em casa, então Mama Fáloyin disse que não tinha problema, que esperaria por ela. E foi o que fez. Depois de algumas horas, perceberam que ela não iria embora até conseguir seu dinheiro, então alguém saiu e lhe entregou o que era dela por direito. ISSO MESMO.

Não tenha medo de insistir com alguém que está te devendo. Não sinta que é um predador por mandar e-mails com lembretes de uma fatura atrasada. Entenda que, às vezes, você precisa fazer um gesto ameaçador por meio de palavras em um e-mail, para que assim eles entendam que as consequências de não te pagar são taxas extras além do que já devem. Consiga sua grana, sem culpa!

Temos medo de falar de dinheiro, de admitir que queremos mais dinheiro, de insistir que as pessoas nos paguem o que fizemos por merecer. Temos medo de que as pessoas deem as costas. Temos medo de perder oportunidades. Temos medo de consolidar uma reputação de mão de vaca. Tudo isso é válido mas, se uma das coisas que as pessoas usam para me depreciar for que levo muito a sério o ato de ser paga de forma justa, então que seja. Na verdade, pode colocar no meu epitáfio: "Ela veio. Ela viu. Ela não deu mole com a grana dela".

***

Esses sistemas em vigor estão trabalhando ativamente contra nós em todos os sentidos. O mundo é injusto para qualquer um que não seja um homem branco, hétero e cristão. Ele é configurado para garantir o sucesso, o conforto e o acúmulo de riquezas desses homens. É projetado para que o restante de nós nasça pobre, viva pobre e morra pobre. É também projetado para nos manipular ao nos ensinar a ter medo do que acontece quando queremos a parte que pertence a nós, mas a qual eles surrupiaram.

Não estou pedindo que ignore o sistema nem estou dizendo que é seu papel desmantelar essa máquina. De maneira geral, somos muito oprimidos por ela. Mas estou pedindo para você pedir mais ao mundo, para ir pegar sua grana.

O que acontece depois disso está fora do nosso controle. Podemos pedir por mais e eles falarem não. Mas é importante pedir para que tenhamos a chance de conseguir. Porque não pedir é a garantia do NÃO, a menos que encontremos um santo que diga: "sei que não pediu mais, mas aqui, tome um extra". Isso não acontece com frequência. Ao pedirmos, aumentamos as chances de conseguir mais, mesmo que tudo o que ganhemos seja vinte centavos a mais. Ainda é mais do que tínhamos antes. Ainda é mais do que o que íamos ganhar.

Quando pedimos mais dinheiro, não estamos rompendo sistemas nem consertando tudo, mas nos aproximamos um pouco mais de algo que se assemelha à paridade. E se não o fizermos por nós mesmos, quem fará? Quero pensar que o mundo é benevolente e que as pessoas são gentis, que constantemente fariam de tudo para garantir a justiça e a equidade, mas não é assim que funciona. Muito disso vai recair sobre nós; temos que empurrar rochedos imensos montanha acima porque não temos escolha.

Então peça por mais, ganhe sua grana e faça tudo isso sem culpa. E quando você conseguir sua grana e tiver abundância, repasse parte disso para outra pessoa, e assim teremos um círculo de altruísmo. Mas não podemos estar a serviço dos outros se não estivermos a serviço de nós primeiro.

10

ESTABELEÇA SEUS LIMITES

Temos medo de não nos acharem gentis.

Às vezes, as pessoas não sabem respeitar o nosso espaço, enchendo a paciência e se recusando a nos deixar em paz. Por isso é tão importante que estabeleçamos limites de verdade. Conforme envelheço e os cabelos brancos se tornam mais exibidos, um dos conceitos da vida que passei a prezar é que temos que informar às pessoas o que esperamos delas e como gostaríamos de ser tratados. Se não fizermos isso, estaremos constantemente nos irritando com os outros e a vida é curta demais para deixar que picuinhas aumentem nossa pressão arterial.

Uma das coisas que mais gosto de estipular são os limites. Isso aconteceu quando percebi que eu tinha a obrigação de informar aos outros quando eles fazem algo de que não gosto. Como a briguenta profissional que sou desde que aprendi a falar, por vezes não sou a pessoa mais paciente do mundo. É porque tenho alguns limites bem firmes que não quero que ninguém ultrapasse, e quando ultrapassam isso imediatamente me deixa pê da vida. Considerando que sou muito transparente, geralmente é possível ver a irritação estampada na minha cara porque, como já mencionei, meu rosto basicamente fala em voz alta.

Para mim, estabelecer limites é uma espécie de cortesia social. Se eu não o faço, provavelmente fico com cara de quem acabou de ter seu último biscoito surrupiado, e ninguém quer isso. Precisamos criar e verbalizar nossos limites, não importa o quanto isso possa ser estarrecedor para os outros.

Ter limites e estabelecer limites não tem a ver com afastar as pessoas, nem com evitar que as pessoas cheguem perto demais (bom, às vezes fisicamente é sim). Tem a ver com estipular critérios e o tratamento que esperamos e merecemos.

***

Com frequência, as pessoas sentem possuir o direito de interferir em nossa vida, energia, tempo, espaço e plataformas. No geral, não fazem isso por mal, e sim por hábito; não estamos acostumados a estipular e bancar os nossos limites. Tendemos a nos movimentar livremente. Tocamos, beijamos e movemos os corpos dos outros. Gerenciamos o tempo dos outros. Violamos as plataformas dos outros. A sociedade funciona assim. O incrível é que a MAIOR parte das pessoas fica irritada quando alguém ultrapassa seus limites.

Então por que é tão difícil estabelecer limites? Por que temos tanta dificuldade em pedir às pessoas para parar quando fazem algo do qual não gostamos e que está relacionado a nós? Porque estamos preocupados com a possibilidade de distanciá-los e deixá-los desconfortáveis. Temos medo de desestabilizar a harmonia, provocar mágoas e aparentarmos ser pessoas difíceis.

Enquanto me movimento pelo mundo, óbvio que preciso considerar outras pessoas (não sou uma sociopata). Contudo, assim como os comissários de bordo nos orientam enquanto postamos a última mensagem no Facebook antes de decolar, temos que vestir a própria máscara antes de ajudar o outro a vestir a dele. Preciso me sentir confortável e confiante tanto quanto possível. Não sou obrigada a usar meu tempo, corpo, espaço ou energia de maneiras que não condizem com o que quero.

Entretanto, enquanto as pessoas ao redor não são necessariamente responsáveis pelo meu conforto, elas podem, sim, ser culpadas pelo meu desconforto. Deixe-me explicar. Quando chego a um lugar, as pessoas ali não têm a obrigação de zelar por mim nem me fazer sentir como se eu estivesse em casa. CONTUDO, se as pessoas ali começam a me ofender, então são responsáveis pelo meu desconforto.

Dito isso, é minha responsabilidade verbalizar meus limites, porque o que acontece quando os outros não percebem que tracei limites com uma tinta invisível? Eles não são culpados se não sabiam. Com frequência, ficamos irritados com alguém por ultrapassar os limites que não estipulamos e temos que nos perguntar como a pessoa podia ter sabido daquilo, para então agir da melhor forma ou fazer algo diferente.

Sim, há alguns limites universais que todos deveríamos honrar, como o consentimento precisar existir antes de um ato sexual. Uma pessoa deveria poder andar pela rua peladona, usando nada além de meias e um sorriso, e ninguém teria o direito de tocar nela, a não ser que ela também segurasse um cartaz dizendo "toque em mim à vontade". Mesmo assim, eu talvez ainda perguntasse.

Além desses casos, não podemos presumir nada de ninguém. Será que percebemos a frequência com que deixamos que as pessoas falem conosco de um modo que não nos agrada e faça coisas das quais não gostamos? O que fazemos quando isso acontece? Muitas vezes, reviramos os olhos. Ou soltamos um longo suspiro. Ou esperamos que magicamente eles parem de fazer a coisa da qual não gostamos. Entretanto, se você continuar sendo um recipiente complacente, os outros vão continuar despejando lixo sobre você.

Não podemos presumir que todas as pessoas partam do mesmo pressuposto. Não compartilhamos todos da mesma mentalidade. Por isso precisamos agir de modo deliberado e expor os nossos limites em voz alta. Precisamos nos posicionar a respeito do espaço e de tudo o que precisamos que os outros respeitem. Isso é responsabilidade nossa. Se as pessoas vão honrar ou não o nosso pedido, é responsabilidade delas.

***

Todos os limites, sejam pessoais, profissionais, emocionais ou físicos, são importantes. Acreditamos que não podemos nos dar ao luxo de informar às pessoas sobre os nossos limites por medo de distanciá-las. Mas na verdade NÃO PODEMOS nos dar ao luxo de não informar às pessoas, porque, quando ficamos em silêncio, traímos a nós mesmos. E precisamos trair a nós mesmos com menos frequência.

Um dos maiores limites da minha avó era que levantassem a voz para ela em meio a uma discussão. É o seguinte: nigerianos não sabem falar baixo. Se você chegar a um evento sediado pela minha família em uma data comemorativa, vai parecer que existem umas cem pessoas no local, mesmo que só haja vinte. Gritar ao falar uns com os outros é uma linguagem do amor. Mesmo agora, enquanto conversamos ao telefone, agimos como se a cobertura 5G não existisse e como se nossos celulares fossem latas de alumínio conectadas por um fio. Somos ESCANDALOSOS. A nossa unidade de medida decibel é "desnecessariamente alto". Eu me lembro de tirar sarro dos mais velhos por fazerem isso. Hoje sou mais velha e faço isso.

Mesmo com esses traços culturais, Mama Fáloyin não tolerava desaforos quando se tratava de como deveriam respeitá-la em todos os momentos. Sim, você podia gritar o nome dela em alegria quando a visse e enaltecê-la bastante (fosse na igreja ou qualquer outro lugar). Mas se ela estivesse falando com você firmemente e você levantasse a voz? Ah, isso te custaria caro. E com "caro", quero dizer que "teria que lidar com drama".

Vovó: terminou o seu dever de casa?

Você, levemente frustrada e com a voz suavemente mais alta: sim, vovó. Já falei que terminei tem meia hora.

Vovó: ah, então agora você está gritando. Que Oyá me castigue.

Amiga, percebeu como do nada a situação saiu do controle? Como a minha leve frustração se tornou um "ah sim, pegue logo um cinto e me castigue?". Era hilário quando não era com você. Eu juro, às vezes, vendo a reação dela a situações, dava para pensar que a vovó estava em seu próprio episódio de *All My Children*. (Que era a novela predileta dela, a propósito. Ela adorava! Talvez fosse porque se identificasse muito com o dramalhão. Quando a Susan Lucci ficava sendo indicada ao Daytime Emmy, mas não ganhava, acho que vovó foi até Jesus para intervir. Logo depois, Susan estava subindo ao palco para receber o prêmio. Amém, santos.)

Então, a vovó também lançaria o: "nem a sua mãe falaria assim comigo", o que de cara te faria sentir vergonha pela tamanha ousadia. Seu ego ficaria minúsculo.

Esse limite imposto por minha avó era conhecido tanto por adultos quanto por crianças. O que você não podia fazer na presença de Fúnmi Fáloyin era levantar a voz para ela expressando descontentamento. Ela te perguntaria na lata: "você e que exército?". É uma pergunta para a qual não há resposta, porque é uma daquelas frases de "vou deixar bem nítido com quem você está lidando".

E vi por diversas vezes como mesmo as pessoas mais diretas e carrancudas honravam esse limite da minha avó. Vi como a polícia nigeriana, que geralmente não dava a mínima para o decoro, gritava com alguém e em seguida falava com a minha avó com muita consideração e usando tons gentis.

Isso me ensinou que as pessoas são capazes de agir como se tivessem bom senso. Elas apenas adaptam isso com base em quem está diante delas e o quanto essa pessoa lhes deu de abertura. Ainda que não seja nossa culpa quando os outros nos ofendem ou nos desrespeitam, a forma como nos tratam pode ser um reflexo da nossa permissividade.

***

No cerne de estabelecer limites está a tentativa de minimizar a traição de si mesmo enquanto existimos no mundo. A pessoa que eu preciso garantir estar bem no final das contas sou eu, porque tenho que responder a mim mesma e sou filha crítica de Deus. Caramba! Sou dura, provavelmente mais ainda comigo mesma do que com qualquer outra pessoa.

Se eu tenho que dizer a MIM MESMA que eu de alguma forma me desdobrei toda por outra pessoa, vou ficar fula da vida. Já fiquei fula da vida comigo mesma muitas vezes antes e para mim é muito difícil me perdoar. Só isso já me fez me esforçar mais para melhorar esse aspecto de ser transparente com os outros sobre os meus limites.

Geralmente fico desconfiada de pessoas que não possuem limites nítidos. Por quê? Porque a ausência dos próprios limites torna mais provável que elas não compreendam os limites bem explícitos que estabeleço. Elas podem se incomodar quando eu expuser os meus limites, vendo a ação como algo hostil em vez de um ato de autopreservação. Além disso, podem interpretar os meus limites firmes como falta de transparência ou de vulnerabilidade. Elas terão dificuldade de honrar meus limites. Há um provérbio africano que diz: "tenha cuidado quando uma pessoa nua te oferecer uma camisa". O fato de eu ter estrutura vai fazer sua falta de limites parecer austeridade.

Um dos meus mais firmes limites é que não gosto de abraçar gente que não conheço. Não sou contra abraços, porque não me importo de bater cintura com cintura com a galera que conheço (e que também gosta de abraçar pessoas que conhece)! O que não gosto é de apertar o corpo de alguém cujo nome não me é familiar. Esse é um limite duro. Por quê? Porque as pessoas adoram distribuir abraços! É um sinal de afinidade, amistosidade e às vezes bondade. E eu, como alguém que já publicou um livro e é, de alguma forma, uma figura pública relativamente acessível (quando não estou com cara de poucos amigos), pareço uma pessoa bastante "abraçável".

Então o fato de eu não gostar de ser abraçada por quem não é nem amigo nem parente pode me fazer parecer distante quando as pessoas me encontram e eu recuso a abraçá-las. E, por conta disso, percebo que deixo pessoas desconhecidas me abraçarem com muito mais frequência do que gostaria e então lido com os sentimentos resultantes depois.

Acontece mais ou menos assim: alguém me vê em público (como no aeroporto) e eles ficam animados, e eu, honrada! Eles dizem: "meu negócio é abraçar!". Tenho vontade de responder: "meu signo é capricórnio!", considerando que estamos esbravejando atributos aleatórios. Vejo os sorrisos deles, e isso torna muito mais difícil dizer: "eu prefiro um soquinho de punho". (Depois da covid-19 e de descobrir como as pessoas quase não lavam as mãos, nem um aperto de mãos eu quero mais.) Porém, muitas vezes, nem me dão a alternativa de recusar o abraço. Meus reflexos são mais lentos do que eu gostaria e, antes que eu possa abrir a boca, minha cara está pressionada no decote de uma mulher que ama o meu trabalho. Fico ao mesmo tempo honrada e desconcertada. Eu me afasto deles me sentindo um tanto amuada.

Nesse caso, ao encontrar uma pessoa que realmente gosta de mim, tenho medo de decepcioná-la ou magoá-la. A escolha mais fácil é aceitar o abraço. Só que mais fácil para quem? Não para mim. Se for em um dia que estou palestrando em uma conferência, é possível que eu faça isso mais umas duzentas vezes. Um corte de papel no seu dedo pode não ser nada, mas duzentos deles vai doer para um caralho. Não estou comparando abraços de desconhecidos com cortes de papel. OU SERÁ QUE ESTOU?

Abraços são muito pessoais para mim. É por isso que não os distribuo para todos com quem encontro. É por isso que representam um limite tão duro. As pessoas levam para o lado pessoal porque é provável que isso dê a sensação de que estão sendo pessoalmente rejeitadas. Entendo completamente como alguém pode se sentir menosprezado ao ouvir que seu gesto não é bem-vindo. Entretanto, é uma daquelas situações "não é você, sou eu".

Como uma introvertida experiente, entendo que as pessoas drenam a minha disposição. Elas me deixam cansada e geralmente preciso recarregar as energias depois de muitas interações humanas. O abraço entra na categoria Super Saiyajin de interação humana quando acontece por centenas de vezes. Proteja seu espaço e sua energia da forma que sabe.

Já perguntei às pessoas qual o melhor jeito de recusar um abraço. Um grande número delas me aconselhou a responder com: "ah, estou resfriada". Ou "não estou me sentindo bem". Entãoooo a melhor forma de dizer às pessoas o que quero é mentir? *Nope*. Por que sentimos que temos que nos trair dessa maneira, criando uma situação falsa no momento de responder? A quem isso serve? À pessoa que quer o abraço? Certo. Enquanto isso, agora você tem que fingir que está com o nariz escorrendo. E tudo a troco de quê? De evitar o desconforto de alguém que sente que precisa que você aperte o corpo dele. Nem acho que os meios justifiquem os fins.

Outros sugeriram que eu me certifique de estar com ambas as mãos ocupadas. Ou que eu faça uma manobra *Matrix* para desviar dos braços dos outros. Então tenho que ser flexível, fazer ioga e treinar com o sr. Miyagi em casa para afiar e agilizar os meus reflexos, assim conseguindo desviar dos abraços. Não seria simplesmente mais fácil dizer: "ei, prefiro não fazer isso, pessoa cujo nome não sei"?

Até mesmo a expectativa do abraço é superconcentrada em gênero. O espaço pessoal dos homens é geralmente respeitado. As mulheres devem ser afetuosas, e nossos corpos são vistos como propriedade pública, então esperam que queiramos abraçar todo mundo à vontade. NADA DISSO.

Muitas de nós foram impedidas de estabelecer limites enquanto cresciam, principalmente quando se tratava de família. Todas já presenciamos, ou vivenciamos em primeira mão quando éramos pequenas: um membro da família chegava de visita e éramos forçadas a abraçar a pessoa. Naqueles momentos, descobrimos que o laço de sangue se sobrepunha ao livre-arbítrio e começamos a acreditar que não temos o direito de tomar decisões para garantir o próprio conforto. Pequenos momentos como esse têm um impacto gigantesco na forma como nos movimentamos pelo mundo.

Normalizamos a constante traição das nossas necessidades, de nós mesmos e de pessoas ao nosso redor quando não levamos os próprios limites a sério. Afirmamos que todos possuem acesso irrevogável, não importando se eles nos tratarem muito mal ou se mostrarem ser pessoas terríveis. Não é necessariamente culpa nossa, mas é nosso problema.

***

Enquanto estabelecer limites firmes pessoalmente pode ser difícil, mesmo virtualmente hesitamos em traçar os limites dos quais precisamos. Porque, mais uma vez, priorizamos a concórdia de outras pessoas em vez da justiça.

Redes sociais são a terra de limites ultrapassados, porque existe algo em estar atrás de uma tela que faz as pessoas se esquecerem de toda a educação que receberam. A galera se revela por aí.

Como limites são minhas coisas favoritas, junto com sapatos *wing tip* e *cupcakes red velvet*, tenho muitos deles quando se trata de como as pessoas devem interagir comigo online. E logo percebi que, para evitar que as pessoas e suas boas intenções me causassem um ataque de nervos, era importante que eu expusesse nitidamente quais eram os meus limites.

Há algumas coisas que deixam me fula da vida e ultrapassam meus limites virtuais:

- Quando as pessoas me marcam em fotos nas quais não apareço para chamar minha atenção – essa é a versão virtual de uma ligação aleatória de telemarketing.

- Quando as pessoas me marcam em fotos nas quais não apareço para chamar a atenção do meu público – é como cutucar o ombro dos meus seguidores. Ou como colocar um outdoor no meu quintal.
- Quando as pessoas me mandam uma mensagem privada (DM) pedindo um favor, sendo que nunca me enviaram uma mensagem antes – isso é como ir até a porta de uma casa aleatória na rua e pedir para o dono comprar a camiseta que você está vendendo. Será que você pode cumprimentar a gente e se apresentar primeiro? Sempre parece uma espécie de invasão quando eles pedem por dinheiro. Já me pediram para pagar a matrícula e mensalidade escolar deles e a sensação que tive era de que alguém tinha enfiado a mão diretamente no meu bolso à procura de grana.

Não estou pedindo para que não falem comigo. E sim pedindo que me tratem como uma pessoa com a qual querem construir uma relação, não como alguém de quem querem se aproveitar. Pedir ajuda ou um favor não é o problema. O problema é fazer isso sem se preocupar em criar uma verdadeira conexão.

O que acontece nas redes sociais é ao mesmo tempo uma bênção e maldição. Porque estamos separados por, no máximo, dois níveis de distância, temos a sensação de que todo mundo é acessível. Na melhor das hipóteses, isso nos possibilita criar conexões profundas com pessoas que poderíamos nunca ter conhecido de outra forma. Na pior das hipóteses, isso faz com que nos esqueçamos de que por trás dos nomes e das fotos de perfil estão pessoas reais. Se mantivermos em mente que não temos o direito de exigir o espaço, tempo ou energia de ninguém, podemos agir como se tivéssemos boas maneiras.

Tendo começado a usar as redes sociais bem cedo, reconheço há anos a importância de organizar o espaço que quero, porque a nossa experiência nessas plataformas é diretamente dependente de quem deixamos entrar nas nossas casas virtuais. As pessoas às quais nos conectamos, seguimos e curtimos determinam a qualidade do tempo em que passaremos rolando o *feed*. Pode chegar um dia em que você vai perceber que fazer login no Facebook te estressa, porque metade da sua linha do tempo está cheia de teorias de conspiração absurdas e a outra metade apoia trogloditas. Se seus olhos se arregalam e você tem vontade de socar todo mundo, talvez essa seja a dica para fazer uma limpa.

O Facebook, por exemplo, permite que você tenha cinco mil amigos. Só porque você pode, não quer dizer que deveria se conectar a toda essa gente. Só porque sua casa consegue comportar cem pessoas confortavelmente não significa que esse é o número de convidados que você deveria ter para o jantar hoje. Não temos controle sobre muitas coisas na vida, mas podemos controlar quem adentra os nossos espaços físicos e virtuais.

Então agora tenho algumas regras sobre quem eu aceito como conexões nas redes sociais.

Facebook

Trate-o como o piquenique de verão das redes sociais. Pergunte a si mesmo: eu te conheço na vida real? Eu de fato conheço o seu rosto e, se eu te vir caminhando do outro lado da rua, eu me daria ao trabalho de atravessar para te cumprimentar, ou me esconderia atrás de um carro para que você não me visse? Por que isso é importante? Bom, se não quero animadamente te cumprimentar em pessoa e preferiria fazer malabarismos para te evitar, então por que preciso ver suas postagens na minha linha do tempo? Muitas pessoas adicionam, como cortesia, pessoas com quem estudaram no ensino médio ou na faculdade. É assim que você acaba chateado porque o cara que era o jogador titular do time agora é um membro fanático de um partido conservador que você acredita também estar comandando uma seita local. EXCLUI ESSA PESSOA, AMIGA. Ninguém precisa desse tipo de energia.

Twitter

O Twitter é o equivalente ao happy hour das redes sociais. Pergunte a si mesmo: eu manteria uma conversa de mais de cinco minutos com você se te encontrasse em uma festa? Nesse lugar, onde todos estão conversando e estou tendo uma conversa aqui e outra ali, eu manteria uma conversa com você porque te achei fascinante? Isso é relevante, porque a rede é um espaço onde compartilhamos pensamentos, opiniões e novidades. Quero que o meu *feed* seja útil, engraçado, oportuno e interessante. É aqui também que você quer evitar a pessoa que acredita que a terra é plana.

LinkedIn

Trate o LinkedIn como se fosse uma conferência profissional. Pergunte a si mesmo: os nossos trabalhos conversam de alguma forma? Nós nos encontraríamos em um evento profissional? Depois de vestirmos nossas camisas sociais e aparecermos como a versão profissional de nós mesmos, suas postagens seriam relevantes para mim em termos de negócio? Poderíamos de fato fazer networking? É aqui que devemos evitar os estrategistas de marketing multinível. Não, não quero divulgar seu chá de emagrecimento e definitivamente não quero vender suas leggings Lisa Frank fajutas.

Instagram

O Instagram é a social das redes sociais. Pergunte a si mesmo: eu assistiria a um slide show mostrando as fotos das suas últimas férias? Estou no Instagram para me divertir, ser um pouco mais transparente sobre o meu dia a dia e compartilhar o que há de mais interessante no meu mundo e na minha mente. Algumas vezes o que há de mais interessante pode ser algo que me deixou para baixo. É uma plataforma que nos permite mostrar o lado profissional e o pessoal. As pessoas que quero seguir lá precisam ser intrigantes para mim em algum nível.

***

Há pessoas que conheço na vida real que eu não adicionaria no LinkedIn. Há pessoas que nem conheço e com quem nunca me encontrei que sigo no Instagram. Há pessoas com as quais eu não necessariamente confraternizaria que escrevem tweets que eu preciso ler. Nossas escolhas nas redes sociais podem ser pessoais, mesmo quando dizemos que não são. Posso gostar de você como pessoa e ainda te silenciar no meu *feed* se o seu trabalho me deixa desgastada ou drena a minha energia.

Em geral, não costumo seguir nem adicionar completos desconhecidos. Nos momentos em que de fato sigo alguém que não conheço, é porque me sinto conectada a essa pessoa de alguma forma. Vi o trabalho dela e gostei. Ou ela fez um ou outro comentário que me fez rir. Com frequência, dizemos que não há desconhecidos no mundo. Concordo quando as pessoas se tornam familiares de modo orgânico. Isso não inclui os *trolls* que comentam "me siga" em cada foto que você posta. Você já sabe que isso não é a minha praia. Bloqueio sem dó.

Com os critérios rigorosos que tenho para deixar que a galera acesse minha vida virtual, você pode estar pensando: "pera aí, mas isso não vai criar uma bolha"? É com certeza possível se as únicas pessoas que eu seguir forem americanas-nigerianas de 35 anos de idade com cabelo curto que tiveram uma vida idêntica à minha. Mas, de alguma forma, ainda não acho que tudo o que tenho são pessoas que pensam exatamente como eu!

Podemos discordar, mas o que todos que deixo entrarem na minha casa virtual têm em comum é que se importam com a humanidade e, num nível básico, são seres humanos decentes. Percebo-os como pessoas bondosas, inteligentes e engraçadas.

As pessoas que são racistas, sexistas, homofóbicas ou transfóbicas são aquelas às quais não concedo autorização de entrar. E, quando eles se esgueiram para dentro, conserto isso rapidamente, removendo a conexão. Se, na tentativa de não criar uma bolha, deixamos essa galera acessar as nossas vilas eletrônicas, estamos quase corroborando a cretinice deles.

Também não deixo que o ódio e as ofensas se propaguem pelos meus espaços virtuais. Uma das coisas das quais mais me orgulho é do meu público (um salve para a NaçãoLuvv) e a energia nas minhas plataformas. Enquanto o restante da internet pode, com frequência, se tornar um lixão em chamas, a minha seção de comentários e o meu blog são o total oposto.

É algo sobre o qual falo com frequência, porque as pessoas que leem o meu trabalho promovem isso. A comunidade que construí ao longo dos anos escrevendo online sabe que, se meu nome estiver atrelado a um espaço, espero que você aja de maneira correta. Isso significa ser cuidadoso, e não uma megera abominável. As pessoas dizem que metade da graça no meu trabalho é o que escrevo e a outra metade são os comentários em resposta.

Nos momentos em que algo que escrevo viraliza e acaba sendo compartilhado em páginas de *trolls* e vejo meu espaço ser invadido pelo tipo de gente que faz você perder a fé na humanidade, o meu público lida com a situação antes mesmo que eu possa fazê-lo. Ver como eles se esforçam para proteger a segurança do espaço em que estão me faz ter certeza de que fiz algo certo.

É também por isso que não hesito em deletar bobagens que as pessoas levam para os meus espaços virtuais. As minhas redes sociais são uma ditadura, não uma democracia. Bloqueio, denuncio spams e silencio conforme o necessário. Não sou obrigada a receber nem consumir a imundície que alguém joga na minha frente. Em vez disso, removo o detrito que foi exposto ao público e o lanço em direção ao vácuo. Não sou o governo dos Estados Unidos, então o discurso que eu julgo estúpido não tem a liberdade de ocupar minhas plataformas.

***

Passamos muito do tempo, online e na vida real, vendo pessoas ultrapassando os nossos limites. E não dizemos nada. Por que não? Porque podemos achar que estamos fazendo tempestade em copo d'água. Ou ponderamos se estamos sendo rabugentos. Ou nos perguntamos, se ao pedir para alguém fazer algo de uma forma diferente, pareceremos pessoas menos gentis.

Bem, se está te irritando, por que não deveria expor isso? É uma forma de você e a pessoa para quem fala melhorarem. Quando alguém ultrapassa meus limites pela primeira vez, presumo que seja porque a pessoa não sabia. Então conto a ela. Se fizer de novo e continuar fazendo depois que a avisei, entendo que ela não se importa. A partir disso, a decisão de afastá-la da minha vida é tomada sem qualquer culpa. Avisei a você, mas você não ouviu. Quando as pessoas não respeitam os seus limites mesmo depois que os comunicou, bloqueie-as sem culpa. Elas não podem mais acessar você.

As pessoas não vão gostar quando você começar a estabelecer e impor limites. Elas vão sentir que você está construindo um muro para manter a ELAS do lado de fora, em vez de perceber que esse muro tem o objetivo de manter tudo o que não te serve do lado de fora. Elas podem levar para o lado pessoal e não vai haver muita coisa que você possa fazer a respeito disso.

Lembro-me de receber uma mensagem de alguém que estava brava comigo porque ela não tinha autorização de comentar na minha página pessoal do Facebook. Ela sentia como se eu estivesse "mantendo as pessoas afastadas".

Respondi a ela assim:

— Tenho uma página de fãs pública, um perfil no Twitter, um perfil no Instagram. E não posso manter alguma privacidade na minha página pessoal? Isso já é ter acesso demais. Não posso fazer nada se você se sente assim. É assim que é.

Esse tipo de coisa acontece o tempo todo online. Eu estava no evento pessoal de um amigo, me empanturrando de comida, quando alguém chegou perto de mim e pediu para me abraçar e tirar uma selfie. Respondi que eu o faria, assim que terminasse de comer. Ela ficou ofendida e disse a uma amiga em comum que eu não era gentil. Talvez eu devesse ter aceitado na hora que ela pediu e seguido a vida, mas achei que eu estava sendo "gentil" ao dizer que faria assim que terminasse de mastigar. Mas não, ela ainda se chateou.

A lição é: não tenha medo de não ser gentil, porque as pessoas vão interpretar a interação da forma como quiserem. Está fora do seu controle, mesmo você tendo boas intenções.

Quando estabelecemos limites, as pessoas podem dizer que mudamos e que achamos ser melhores do que elas. Podem dizer que não somos gentis. Deixe que digam. De fato, vão dizer isso de longe e não na sua cara, porque você estabeleceu os limites tão bem que elas não terão como te alcançar. Preserve sua sanidade, porque, mesmo que tente se desdobrar pelas pessoas, elas vão dizer que você não fez o suficiente. Você não DEVE a ninguém o seu tempo, sua energia ou plataforma. Não se sinta culpado por tentar proteger nem uma dessas coisas.

Antes de eu me casar, eu tinha um limite BEM estabelecido sobre não falar do meu relacionamento e nem se eu estava em um. Como resultado, as pessoas que eram enxeridas começaram a criar histórias sobre a minha vida amorosa, minha orientação sexual e o que quer que quisessem adicionar. Tudo o que eu pedia das pessoas era que quem quer que eu estivesse namorando (ele/ela/elu) fosse muito foda e eu ficaria satisfeita. POR FAVOR comece um rumor de que eu tive um caso com a Rihanna. Seria incrível!

Quando fiquei noiva, postei uma foto minha com o meu amoreco (agora marido) nas redes sociais. Fiz a postagem cinco dias depois de ter acontecido porque eu queria tirar um tempo e não correr para romper limites com os quais eu nem estava totalmente confortável. Antes de postar, perguntei a mim mesma: "merda. Agora as pessoas têm que saber?". Mas falei sim porque o anel no meu dedo me entregaria de qualquer jeito, então que eu contasse primeiro.

Quando a postagem foi feita, recebeu ATENÇÃO PARA CARAMBA. Recebi 54 mil curtidas e 8.800 comentários. Eu tinha feito muito na vida e conquistado muita coisa. A postagem sobre o noivado é aquela que mais recebeu curtidas e comentários dentre TODAS as outras que eu já tinha feito. Foi assustador. Eu me lembro de as pessoas comentarem coisas como: "AI MEU DEUS, nem sabia que ela estava namorando alguém". É possível ser uma figura pública e ainda assim querer manter privadas algumas partes da sua vida.

Não entre nessa de ficar contando as horas do meu relógio biológico. Já tive pessoas postando coisas como: "AI MEU DEUS, você postou uma coisa aleatória sobre bebês. Está tentando nos dizer alguma coisa?". Ainda sou um membro fiel da igreja Boca de Siri. Só porque você sabe que me casei não significa que vou começar a documentar minha vida toda em tempo real. Não vai rolar nenhuma *live* transmitindo meu teste de gravidez enquanto mijo no palito.

Descobri que casamentos são os eventos em que mais as pessoas vão testar os seus limites. Se você não está acostumado a estabelecer limites, talvez não esteja pronto para dar uma festa de casamento. Considere ir ao cartório e dar o assunto por concluído, porque as pessoas VÃO TE TESTAR em casamentos. Não sei o que acontece com as pessoas nesses momentos. Um monte de gente aleatória chegando do nada e achando que tem direito de interferir na sua vida. Desde pessoas que te perguntam se serão convidadas (se você precisa perguntar, são grandes as chances de que a resposta será um sonoro NÃO) até os parentes que querem levar mais quatro acompanhantes. Você tem dinheiro para mais quatro acompanhantes? QUEM É QUE VAI PAGAR PELAS REFEIÇÕES DELES?

(Cá entre nós, sei que se minha avó estivesse viva quando me casei, ela teria desejado levar a galera da vila toda e mais dez pessoas extras. E eu teria dado isso a ela. Pensei nela no dia do meu casamento. Ela teria se divertido muito. Teria tido sua entrada triunfal, como o momento da igreja. Teria usado DOURADO DA CABEÇA AOS PÉS com sapatos e bolsa combinando, e esbanjado no mínimo umas cinco correntes de ouro. Ela teria amado o homem com quem me casei.)

***

Lembre-se: sua vida não é um carnaval e nem todo mundo deveria conseguir um ingresso para o desfile. Vejo a minha própria vida como um clube altamente exclusivo (onde há camas e o arroz corre solto e ninguém precisa usar saltos altos ou roupas desconfortáveis), e aqueles que entram estão na lista de convidados. São pessoas que sei que são agradáveis e que não começarão brigas. O bacana é que, se algum desordeiro entrar, posso expulsá-lo a qualquer momento. Lembre-se: nem todo mundo deveria conseguir um ingresso para a sua vida. Esse é o SEU CLUBE, então você tem o direito de escolher quem quer lá.

Estabeleça limites, mesmo que a pessoa seja da família. De verdade, é especialmente importante saber que você pode impor limites com as pessoas que ama. Essas são as pessoas com as quais mais sentimos a necessidade de nos desdobrar até quebrar. São elas que podem nos manipular para apagar os limites mais importantes para o nosso bem-estar. São elas que desde cedo nos ensinam que não é válido proteger os nossos sentimentos porque erroneamente temos obrigações por meio dos laços sanguíneos.

Não chegue ao ponto de doar a todos tudo o que você tem em termos de energia, tempo, poder mental, dinheiro e até mesmo a sua presença. Porque o que vai acontecer é que você acabará sem nada e eles ainda vão ter tudo o que você doou a eles.

Saiba que você tem o direito de ter suas preferências e fronteiras, seus limites. Diga na cara das pessoas que você prefere outro tipo de comportamento. Use uma camiseta. Faça declarações em voz alta. Use uma *hashtag*. Não sinta culpa. Evite que as picuinhas e os inimigos do progresso adentrem com frequência o seu território. Construa um muro para manter os bobocas do lado de fora.

Estabeleça seus limites sem culpa.

FAÇA

Não podemos falar e falar, e não fazer nada. Na seção FAÇA, vamos começar a fazer as coisas que podem parecer assustadoras.

"CRESÇA SEJA COMO FOR. FAÇA O QUE É DIFÍCIL SEJA COMO FOR. MUDE SEJA COMO FOR."

— Luvvie Ajayi Jones

11

CRESÇA SEM FREIOS

Temos medo da mudança.

A mudança é assustadora porque tememos o desconhecido e os novos territórios aos quais ele nos leva. Gostamos do que é familiar porque é o que é confortável e o que conhecemos intimamente.

Venho até você, como presidente do clube "Avessos à Mudança", porque amo ter controle sobre as coisas e amo ter conhecimento sobre as coisas. O mistério que vem com acontecimentos futuros é a minha kriptonita. Era de se pensar que, depois de uma vida inteira não sendo vidente, eu estivesse acostumada a essa altura do campeonato. Mas fui forçada a lidar com isso porque tenho a ousadia de querer melhorar as coisas e percebo que antigos hábitos, métodos e pensamentos não vão me fazer conseguir isso.

Convenhamos: eu sou uma bagunça. Digo isso da maneira mais autoconsciente e não depreciativa possível. Como disse o Forky em *Toy Story 4*: "eu sou um lixo!", porque ele sabia que era, literalmente, feito de lixo. Enquanto seres humanos, por predefinição, somos amontoados de estrume ambulantes constantemente testando a paciência de Deus e desafiando a Ele/Ela/Elu a mandar mais um dilúvio. Como espécie, somos fragmentos atômicos preguiçosos, egoístas, autocentrados, obcecados por dinheiro e assassinos do meio ambiente. O fato de Jesus não ter vindo nos buscar ainda, nos arrastando pelos nossos capuzes desonrados, é um testemunho de louvor.

E sou uma tola que já falou muita besteira por aí, que é bastante teimosa e tem certa mania perfeccionista que às vezes me obriga a ouvir um *senta lá, Luvvie*, porque estou exagerando. O trabalho em mim não está completo. Ninguém pode apontar os meus defeitos porque vou sair apontando os itens da lista num piscar de olhos.

Seres humanos são esgotos conscientes às vezes. É assim que é. O que podemos fazer é tentar não ser tão asquerosos quanto éramos antes. Se ao menos tentarmos, podemos evoluir e nos certificar de que não somos um completo lixão. É o mínimo que podemos fazer, honestamente. É por isso que um dos meus objetivos na vida é não ser o mesmo tipo de lixo que era na última década, no ano passado ou na semana passada. Provavelmente sou a mesma pessoa tola de ontem e tudo bem. Vou me permitir isso. Mas amanhã? Preciso ser melhor.

O que acontece quando você se compromete a não ser tão terrível quanto era? Significa que você vai mudar. Significa que será constantemente diferente de quem era antes, ainda que só em pequena escala. Significa que a única coisa que continuará igual é a sua eterna evolução. É aquela citação de um velho grego falecido, Heráclito de Éfeso, ganhando vida: "a única constante na vida é a mudança". Ninguém conseguiu provar que isso está errado ainda.

O que sei é que quem somos neste momento não é quem acabaremos sendo no futuro. Não apenas deveríamos querer mudar, como é o nosso dever mudar. É nosso dever estar constantemente buscando ser melhores do que somos. E sabe o que é isso? Crescimento. O crescimento é uma obrigação, e precisamos nos dar a permissão de crescer sem freios, como as minhas cutículas fazem depois de um mês sendo negligenciadas.

***

A permissão é uma coisa; a execução é outra.

Uma vez que você sabe que tem que ser melhor e mais foda, logo chega a parte em que o chão sobre o qual pisa vai se chacoalhar. Quando as pessoas falam que "crescer dói", estão falando de modo literal. A mudança não é divertida. O crescimento não é composto de raios solares e arco-íris, porque significa que perderemos a nossa zona de conforto.

Significa que o que vai prevalecer não é o que é conveniente. O bagulho é difícil e por isso é tão assustador.

É também por isso que a mudança de maneira geral acontece à força, não por escolha. Não acordamos em um belo dia e dizemos: "estou bastante confortável e as coisas estão ótimas. Eu deveria mudar". Normalmente, não é assim que acontece. O que costuma ocorrer é surgir um catalisador que nos força a mudar.

Às vezes é algo externo, como perder o emprego de repente, ficar doente do nada, descobrir que está grávida ou perder alguém que amamos. OU SE CASAR *cof cof*.

Outras vezes, o empurrão vem de dentro – não de um grande momento externo, mas da nossa consciência, do nosso espírito. Estamos entediados ou sentindo como se não estivéssemos no lugar certo. Ou não sentimos animação alguma ao acordar de manhã porque temos que bater ponto em um lugar para onde não queremos ir. Ou sentimos como se estivéssemos apenas sobrevivendo enquanto a vida passa. Qualquer que seja o ímpeto, interno ou externo, a mudança pode abalar as nossas estruturas.

***

Os momentos em que fui impelida a mudar foram muito evidentes, como quando me mudei para os Estados Unidos aos nove anos e precisei ser a "garota nova" pela primeira vez na vida.

Ou como no momento em que entrei na faculdade, comecei a fazer a aula de introdução à química e recebi a primeira nota baixa da minha carreira acadêmica (consulte o Capítulo 3). Foi quando larguei o curso de medicina e o antigo sonho de ser médica e, por meio de uma série de momentos sob efeito dominó, me tornei uma escritora, o que me trouxe a este livro.

Houve o momento em que recebi uma enorme represália virtual e descobri que precisava ser melhor enquanto pensadora, humana, intelectual, enquanto alguém que tinha uma plataforma (consulte o Capítulo 7).

Houve o momento em que me casei e percebi que eu precisava ser menos egoísta e menos "eu, eu, eu", e que precisava lidar com meu próprio trauma para garantir que não o transmitiria ao meu companheiro ou o projetaria nele.

Cada um desses momentos cataclísmicos foi extremamente desconfortável, torturante, digno de lágrimas (com direito a catarro escorrendo) e envolto por luta. Eles me fizeram duvidar de tudo o que eu sabia ser verdade. Podia sentir a minha estrutura emocional se distendendo, e a dor de crescer por vezes parecia física.

Mas cada um desses incidentes também me levou a ser quem sou hoje. Mesmo que eu não entendesse no momento, a mudança sempre nos guia a algo melhor. A minha vida é um testemunho das situações que me obrigam a mudar e as lições que extraí delas sempre foram melhores que qualquer coisa que eu pudesse ter imaginado. E essas lições foram degraus para a pessoa que hoje sou e a pessoa que hoje sou é outro degrau para a pessoa que vou ser.

Há um provérbio igbo que diz: "a amêndoa que quer ser um óleo de palmiste precisa passar pelo fogo". "Os diamantes são formados sob enorme pressão" também é um bom lembrete. SIM. Para se tornar quem deve ser, você precisa passar por algumas coisas!

***

Crescer sem freios por vezes não é uma escolha, mas uma necessidade, porque a vida não vai te dar outra oportunidade. Nesses momentos, temos que entender que a mudança é uma parte da vida, assim como a respiração.

Penso na minha avó. Mama Fáloyin pode um dia ter sido uma pessoa calma, paciente e de voz suave, mas eu não tenho como saber. Nem faz sentido especular porque a vida dela foi tão recheada com situações bruscas que insistiram que ela mudasse a todo o momento. Tudo aquilo contribuiu para a mulher dura e forte que conheci, que não admitia desaforos e amava com todo o coração.

Fúnmiláyọ̀ Fáloyin nasceu em Lagos como Fúnmiláyọ̀ Láṣọ́rẹ̀, filha de David e Celina Láṣọ́rẹ̀. David era um homem escolarizado, um professor, enquanto Celina administrava a casa. Eles tiveram cinco filhos e Fúnmi era a criança número três. Fọlọ́únshọ́ (pronunciado como Fau-LAU-á-SHAU) a seguiu. O último filho morreu ainda bem novo.

Quando minha avó tinha dezesseis ou dezessete anos, a vida dela mudou por completo. Sua avó paterna era a próxima na linha de sucessão para comandar Ọrún Èkìtì (pronunciado Ai-Ki-Ti), uma cidade no estado Èkìtì, na Nigéria. A linhagem delas tinha surgido na sucessão ao trono e como a sua avó era uma mulher, não poderia governar. Ela pensou no filho, David, e o escolheu para tomar o seu lugar, uma vez que ele tinha o conhecimento e o gênero de preferência à realeza em um patriarcado (isso mesmo). Com frequência, diante de tradições fortes como essa, você não tem muita escolha sobre o que fazer, então os pais da minha avó mudaram a família do rebuliço que era Lagos para a ruralidade dos rituais de Ọrún Èkìtì.

Nem consigo imaginar como deve ser passar por uma mudança de vida tão brusca quanto essa. De um dia para o outro, Fúnmiláyọ̀ se tornou uma princesa, junto a sua irmã mais nova, Fọlọ́unshọ́. Na época, ela era a filha mais velha que ainda morava em casa, porque os dois irmãos mais velhos já tinham ganhado o mundo.

Antes de completar um ano de ascendência ao trono, o pai da minha avó, David, morreu de repente. E, como a vida pode ser uma filha da mãe às vezes, sua mãe, Celina, faleceu pouco depois disso.

Em menos de dezoito meses, a vida da minha avó virou de cabeça para baixo. Ela foi de uma menina da cidade, morando com ambos os pais, para alguém que se mudou para uma cidade pequena e se tornou realeza, para uma órfã. Ela teve que crescer muito rápido a partir dali porque A VIDA NÃO NOS AVISA COM FREQUÊNCIA QUE VAI DAR UM SOCO NA NOSSA CARA.

Como a herdeira mais velha que podia ser traçada, a minha avó se tornou regente de Ọrún Èkìtì. Um regente é alguém encarregado de governar um local em regime temporário enquanto procuram por um rei. Ela foi regente por alguns meses até que enfim encontraram um novo rei. Consegue imaginar como uma menina de dezoito anos que acabara de perder as pessoas mais importantes para ela estava se sentindo, e então ainda ter que lidar com o comando de uma cidade? Mano!

Depois disso, ela foi mandada para Iléṣà, sob os cuidados do tio, o irmão mais novo do seu pai, que no caso era um vilão de filme. A reputação o precedia como um homem não só duro, mas também cruel. Então esse tio vendeu todas as propriedades e heranças do pai da minha avó, porque nada como a morte para viabilizar a ganância. Em vez de o dinheiro ir para a minha avó e os irmãos restantes, ficou tudo com ele. Além disso, ele incendiou a casa do David. É por isso que não temos nenhuma foto dos Láṣórẹ̀s. Muita coisa foi destruída junto àquela casa.

Então Fúnmiláyọ̀, aos dezoito anos, assumiu a responsabilidade pela irmã mais nova, Fọlọ́unshọ́, de treze anos, ainda sob o controle de um homem que roubara tudo o que era dela por direito.

Ver uma família de quatro pessoas ser reduzida a duas em um curto espaço de tempo deve ter sido totalmente desolador. Como ela sequer poderia viver o luto? Será que ela esboçou um sorriso sequer naqueles dias? Será que pensou que a esperança era um sentimento inútil? Será que ela quis desistir de tudo e simplesmente definhar? Será que ela se sentia apta para seguir em frente quando tanto das coisas e pessoas que serviram como uma base para ela tinha deixado de existir?

Ela não parecia ser do tipo que desistia, porque, depois de todas aquelas rasteiras, o seu tio decidiu lançar mais uma: um casamento arranjado. Fúnmiláyọ̀ foi informada de que estava noiva de um homem mais velho, então aos dezoito anos, ela seria forçada a começar uma família com um completo desconhecido.

Como não lhe deram alternativas, ela criou uma para si mesma: fugir.

A minha avó pegou a única irmã que restava e fugiu de Iléṣà em direção a Ìbàdàn, a duas horas de distância, para começar uma nova vida, em vez de se prender a um homem que não conhecia por decisão de um homem que ela provavelmente desejava nunca ter conhecido. Ela escolheu o caminho que prometia mais liberdade: começar do zero. Isso aconteceu em 1950, uma época em que as mulheres ainda deveriam responder "sim, senhor" a homens que reivindicavam o poder sobre suas vidas. Essa adolescente, que tinha conhecido o inferno na terra e poderia ter se afundado nele, decidiu trocar aquele inferno por outro em uma cidade onde não tinha nenhuma raiz.

Em Ìbàdàn, ela conheceu o meu avô, Emmanuel Ọládiípọ̀ Fáloyin. Foi lá que ela deu início ao legado de onde venho. Foi lá que deu à luz a minha mãe, Olúyẹ́misí (sua filha de número três). Foi lá que nasci. Foi na casa construída por ela e pelo meu avô que descobri que a família era meu porto seguro. Foi lá que me tornei a primeira versão de mim mesma.

A vida de Mama Fáloyin foi composta de muitos momentos em que o seu "eu" antigo não lhe teria sido útil nem a mantido segura. Sua vida foi repleta de momentos em que ela precisou escolher mudar o lugar físico onde estava. O início de vida dela foi tumultuado o suficiente para que talvez ela nem tivesse sobrevivido tempo o bastante para dar luz à mulher que me daria a vida e assim possibilitado que eu estivesse aqui.

Ela PRECISOU mudar. Fúnmiláyọ̀ aos quinze anos, morando em Lagos, não era a mesma pessoa aos dezessete anos em Ọrún Èkìtì. Aquela pessoa aos dezoito anos em Iléṣà não era a mesma pessoa que acabou indo parar em Ìbàdàn. Aquela versão não teria sobrevivido em Ìbàdàn, então ela precisou ser eliminada. Mas todas essas versões precisaram existir para se tornarem a mulher de sessenta anos que sediou uma festa com duração de sete dias para comemorar seis décadas se recusando a sucumbir, mesmo quando a vida tentou destroçá-la. Sua alegria estava em saber o que ela precisara superar para chegar até onde chegou. Como a srta. Sofia em *A cor púrpura*, a vida inteira ela precisou lutar. Mas sempre saía vitoriosa.

Penso em outro conjunto de palavras sábias da Srta. Angelou: "você pode não ter controle sobre todos os eventos que acontecem com você, mas pode decidir não ser reduzido a eles". Por vezes, a mudança se utiliza do choque para nos fazer aprender sobre maturidade, resiliência e discernimento. Todos são elementos dos quais precisamos, mas às vezes temos medo da mudança porque tememos o que outras pessoas vão dizer. Imagine se a minha avó tivesse ficado em Iléṣà por medo do que as pessoas diriam a seu respeito se ela não se tornasse a esposa do Velho Aleatório? Ora, precisamos FAZER a coisa mesmo assim. A minha avó não se deixou reduzir pelas dificuldades, mesmo quando elas a mudaram.

***

Enquanto vivemos a vida e as pessoas que conhecem uma versão de nós nos observam crescer, podemos ouvi-las dizendo: "você mudou". Por vezes, ouvir isso vai nos magoar, porque é essa a intenção da frase. Elas estão dizendo que não somos mais quem fomos e que não reconhecem quem nos tornamos. Mas o que de fato estão dizendo é que ELAS não mudaram. Elas podem estar pensando que não estamos mais no mesmo nível que elas e projetando esse pensamento em nós. E, sim, é fácil ficar ofendido com isso. Podemos ficar tentados a fazer alguém se sentir melhor e dizer: "não, eu não mudei. Ainda sou a mesma pessoa". Estamos errados. Mudamos sim. Tentamos algo novo. Conseguimos novos resultados. Mudamos nosso mundo. Talvez não estejamos mais no mesmo nível e está tudo bem. Não significa que sou melhor que você. Significa apenas que sou diferente.

Não mudar é uma desvantagem. E se a nossa missão for estimular a mudança positiva em todos ao redor? E se a nossa missão for impulsionar todo mundo para fora de suas caixinhas?

Em vez de se afrontar com a ideia de que mudamos, deveríamos dizer de maneira simples: "obrigada por notar. Ando me esforçando para ser melhor". Porque mudar é se adaptar aos novos desafios que enfrentamos. Significa que estamos nos ajustando ao que a vida lançou em nossa direção e fazendo as coisas de uma nova forma. Se a mudança que estão apontando em nós é algo relacionado a estarmos mais cruéis, desagradáveis e insensíveis, então talvez possamos dizer: "hummm... eu deveria me reajustar". Do contrário, *NOPE*.

Eles veem que você não é exatamente quem costumava ser, mas por que isso é uma ofensa? Por que você quereria ser exatamente quem era? Isso significa que você não está fazendo seu trabalho como pessoa. Significa que você não está fazendo o que é necessário. A mudança é necessária.

Ser a mesma pessoa que era no ano anterior ou na década anterior significa que você não aprendeu nada de novo e está fazendo as coisas da mesma forma e no mesmo nível de antes. Significa que você não está crescendo, e o que não está crescendo está morrendo. Ser a mesma pessoa que costumava ser significa que você não está obtendo novas ferramentas para lidar com o que a vida lançar em sua direção. Significa que está insistindo em falar da mesma forma, pensar da mesma forma. Significa que você não está repensando o que acredita ser verdadeiro. As coisas estão constantemente mudando ao seu redor, então por que você deveria continuar o mesmo?

Não posso deixar de crescer só porque isso vai deixar alguém mais desconfortável. Meu papel no mundo não é deixar os outros confortáveis. Se de alguma forma eles veem minha evolução, meus ajustes e minhas escolhas como uma afronta ao fato de que não evoluíram, então acho que estou fazendo o certo. Todos nós deveríamos querer mudar. Deveríamos querer ser melhores. Deveríamos todos nos sentirmos mais preparados para lidar com algumas rasteiras que enfrentamos na vida. E para ser honesta, muitas das vezes as coisas que temos que fazer, as pessoas que temos que ser, os lugares para onde temos que ir, vão requerer que mudemos. Não podemos lamentar isso.

Sua mudança e suas escolhas são sobre você e mais ninguém. O que é melhor para você pode ofender outras pessoas porque, uma vez que você começa a fazer escolhas que são de fato suas, os outros podem projetar em você o fracasso deles em fazer o mesmo e se ressentirem com você por isso. Isso não é culpa sua nem problema seu. Cresça, seja como for. Faça o que é difícil, seja como for. Mude, seja como for.

***

Considere o seguinte: você e outra pessoa estão no primeiro andar, prontos para começar o caminho até o topo. Você está dando passos largos e logo percebe que está no sétimo andar. Mas, quando olha para baixo, a outra pessoa está ainda no terceiro andar. Certamente merece uma comparação porque vocês começaram do mesmo lugar. A distância é mais nítida. Contudo, a questão é que não subimos na mesma velocidade. Nossas jornadas são diferentes. Os dragões que cada um de nós deve matar são diferentes.

Em vez de comparar, o nosso trabalho deveria ser encorajar a outra pessoa e dizer um ao outro para continuar avançando. Talvez até avisá-los sobre os dragões que enfrentamos e compartilhar dicas de como fizemos para derrotá-los. Mas, em vez disso, tendemos a entender o crescimento do próximo como uma ofensa.

Quando alguém aponta que você está "agindo de um jeito estranho", pode significar que eles não estão acostumados com o seu novo "eu", seja lá o que eles entendam que esse seja. Você é conhecido por ser calado e agora tem falado mais? Jeito estranho. Você costumava estar em todas as festas e agora se recusa a ir à boate? Jeito estranho. Você sempre era a primeira opção para aquele que "precisava pegar um dinheiro emprestado", mas agora insiste que a fonte de dinheiro secou? Jeito estranho.

Você costumava ser o organizador oficial dos eventos, festas e sociais entre amigos, mas parou com isso porque precisa focar mais em conquistar os seus sonhos? Jeito estranho.

Sabe o que digo sobre isso? AJA DE UM JEITO ESTRANHO, ENTÃO! Se a imagem de eu tentar colocar minha vida nos eixos sou eu agindo de um jeito estranho, pode me chamar de alienígena, se quiser!

As pessoas podem pensar que você mudou porque elas mudariam se estivessem no seu lugar. Mas o que de fato mudou é o comportamento delas em relação a você. Com frequência, a explicação é totalmente alheia a nós. Acontece.

O que veem como uma mudança em você é, na verdade, você fazendo o que é necessário para alcançar os seus objetivos. É você fazendo o que é preciso para honrar os próprios limites. É, na verdade, você tentando se certificar de que não está colocando os desejos de ninguém antes dos seus, como costumava fazer.

***

Conforme evolui, não deixe que as pessoas usem quem você foi como uma arma contra quem você é. Há algumas pessoas que vão odiar tanto o seu crescimento que vão ficar te relembrando do passado como uma tentativa de estragar o seu futuro.

Quando as pessoas querem te julgar com base em quem você era quatro versões atrás, não há muito o que se possa fazer. Continue sendo a versão de agora e aceite que elas não receberam a atualização de software porque o dispositivo delas não consegue comportar o aprimoramento técnico (careta de iPhone de botão). Você não tem que se matar tentando fazer com que os outros te vejam como é agora se não é isso o que querem ver.

Estou te falando, o pessoal vai falar coisas do tipo:

— Lembra quando você costumava...

— Amiga, lembra quando suas sobrancelhas pareciam espermas em cima dos olhos, formando aquela linha superfina? Caramba, 1998 foi um ano difícil pra você. Mas olha só você agora! Mudou aquele visual. Por que eu não posso mudar?

As tias da vida são ótimas nisso:

— Ai meu Deus, eu lembro de quando você fazia xixi na cama!

Senhora, isso aconteceu já faz literalmente trinta anos e eu tinha quatro. Dá pra parar?

Quando as pessoas te relembram sobre suas antigas versões, diga que sim, que você se lembra dela/dele/delu e que está feliz por terem existido, porque quem você é agora é muito melhor e está grato por isso. Continue os cutucando ao dizer como está orgulhoso de que você, com todos os seus defeitos, continua trabalhando para garantir que nunca mais será aquela pessoa. Então dê um grande sorriso e diga que deseja que eles cresçam também. (Certo, talvez não fale a última parte. Ainda sou mesquinha. Ainda não amadureci esse tanto.)

***

Temos medo da mudança e atrelamos a ela a culpa pelo que poderíamos perder, tornando ainda mais difícil o ato de aceitá-la de braços abertos. Quero que nos demos permissão para crescer e mudar, sem culpa.

Quando o meu livro foi publicado e de cara entrou na lista dos mais vendidos do *New York Times*, a minha vida mudou imediatamente. Fui de uma garota que fazia postagens em um blog a uma autora que fazia parte de um clube exclusivo. Eu já estava viajando muito, mas as minhas demandas triplicaram e minhas comissões dobraram. Eu basicamente vivia dentro de um avião, pulando de palestra em palestra.

Isso significava que eu não conseguia mais escrever três vezes na semana como vinha fazendo. Como a feiticeira do olhar de soslaio sobre as novidades na cultura pop, reagir ao que estava acontecendo no mundo com os meus comentários foi o que originou a minha carreira, e de repente eu não tinha tempo para fazer aquilo. Por quê? Porque eu mal sabia em qual cidade estava na maior parte do tempo, graças ao ritmo frenético que eu estava vivendo. E me sentia muito culpada por isso. Conforme o meu público comentava "uuuh, o que será que a Luvvie vai falar disso" sobre a última notícia da vez, eu estava atrasada (de novo) para pegar o próximo voo e sentia as pontadas da culpa, sem conseguir fazer o meu trabalho.

O que eu não tinha percebido era que o meu trabalho tinha mudado e não havia problema nisso. O meu trabalho não mais se tratava de ficar sentada em casa todo dia usando pijamas e reagindo às notícias do dia. Tinha passado a ser subir a palcos, contar às pessoas sobre as lições que tinha aprendido, os erros cometidos e as minhas conquistas. O meu trabalho era garantir que o livro que eu tinha escrito, um manifesto dos meus pensamentos sobre a vida, tivesse o maior alcance possível. O meu trabalho era assegurar que uma mulher preta como eu também pudesse conseguir que aquelas portas fossem abertas para ela.

Foi uma mudança que não aceitei de imediato, porque eu estava presa em um ciclo de culpa e medo de que o meu público fosse pensar que eu os tivesse abandonado. Aquilo que me levou até onde eu tinha chegado? O que acontecia era que precisava ser deixado para trás para que eu pudesse chegar aonde precisava estar.

O que eu não percebi era que as pessoas que estavam chateadas por eu ter "mudado" e não mais fazer postagens no blog não eram aquelas com quais eu devia falar. Aquelas que viam minhas postagens no Facebook, Instagram e Twitter e comemoravam diante das minhas novas aventuras eram quem importava. Aquelas que diziam "sinto falta dos posts do seu blog, mas AMO essa nova fase da sua vida" eram quem alimentava o meu espírito.

Eu não era mais a garota que atualizava o blog todo dia. Eu tinha evoluído para uma autora best-seller, uma importante palestrante internacional, a CEO de uma empresa de mídia. Eu tinha crescido e aquilo foi exatamente o que precisava fazer, porque possibilitou que o meu trabalho tivesse mais alcance. Também gerou um olhar mais atento e minucioso sobre as minhas palavras e, mesmo que isso tenha às vezes feito eu tomar na cara, também me levou a ser muito mais consciente do que antes.

***

O que acontece quando nos dão permissão de mudar, de crescer, ainda cedo? Quando nos dizem: "olha, já sei que você vai ter que ser diferente de quem você é hoje e está tudo bem. Não se sinta culpado por isso". O quanto isso nos liberta, quando sabemos que a mudança não é algo do qual deveríamos correr, e sim esperar ansiosamente? Quando as pessoas nas nossas vidas dizem: "sei que tem um livro seu prestes a ser lançado e você vai dar uma sumida. Vou estar aqui quando voltar. A nova vida que está levando está pedindo que você se ausente com mais frequência e eu te apoio"? Uauuuu! A liberdade.

Conforme ascendi na minha carreira, tive que ficar menos acessível para as pessoas que amo em alguns momentos. Às vezes estou tão imprestável que preciso que a minha assistente marque um encontro meu com meus amigos. Poderiam ter me falado algo como "ah, agora tenho que falar com outra pessoa para ter acesso a você?", e falaram mesmo.

Mas os amigos mais próximos são aqueles que dizem:

— Já falei com sua equipe sobre a sua disponibilidade. Vejo você daqui a uma semana.

O mesmo acontece quando estou escrevendo um livro e o meu marido diz:

— Você tem um prazo. Avise se quiser desaparecer em algum lugar por uma semana para terminar.

Imagine acordar de manhã e não sentir vergonha porque o seu amigo sabe que a mudança implica em não termos a mesma disponibilidade para falar ao telefone que tínhamos antes, ou que talvez precisemos remarcar o nosso encontro para outra ocasião. Imagine não se preocupar com quem estamos ofendendo com a mudança que é necessária para nós. Isso nos fornece asas. Podemos agora executar o melhor trabalho das nossas vidas. Podemos ser as melhores pessoas possíveis sem temer constantemente o que estamos deixando para trás, quem estamos deixando para trás, ou quem está se sentindo pequeno enquanto estamos tentando ser grandes. Quando preciso fazer as mudanças e, em vez de olhares atravessados, recebo frases de compreensão, tenho espaço para me distender como preciso.

Temos que aprender a mudar e a crescer sem culpa. Quando fizermos isso, seremos mais livres no geral, uma vez que o medo da mudança vai começar a ceder um pouco. Começamos a entender que ela faz parte da vida e é algo que precisamos fazer. Sabemos que pode ser desconfortável, mas percebemos que as coisas mais desconfortáveis são geralmente as mais necessárias. Pode até ser bom estar na zona de conforto, mas às vezes a zona de conforto nos isola e nos impede de fazer o que deveríamos fazer.

Conceda permissão a você mesmo para crescer sem freios. Para se transformar. Para mudar de opinião. Para mudar seu entorno. Para mudar de roupa três vezes no dia enquanto está de férias porque tem todos esses *looks* implorando para que você bote a cara deles no sol. Você SEMPRE tem o direito de ser diferente de como e de quem era antes, se é o que seu coração deseja. Você tem o direito de mudar seu posicionamento político depois de estudar um pouco mais. Você tem o direito de mudar a cor do banheiro, então não deixe isso ser o motivo de você não comprar aquela casa (revirando os olhos para todos aqueles casais no programa *Em busca da casa perfeita*).

Mudança: não é opcional. É uma referência necessária e perpétua da vida que pode partir o nosso coração, nos fazer gritar, nos fazer vibrar. Ela vai nos desafiar e por vezes nos fazer ponderar se conseguiremos superar todo o sofrimento.

Penso na jovem Fúnmiláyò e em quantas vezes a vida a fez se distender até ela quase se despedaçar. Questiono-me como ela lidou com a constante mudança e quantas vezes teve medo de seguir pela estrada menos percorrida, e como ela o fez mesmo assim. Penso em uma das escrituras favoritas dela, o Salmo 61: "quando o meu coração estiver abatido, põe-me a salvo na rocha mais alta que eu".

É o que canto para mim mesma nos momentos em que sou impelida a crescer para além do que parece ser possível. Sempre acabo no topo daquelas rochas altas e por isso sou grata.

12

DEMITA-SE

Temos medo de perder o controle.

Sou e sempre fui uma controladora profissional classe A. Como uma cabra de cabeça dura (capricorniana), a minha coisa predileta é me agarrar ao volante e não soltar mais. É em parte ego, em parte experiência de causa, em parte necessidade.

Como já mencionei, a minha kriptonita é sentir que não tenho controle sobre as situações e que os resultados podem depender da vontade de outra pessoa. Isso me deixa inquieta.

Nem preciso dizer como sentir isso não é nem de perto ideal quando se vive em um mundo com outras pessoas. A vida é um imenso trabalho em grupo e a nossa nota depende muito das ações dos outros, considerando que estamos presos nessa enorme teia de outros seres com duas pernas, dois braços e um cérebro. Então aí mesmo que insisto em comandar cada mínima coisa que consigo. Agarro com firmeza as minhas responsabilidades, com medo de afrouxar o aperto e acabar perdendo tudo. Kahlil Gibran disse: "a nossa ansiedade não vem de pensar no futuro, mas sim de querer controlá-lo". FALOU TUDO.

O medo de não ter controle sobre as coisas é real e normal. É também uma desvantagem, de verdade. Cheguei a essa conclusão quando percebi que estava intensificando o meu próprio sofrimento ao não aceitar o fato de que não tenho controle sobre muitas coisas. Nenhum de nós tem. É um calcanhar de Aquiles doído de se ter, mas a vida é uma série de coisas que acontecem sem estarmos esperando. Deus é o organizador supremo, os seres humanos possuem livre-arbítrio e, mesmo quando damos o nosso melhor, as coisas ainda podem rolar ladeira abaixo.

Como você sabe, as pessoas podem ser abomináveis. Amontoados de estrume ambulantes. Podemos ser superficiais, voláteis e levianos. Damos aos outros várias razões para não confiarem em nós. E, se você já é alguém cínico ou predisposto a lançar olhares enviesados aos outros, quando vê um monte de merda para todo canto onde olha, você agarra com mais força as coisas com as quais se importa. Há muitos motivos para ter medo da falta de controle. Ainda assim devemos lutar contra esse medo. Porque é necessário.

Aprendi essa lição à força quando percebi que eu estava fazendo tanta coisa que estava funcionando no modo exausto. Contudo, não foi uma lição que descobri, absorvi e comecei a aplicar. Tive que demitir a mim mesma. Tenho que demitir a mim mesma. Terei que demitir a mim mesma. É uma luta constante, assim como tantas outras lições neste livro.

***

Há três pessoas nas quais confio acima de tudo no mundo: eu, euzinha e eu mesma. Passei a vida inteira dependendo de mim mesma, fazendo as coisas independentemente de qualquer coisa, fazendo o impossível parecer fácil. E essa não é apenas a minha história. Você provavelmente está lendo isso agora e concordando com a cabeça. Vejo você. Entendo você. Sou você. Sei que se, tem algo na minha mão, vai ser resolvido. Olivia Pope é a minha mentora. Mulheres pretas são meus amuletos da sorte e minhas estrelas guias. NÓS *FAZEMOS* ISSO.

Essa confiança que tenho em mim já me conduziu a tantas vitórias que a minha fé em mim mesma é enorme. É por isso que sou mais dura comigo mesma do que qualquer pessoa poderia ser. É por isso que penso que posso escalar montanhas se eu estiver realmente focada. É por isso que escrevi este livro. Confio demais em mim mesma. Isso é o ego.

Mas pode ser uma desvantagem. O ato de depender de si mesmo, assim como qualquer outra coisa, pode se tornar um problema se houver exagero. O que chamamos de independência e autossuficiência é geralmente o nosso comportamento em resposta ao medo do caos.

O que acontece quando dependemos de outras pessoas e elas nos deixam na mão? O que acontece se colocarmos algo nas mãos de alguém e esse alguém deixar a peteca cair? O que acontece se perdermos algo porque confiamos esse algo a outra pessoa? Pensamos nesse cenário de novo e de novo e acabamos fazendo tudo sozinhos. Mas qual é a consequência? O que perdemos ao segurar e fazer malabarismo com dez bolas ao mesmo tempo?

Podemos perder muito. Quando assumimos muitas responsabilidades porque confiamos e dependemos muito de nós mesmos, acabamos nos distendendo demais. Olhamos para a pilha de afazeres e ela ultrapassa a nossa altura. Olhamos para as listas de tarefas e elas parecem não ter fim. Olhamos para as nossas vidas e nos sentimos sobrecarregados. Carregar por aí o cartão de membro do time "Tudo Cai nas Minhas Costas" é exaustivo. E-ZA-US-TÍ-VU.

Você acorda um dia e percebe que as olheiras tomaram posse da região embaixo dos olhos e aquela dor de cabeça que tinha às vezes agora te incomoda o tempo todo. Você está estressado, esgotado e derrotado. E está xingando as pessoas mais próximas a você pelas mínimas coisas porque cada *muldita* pessoa está sapateando sobre seu último resquício de paciência. Ah, só acontece comigo? Certo.

Mas sério. Quais as consequências de passar a vida carregando responsabilidades só nas costas? De modo simples, exaurimos a nós mesmos. O pior é que estar cansado se tornou tanto o nosso padrão que nem mais pensamos nisso como algo negativo. Pensamos que apenas é assim que é. Lidamos com isso porque a exaustão neste mundo que é uma corrida sem sentido foi normalizada!

Na vida cotidiana, tentar controlar tudo não apenas garante que vamos COM CERTEZA perder algumas coisas, mas também pode inclusive nos custar mais. Não podemos fazer tudo sozinhos, não importa quantos planners tenhamos ou quantos aplicativos de gerenciamento de tempo utilizemos. Quando assumimos muitas responsabilidades, nada recebe nossa completa atenção e as coisas tendem a escapar pelas frestas, as quais talvez nem saibamos existirem. Temos várias *checklists* na cabeça o tempo todo e os nossos ombros estão a ponto de ceder sob o peso de tudo.

Em ocasiões assim, a vida pode às vezes nos forçar a nos demitir por meio de situações que estão além do nosso controle (isso mesmo), como o envelhecimento, acidentes ou questões de saúde. O que acontece então? Nós, do time "Eu Faço Tudo", percebemos estar em uma situação tão estranha que poderia até ser Marte. Uma situação em que não conseguimos fazer as coisas por nós mesmos. Uma situação em que TEMOS que depender dos outros, até para as coisas mais básicas.

Penso na minha avó. Mama Fáloyin era o mais autossuficiente possível. Demitir a si mesma? NUNCA. Quem? Ela por inteiro. Não. Ela até costumava dizer ao meu avô que não precisava dele, para relembrá-lo de que ela podia lidar com qualquer coisa, com ou sem a ajuda dele. Meu avô era um homem de poucas palavras, então ele apenas a observava até que ela se cansasse da própria ladainha.

A minha avó ficou viúva em dezembro de 1991, quatro meses após a sua épica festa de aniversário em celebração aos sessenta anos. A vida pode ser uma desgraçada abominável às vezes. Conforme envelhecia, ela começou a se apoiar mais e mais nos filhos e netos. Ela foi diagnosticada com diabetes quando completou 64 anos e precisou começar a tomar medicação pela primeira vez. Os anos se passaram e, com a idade, ela encolheu um pouco fisicamente, e não conseguia se mover com tanta liberdade quanto antes. Alguns anos depois, teve um AVC, e uma das minhas tias precisou ir buscá-la na Nigéria e levá-la para os Estados Unidos para se tratar. A mulher que costumava pular em um avião para ir a qualquer lugar, a qualquer hora, agora estava impossibilitada de sequer falar, que dirá viajar sem um acompanhante.

Lembro-me de visitá-la no hospital um dia e ficar espantada com sua aparência vulnerável e frágil. O dínamo feroz com o qual eu estava acostumada não conseguia nem comer sozinha. As lágrimas escaparam antes que eu pudesse evitar.

O médico nos informou de que ela poderia nunca mais falar e acho que minha avó tomou isso como um desafio. Alguns meses depois, a fala dela estava 100% de novo. O AVC do qual ela não deveria se recuperar pareceu apenas um obstáculo estendido. Ela andava mais devagar, mas, tirando isso, estava bem. Contudo, depois disso, a minha avó começou a deixar que as pessoas fizessem coisas para ela de uma forma inédita. Deve ter sido uma experiência muito chocante para ela.

Depois que ela passou um ano se recuperando nos Estados Unidos, quis voltar para a própria casa e vida, então retornou para a Nigéria. Ela tinha uma ajudante em casa e outras pessoas para resolver as coisas na rua por ela; parecia menos intensa em controlar as coisas no dia a dia. Minha mãe ligava para perguntar o que ela estava comendo e se estava tomando os remédios. Antes, minha avó teria ficado irritada de ser paparicada daquele jeito, mas, àquela altura, já tinha percebido que era uma demonstração de amor.

Passaram-se mais doze anos antes de a perdermos. Mas sempre que Mama Fáloyin estava nos Estados Unidos, ela vinha ficar com a gente, mesmo que morássemos em um apartamento pequeno. Minha mãe regulava a comida dela, fazendo um planejamento para ter certeza de que ela não estava comendo besteiras do jeito que gostava – sua ingestão de açúcar precisava ser controlada. Minha avó não podia mais passar horas nos passeios aleatórios de compras como costumava fazer (isso foi antes de todos terem celulares, então não queríamos que acontecesse algo e ela não tivesse como nos avisar). Quando ela teve catarata em ambos os olhos e não pôde operar até que a lesão amadurecesse, ela precisou que a minha mãe a ajudasse a organizar sua caixa de remédios.

Lembro-me que um dia minha avó chegou perto de mim e falou:

— Diga à sua mãe "muito obrigada". Ela cuida muito bem de mim. Deus vai continuar a abençoá-la.

Ela disse aquilo com tanta gratidão. Mas eu sou bem inútil. Não tenho certeza se transmiti a mensagem da forma correta. Porém, a minha mãe sabia da gratidão da minha avó, porque ela mesma tinha ouvido. Essa guerreira de uma vida inteira tinha enfim soltado as rédeas e se permitido estar sob o total cuidado de outra pessoa. Era uma demonstração de força, em seu momento de fraqueza, se render a alguém que ela sabia que não a deixaria cair.

Se o amor é um verbo, existe alguma demonstração de amor maior que ceder o seu próprio ser à pessoa que você criou para que ela possa te manter de pé? O que é o orgulho quando temos alguém nos mostrando amor em vez disso?

Espero que um dia estejamos cercados por pessoas em quem confiamos o suficiente para abrir mão do nosso controle. Oro para que eu tenha vivido uma vida que foi boa, para que eu seja abençoada com a presença de pessoas que são um reflexo disso. E essas pessoas, caso necessário, possam ser incumbidas com o zelo da minha própria vida. Aspiro viver de uma forma que atraia para mim esse benefício.

***

No campo profissional, dizemos que estamos buscando o sucesso quando na verdade estamos buscando o dinheiro. No campo pessoal, pensamos estar em busca da felicidade quando, na verdade, estamos tentando concretizar a felicidade dos outros, não a nossa. Precisei redefinir o que significa sucesso para mim. Uma vida de sucesso é viver de acordo comigo mesma, não uma em que a cada dia acabo mais cansada que no anterior. E se todos ao meu redor estão felizes, mas eu estou vazia, então traí a mim mesma.

Impérios de uma pessoa só não existem, nem nos negócios nem na vida íntima. Negócios não são construídos com uma só pessoa. Uma família não existe com um só membro. Não podemos fazer nada nessa vida sozinhos, então precisamos aprender a ceder mais rápido do que percebemos.

Por anos, fui uma empreendedora solo. (As únicas pessoas as quais pagava regularmente eram a Receita Federal, e eles cobravam 30% da minha pequena renda todo ano sem falta.) Eu postava no blog, fazia trabalhos como freelancer escrevendo para veículos de mídia, prestava consultoria para redes sociais, era embaixadora de marcas, até mesmo trabalhava como apresentadora. Eu era a minha própria assistente, gerente, assessora de imprensa, contas a pagar/receber, editora, designer gráfica, coordenadora de redes sociais, chefe de operações. E, evidentemente, eu era a CEO. "Cansada" era meu sobrenome, mas eu dizia que era "na batalha".

Então, em 2015, fui para o Quênia de férias com um grupo de amigas. O plano era passar sete dias na gandaia com as minhas garotas, mas ainda consegui reservar um tempinho para trabalhar. Eu tive um encontro com a Associação de Blogueiros do Quênia um dia e foi incrível. Foi um evento com ingressos esgotados no qual pude conhecer e conversar com cem dos meus leitores de muito tempo de Nairóbi.

O outro trabalho que precisei fazer foi escrever um resumo de um episódio de *Scandal* para a *Vulture*. Naquela época, os meus resumos de *Scandal* eram muito populares, porque as minhas sinopses de três mil palavras sobre cada episódio te informavam tudo o que você precisava saber sobre a série, mesmo que não assistisse. Eram alguns dos resumos mais minuciosos na internet, e é por isso que eles caíram no gosto do povo, inclusive da própria Shonda Rhimes.

Eu disse ao meu editor que trabalharia no resumo acontecesse o que acontecesse (há). Às cinco da manhã, horário do Quênia, enquanto todo mundo dormia, eu estava assistindo a *Scandal* enquanto a série era transmitida nos Estados Unidos. Eu precisava cumprir o prazo.

Às oito da manhã, quando meu grupo acordou para se arrumar para o passeio ao orfanato de elefantes, falei a elas que talvez precisassem ir sem mim. Eu levava umas três horas para escrever os resumos e estava ainda na metade naquele momento.

As minhas amigas resolveram esperar por mim, ainda que o orfanato de elefantes fechasse ao meio-dia e eu tivesse terminado o trabalho às 9h30. (*soquinhos no ar de alegria*.) Depois de nos vestir e começar o caminho, chegamos lá às onze da manhã. Eu ainda não tinha dormido, MAS ELEFANTES! Entretanto, eu estava exausta. Eu estava de férias, mas ainda não podia me dar ao luxo de relaxar, porque se eu não estivesse trabalhando, não estava ganhando dinheiro. Trabalhar sozinha perdeu o brilho ali mesmo. Eu estava quase cansada demais para aproveitar essa atividade que eu estava tão animada para fazer em um país que estava visitando pela primeira vez, pois não tinha conseguido dormir. Eu precisava mudar as coisas.

Naquela noite, enquanto eu via minhas amigas dormindo o sono dos justos, eu estava tipo: "pouraaaa, que inveja". O equilíbrio entre a vida pessoal e o trabalho já é uma farsa, mas eu não tinha mesmo nenhum. Era só trabalho, porque eu estava motivada pela habilidade de pagar minhas contas e comprar sapatos. A única maneira que eu podia fazer aquilo era trabalhando direto, mesmo do outro lado do mundo.

***

Uma das consequências de ser uma equipe de uma mulher só? A inabilidade de descansar quando é necessário. Não podemos estar totalmente presentes em todos os momentos porque estamos analisando coisas a fazer nas *checklists* e nos lembrando de e-mails que não foram respondidos e projetos que não foram apresentados.

Então o que precisamos fazer? Precisamos nos demitir do cargo de Responsável. Demitir a si mesmo não tem a ver com abandonar tudo o que você faz e deixar todo mundo correr solto. Afinal de contas, você sabe que sou fã de limites. Demitir a si mesmo tem a ver com encontrar as pessoas em quem pode confiar para fazer o que precisam fazer.

Então como fazer isso?

CRIE SISTEMAS QUE CONSIGAM, AO MENOS, PENEIRAR AQUELES MAIS DESCARADAMENTE FAJUTOS

Quando você se demite, aprender a pedir ajuda às pessoas quando você precisa é uma boa estratégia (consulte o Capítulo 8). Porém, mais importante, saiba a quem pedir, prestando atenção às pessoas que te apoiam de novo e de novo. Observe quem não pede muita coisa de você. Quem te oferece ajuda quando você precisa, sem esperar por retorno? Quem não se importa se você é a Jenny from the Block ou a J.Lo?

Essas são as pessoas que ganharam a nossa confiança e merecem receber a permissão de demonstrar amor a nós por meio de atos de serviço. Elas estão ao nosso redor, aguardando a autorização para entrarem em cena. Mas geralmente estamos tão ocupados tentando fazer tudo que não as vemos.

Profissionalmente, estabeleça um processo de recrutamento que busque peneirar a incompetência e a preguiça. A contratação não é uma ciência, mas uma arte, e é difícil para caramba. As pessoas dominaram muito bem o processo de entrevistas, então algumas desenvolveram boa lábia. Mas foque em encontrar pessoas que têm paixão pelo trabalho que você está fazendo, que estejam dispostas a trabalhar duro, a ter iniciativa e a ser eternos alunos.

Essa parte é difícil se você for novo nisso, então...

FIQUE TRANQUILO SE VOCÊ FOR UMA DROGA NISSO

Não gosto de não ser boa nas coisas que faço. Por mais que eu confie em mim mesma, não sou boa em tudo, o que irrita a mim e ao meu ego.

Então, demitir a mim mesma foi duro e difícil, ainda é duro e difícil, e estou aprendendo a fazer isso melhor.

Uma das primeiras coisas que fiz foi contratar uma assistente para gerenciar os meus e-mails para mim. Ela esteve comigo por quatro anos e então seguiu em frente. Depois disso, no período de um ano tive cinco assistentes. Por quê? Porque eu ainda não era boa em delegar funções. A minha assistente anterior era boa em encontrar coisas que precisavam ser feitas e brechas que precisavam ser preenchidas. Mas, quando chegou o momento de eu trabalhar com alguém que não tinha tanta iniciativa e intuição, estraguei tudo. Eu era PÉSSIMA em ser uma chefe que expunha expectativas, prazos e tudo mais. Então as pessoas acabavam fazendo um trabalho ruim, considerando que eu ainda estava no modo "é mais fácil eu mesma fazer". Foi tão frustrante.

Todos nós podemos cair na armadilha do "é mais fácil eu mesma fazer do que ensinar outra pessoa". Maaas você pode passar uma hora por dia fazendo algo (somando cinco horas da sua semana toda semana) ou passar cinco horas (uma única vez) ensinando a alguém o que você precisa que seja feito, economizando assim vinte horas de trabalho a cada mês.

Aceite que ceder as rédeas não vai ser fácil. Você pode até sentir que está reduzindo sua responsabilidade. "Eu deveria ser a pessoa fazendo isso." Por que você? É só VOCÊ que tem a habilidade para fazer isso? Olha o ego. A não ser que a tarefa literalmente requeira o seu cérebro, outra pessoa pode fazê-lo, então não PRECISA ser responsabilidade sua.

Ao ceder o controle, você provavelmente vai dar nos nervos das pessoas ao querer microgerenciar tudo, considerando que você sabe o jeito EXATO que quer que seja feito. É possível que ainda tente exercer controle ao ditar a forma como tudo deve ser nos mínimos detalhes, uma vez que o medo não desaparece no mesmo instante, só porque você resolveu fazer algo a respeito.

Você quer feito ou quer perfeito? Além disso, o que de fato é perfeito?

Um comentário: estou LITERALMENTE descendo a lenha em mim mesma agora. Esta seção inteira é feita para EU reler, porque preciso dar um jeito em mim em relação a isso. O trabalho em mim mesma não está completo. Vamos trabalhar nisso juntos.

ACEITE QUE OUTRAS PESSOAS VÃO VACILAR

A outra coisa que precisa aceitar é que as pessoas vão te decepcionar ou errar de alguma forma. Seu marido pode se esquecer de pegar as roupas na lavanderia. Sua assistente pode escrever o nome de alguém errado em um e-mail. Seu filho pode não deixar a louça totalmente limpa. As pessoas VÃO fazer coisas de um jeito tosco em seu lugar. Isso é inevitável e há muito pouco que você possa fazer para impedir. Por quê? Porque você não pode controlar outra pessoa, mesmo que a pague, dê à luz a ela ou decida se casar com ela. Mesmo que suas instruções tenham sido impecáveis. É provável que isso vá te fazer soltar fogo pelas ventas quando acontecer.

Seu trabalho não é imediatamente retomar o controle das rédeas no momento. Ou você decide agir com cortesia porque essa pessoa é confiável no geral e foi um erro pontual, ou você transfere a tarefa ou o trabalho para outra pessoa. Se as pessoas cometerem erros repetidas vezes em seu nome, então sim, demita-os da atividade. Mas, em vez de assumir tal responsabilidade novamente, busque outra pessoa. Essa pessoa já cometeu um erro grave antes? Isso é um padrão ou um momento excepcional que não é comum?

PERDOE / ENSINE NOVAMENTE / DEMITA

Essas são suas opções. Nem uma delas é "faça você mesmo". Se tiver um prazo apertado? Tudo bem, faça você mesmo dessa vez. Mas depois disso, não! Você não tem tempo! Deixe que outra pessoa faça, ainda que ela não faça tão bem quanto você faria. Talvez, com a prática, ela aprenda a fazer melhor. Basicamente, dê a oportunidade de as pessoas falharem em vez de falhar com elas antes de sequer lhes dar uma chance.

Além disso, nem todo erro é catastrófico. Não vai destruir tudo pelo que trabalhou. Não vai ter o mesmo peso do resto. Quando os outros vacilam, qual é a real consequência? Você perdeu dinheiro? Ou uma oportunidade incrível? A chance de deitar e rolar com o Idris Elba? O que perdeu?

Pergunte a si mesmo se consegue se recuperar disso ou se o dano foi irreparável. Então determine se pessoa está se responsabilizando pelo erro e levando a sério. Eles estão aprendendo a lição que precisavam aprender para que não aconteça de novo?

ELIMINE A CULPA

Uma das coisas mais difíceis é superar a culpa que talvez sintamos ao perceber que não podemos fazer tudo. Sentimos culpa porque às vezes julgamos quem somos e o quanto valemos com base no que fazemos pelos outros. Mas não estamos sendo justos com nós mesmos ao fazer isso.

Sim, você precisa de ajuda. Tudo bem. Não, você não deveria dar conta disso sozinho. Sim, você ainda é uma supermãe sob qualquer forma que esteja assumindo hoje. Você não precisa ser a pessoa com cinco braços para poder aspirar a casa, fazer o jantar, ajudar com os deveres escolares e providenciar entretenimento, tudo ao mesmo tempo. Ah, sua mãe era assim? Bom, pergunte a ela quantas vezes ela quis pular da janela do primeiro andar, cair de cara na grama e só ficar deitada ali. Essa não precisa ser a sua história.

Sim, você ainda é o chefe mesmo que não seja a pessoa fazendo TODO o trabalho cotidiano de manter a empresa funcionando. Na verdade, acho que é mais chefe ainda se tiver uma equipe funcional.

Também, o erro, a falta de sucesso ou mesmo a passividade de outra pessoa não deveria levar à imediata repreensão de nós mesmos. A pessoa fez besteira. Certo, de que maneira estamos envolvidos nisso? Não passamos as orientações certas? Não priorizamos a tarefa corretamente? Não importa. Precisamos aprender a abandonar a necessidade pelo controle ao compreender que não podemos controlar os resultados, mesmo que providenciemos o melhor treinamento, o melhor amor, os melhores macetes do jogo.

Penso nos momentos em que confiei em alguém para fazer algo e não fizeram. Serviu como uma reafirmação positiva do hábito de fazer eu mesma. "VIU? Dei uma chance a alguém e me deixaram na mão. Eu devia ter feito eu mesma". Então vou ficar me martirizando porque eu não devia estar naquela situação. Então fico com raiva de mim mesma porque devia ter feito sozinha e deixado de ser preguiçosa. Como diabos eu sequer consigo pensar que sou preguiçosa? Amiga, quem você pensa que é, a Tempestade? Você não é um dos *X-men*. Você não está sendo preguiçosa. Você só tem um monte de coisas para fazer, minha senhora. A culpa vai te fazer estacar pensando no que devia ter feito em vez de se movimentar para a frente; não vale a pena.

CONFIE NO DESIGN CÓSMICO

Acima de tudo, confie na vida. Sim, ela é uma bela desgramada às vezes. Mas confie no universo/Deus. Por vezes, penso que o motivo de eu acreditar em uma divindade é para assim não perder a esperança e pensar na vida como uma mistura aleatória de momentos arbitrários sem estrutura alguma. Talvez isso me faça perder a sanidade. Escolho acreditar em um ser superior como uma âncora e uma base. Não acho que tenho escolha a não ser acreditar de maneira profunda que tudo vai ficar bem. É o que me permite levantar da cama mesmo quando estou para baixo.

Se o controle é uma miragem, confie que Deus vai guiar os seus passos. Tenha fé que Alá vai colocar as pessoas certas em seu caminho: os ajudantes. Uma das minhas orações favoritas quando estou prestes a chegar a um espaço novo é: "por favor, que o meu ajudante me encontre. Que a conexão certa que devo fazer não passe por mim despercebida. Que eu não me perca do motivo que me trouxe aqui".

Confie que os erros, percalços e ensinamentos tenham o objetivo de te preparar para o caminho que está seguindo. Acredito que, mesmo quando fiz contratações que não deram certo, isso foi para melhor. A cada vez, isso me fez olhar para dentro de mim mesma e me questionar: "como posso ser uma líder melhor para a próxima pessoa?". Como resultado, sou uma chefe muito mais astuta.

Dar de cara no chão de novo e de novo, passando por uma porta giratória de pessoas que não deram certo enquanto eu tentava demitir a mim mesma, foi um espelho. Percebi que eu não tinha prática com aquilo, mas que, para construir o império que eu queria e a empresa de grande impacto que desejava, precisava desenvolver um conjunto de habilidades que não tivera antes.

ALÉM DISSOOO, se for ruim em demitir a si mesmo, contrate alguém que possa te ajudar a fazer exatamente isso. Há todos os tipos de consultores que são especializados nisso. Demita a si mesmo da tarefa de demitir a si mesmo!

***

Você pode fazer tudo isso e ainda ser difícil. Você pode ainda querer fazer tudo sozinho. As pessoas vão te decepcionar. Você pode confiar na pessoa errada. Nada disso significa que você precisa fazer as coisas por conta própria. Saia da corrida sem fim. Continue em busca da pessoa certa. Elas existem. A pessoa que pode te ajudar sem ferrar com detalhes básicos da sua agenda está aí em algum lugar. O contador que pode declarar seus impostos sem te fazer cair na malha fina existe. A trabalhadora doméstica que pode fazer a limpeza da sua casa, mesmo que seu apartamento seja de um quarto, e deixar o espaço tão perfeitamente arrumado que você tem vontade de presenteá-la com um conjuntinho estiloso, está por aí no mundo. O parceiro que te deixa cochilar e toma conta das crianças para que elas não destruam a casa está em algum lugar. A babá que pode ajudá-los com a matemática, porque o *common core*[20] é evidentemente um idioma alienígena, existe.

Demitir a nós mesmos não significa entregar a chave para a primeira pessoa que encontrarmos e deixar que ela nos conduza de cara com um muro. Significa que vamos chegar para o lado, encontrar pessoas que estejam capacitadas a fazerem o que precisamos que façam e vamos deixar que façam. Porque, agora, já se passaram 32 horas desde que começamos a viagem de carro, e ainda estamos dirigindo sozinhos. Talvez tenhamos parado uma vez para fazer xixi, mas foi só. Enquanto isso, nossos olhos estão injetados, os ombros, tensos, e o estômago, roncando, porque ainda não tivemos tempo de comer.

Quando nos demitimos, significa que paramos no estacionamento de alguém que é um motorista eficiente e seguro. Passamos para o banco do carona quando a pessoa entra no carro. Ela dirige, e nós aproveitamos para dormir um pouco. Acordamos, tudo está bem, e o nosso trabalho é

---

20 *Common core*: uma iniciativa educacional que teve início em 2010, criada e implementada pelo governo federal estadunidense, que serve como uma espécie de "base nacional comum" voltada para linguagens e matemática. A iniciativa tem o objetivo de garantir que todos os estudantes em idade escolar no país saibam matemática e inglês ao fim de cada série escolar. (N. T.)

manter o fornecimento de lanchinhos e a música tocando. Acabamos no lugar aonde queríamos chegar, descansados e prontos para as aventuras. Além disso, aproveitamos a viagem e a estrada livre à frente, tendo tido a oportunidade de apreciar o que surgia na nossa linha de visão.

 Demita-se. Chegue para o lado. Ceda o controle do volante.

* * *

Duas das coisas que me fizeram chegar a esse ponto da minha carreira foram a minha consistência e o meu trabalho duro. Eu me esforcei e cumpri prazos de novo e de novo com a minha escrita, principalmente em meu site principal. Mas agora? Tenho consciência de que não posso mais fazer aquilo. Não posso mais pressionar "pausar" na vida para cumprir certos prazos. Estou erguendo meu cartão de membro exclusivo e me demitindo da expectativa de estar sempre disponível. Fiz por merecer e agora posso montar um time de pessoas ao meu redor para me ajudar a administrar tudo. Esse império de UMA acabou, tanto no lado pessoal quanto no profissional.

 Preciso de ajuda. E está tudo bem. Você precisa de ajuda? Tudo bem. Não acha que precisa de ajuda? Arrume ajuda mesmo assim.

 Talvez você seja um time de um por necessidade. Talvez seja porque, para cada dez centavos que você ganhe, tente magicamente esticá-lo para virar um dólar e poder sobreviver, pagar as contas essenciais e talvez sobrar alguma coisa para comprar uns sapatos a cada seis meses ou coisa assim. Talvez queira demitir a si mesmo, mas não tem os meios para tal. Vejo você e já fui você. E espero que um dia, nesse pesadelo capitalista injusto no qual estamos enfiados, você consiga ganhar o suficiente para conseguir a ajuda de que precisa. Enquanto isso, espero que consiga se livrar da culpa de não conseguir fazer tudo o tempo todo. Espero que seja gentil consigo mesmo quando vacila. Espero que permita a si mesmo certa graciosidade quando não consegue lidar com tudo a sua frente.

 Demita-se da expectativa de que você é a Mulher Maravilha ou o Thor.

 Demita-se da culpa materna que diz que você precisa, de algum modo, fazer magia todo dia para os melhores amiguinhos.

 Demita-se do esporro que geralmente dá em si mesmo quando checa o seu saldo bancário e não é o que você gostaria que fosse.

Vejo a citação que a galera costuma usar para "inspirar" os outros a fazerem mais: "você e a Beyoncé têm as mesmas 24 horas no dia". Não têm, não. Até a Beyoncé te diria isso. Ela pode ter 240 horas no dia, porque existem dez pessoas fazendo várias coisas para a vida dela acontecer sem problemas.

Não deixe que os *reels* populares das redes sociais te façam se sentir mal por ser uma equipe cansada e de saco cheio composta por uma pessoa só. Não deixe que as pessoas estimulem em você o sentimento de culpa por não chegar ao item quatro na sua lista de dez porque passou o dia fazendo malabarismo com várias coisas e não conseguiu tempo. Não pense que sua responsabilidade é se tornar mais produtivo em um mundo que torna muito difícil conseguir fazer as coisas quando você não faz parte do 1%.

Escrevo online por profissão há quase vinte anos. Trabalho por conta própria em tempo integral há onze anos. O tempo que passei sendo uma equipe de uma pessoa só me ensinou muito, me mostrou que posso fazer malabarismo com sete bolas ao mesmo tempo E serviu como prova de que POSSO fazer isso. Mas não posso mais ser apenas eu. Preciso dormir mais. O mantra "vou dormir quando eu morrer" não é fofinho. Não, eu preciso dormir AGORA.

Temos que ser vulneráveis e saber que sempre há o risco de termos o coração partido ou de nos decepcionar. Ainda assim, precisamos seguir em frente. Temos um tempo finito em nossos dias e vidas. Simplesmente precisamos de mais pessoas. Temos que passar a bola adiante e dar às pessoas a oportunidade de nos presentearem com o seu tempo e serviço.

DEMITA-SE. Terceirize parte da sua vida. Sabe o que não fica fofo na lápide? "Ela deu muito duro, sem dúvida, e fez tudo sozinha." Não temos que provar nada a ninguém. Principalmente aqueles de nós que se estabeleceram ao longo de uma década. Quais outros comprovantes precisamos mostrar? Temos que nos demitir de ser todas as coisas a todas as pessoas hoje para que tenhamos espaço de ser as pessoas incríveis para caramba que precisamos ser no futuro.

Chegou a hora. Construa sua equipe. Encontre seus ajudantes. Durma um pouco mais.

13

PARE DE ENGOLIR SAPO

Temos medo de inflamar os ânimos.

Temos medo de ser hostilizados de alguma maneira pelas pessoas ao nosso redor e tememos passar a impressão de sermos difíceis, porque, no fundo, queremos o senso de comunidade. Queremos que gostem de nós e que nos achem gentis. Sejamos crianças ou adultos já formados, a aceitação por outros seres humanos é uma necessidade, porque somos programados assim. Então nos esforçamos para fazer o que os outros consideram aceitável, cordial ou amigável.

Como resultado, engolimos as palavras e os sentimentos enquanto colocamos um sorriso no rosto, mesmo quando queremos gritar. Consentimos às pessoas e, com frequência, passamos a vida sendo desvalorizados e desrespeitados. Graças à nossa necessidade de aceitação, a gentileza forçada acaba nos fazendo um grande desserviço, uma vez que priorizamos os desejos dos outros em detrimento dos nossos.

Quando escrevi *I'm Judging You*, meu primeiro livro, me questionaram:

— Você escreveu um livro admitindo que julga as pessoas?

E respondi:

— Sim, porque julgo.

Na verdade, estamos todos julgando uns aos outros. O problema é que estamos nos julgando com base em coisas que não fazem sentido algum: a aparência, quem amamos, a religião que seguimos, a cor da pele, o gênero com o qual nos identificamos.

Em vez disso, deveríamos estar julgando outras coisas: nosso posicionamento no mundo é o melhor possível? Estamos sendo bondosos? Estamos nos certificando de nos responsabilizarmos em relação aos outros também? Quando digo que estou te julgando, não faço isso com base no que você parece ser, e sim com base em quem de fato é.

Acho que desperdiçamos tempo ao tentar ser gentis. Por quê? Porque seres humanos são criaturas voláteis. As pessoas são consistentemente inconsistentes sobre o que querem, então quando baseamos as nossas ações no objetivo final, que é ser considerado gentil ou algo do tipo, pode ser tudo em vão. Não há forma alguma de garantir que alguém vai gostar de você. Nas palavras de Elyana Rausa: "você não precisa atear fogo em si mesmo para aquecer outras pessoas". Então, qual é o propósito de tentar tanto?

Quando movemos céus e terras para agradar aos outros, parece a resposta de um trauma. É como se estivéssemos atribuindo o nosso valor ao fato de ser tão aprazíveis quanto possível para sermos amados ou aceitos. Com frequência, essa é uma forma de trair a si mesmo.

Não há nada de errado com querer ser "gentil", mas não acho que esse deveria ser o objetivo. Olha, não estou dizendo para andar por aí se esforçando para ser um babaca. Nada disso. Mas ser visto como cordial não deveria ser a principal motivação que rege o nosso comportamento.

Em vez disso, acho que deveríamos aspirar a ser bondosos. Ser bondoso é ser generoso, justo, honesto, prestativo, altruísta, cortês, tolerante, compreensivo, humilde, caridoso, vulnerável, magnânimo, orientado ao serviço. Ser gentil é sorrir bastante e engatar conversas com desconhecidos aleatórios. Quem é gentil conversa sobre o clima. Ser bondoso é se importar se a pessoa tem uma sombrinha em caso de chuva.

As pessoas confundem a gentileza e a bondade. A gentileza tem a ver com dizer coisas positivas. Mas a bondade se trata de fazer coisas positivas: ser consciente e atencioso, priorizar a humanidade das pessoas antes de tudo.

Não existo nesse mundo para alguém me descrever como "gentil" quando não estou presente. Ser "gentil" pode ser vazio, superficial e passivo. A gentileza não me diz nada sobre alguém quando é o único adjetivo usado para descrevê-lo. Se eu perguntar a alguém sobre você e a principal resposta for "ela é gentil", então vou pensar que você é um capacho ambulante. Ou você é alguém que está sempre sorrindo, mesmo em momentos de conflito, o que parece desonesto. Isso me mostra que talvez eu precise te questionar mais sobre como está se sentindo de verdade. Não me mostra nada de importante. "Gentil" é o biscoito de água e sal dos adjetivos; é sem graça.

Quando estamos sempre tentando ser gentis, engolimos muito sapo, lidamos bastante com o comportamento terrível das pessoas e não as responsabilizamos por isso. Acabamos sempre como receptores de coisas injustas porque, em virtude das nossas boas maneiras, empurramos nossos próprios sentimentos até o fundo do poço.

Não precisamos fazer nada disso para sermos amados. Não precisamos nos desdobrar para que as pessoas que importam nos vejam e nos valorizem. Mesmo que você seja rabugento, ainda é possível encontrar uma galera que vai ficar do seu lado!

***

Mama Fáloyin foi uma das pessoas mais bondosas que já conheci. Ela era muito geniosa e não engolia sapo, e as pessoas sabiam disso. Se alguém tentasse uma gracinha, ela meio que se transformava em uma abelha rainha e picava a pessoa. Mas seu coração era enorme e, para ela, todo mundo era um vizinho sobre o qual tinha responsabilidade. Se alguém estivesse com um problema, bateria na sua porta e ela o ouviria, ajudaria se pudesse e, quando ele estivesse indo embora, ela o presentearia com um pote de comida e uma oração bem sincera: "que Deus te abençoe, ọmọmi" (minha criança).

Quando ela morreu, morreu sendo amada por multidões. Houve vários signatários e pessoas que a conheciam havia décadas prestando homenagens. A minha avó era do time "Sem Parar" e era adorada. Ela não era uma mulher que se esforçava para aplacar os outros se aquela não fosse a sua intenção no momento.

Algumas das histórias que ouvi sobre ela são lendárias, especialmente de quando ela era mais nova, antes mesmo de eu nascer. Quando a minha mãe estava no ensino fundamental, sua professora cortou-lhe o cabelo em punição por ela não ter feito o dever de casa. Minha avó teve um ataque! No dia seguinte, ela mesma levou minha mãe à escola, segurando uma tesoura na mão. Ela chegou lá e pediu para que chamassem a professora. Por que a minha avó estava segurando uma tesoura?

Porque ela disse que, uma vez que a professora tinha cortado o cabelo da filha dela, agora ela estava lá para cortar o cabelo da professora. Ela estava falando bem sério. Foi preciso que umas dez pessoas se jogassem aos pés da minha avó, implorando e pedindo pela misericórdia divina, para ela desistir da missão e voltar para casa. Aquela professora nunca mais tentou nada com as crianças Fáloyin.

A minha avó podia ter deixado passar, mas sabe o que teria acontecido nesse caso? A professora teria achado que estava tudo bem continuar fazendo coisas extremas como aquela. É por isso que sou contra aquele conselho familiar de "ser superior" quando alguém nos faz mal. Acho que ser superior às vezes não está com nada.

Vamos falar sobre isso, considerando que é de fato algo que nos aconselham a fazer no intuito de "sairmos por cima". Essa foi a única vez que discordei da minha favorita, Michelle Obama, quando ela disse: "quando eles abaixarem o nível, que elevemos o patamar". Honestamente, quando as pessoas abaixam o nível, temos que visitá-las lá embaixo. Se você abaixar o nível, talvez eu cave até o esgoto.

Não sou fã de pedir para as pessoas darem a outra face nas situações que elas não sentem a obrigação de fazer isso. Em alguns casos, a insistência em ser superior é na verdade mais prejudicial do que benéfica. Priorizar a harmonia em vez da justiça, e a civilidade em vez da reparação, é uma prática nociva se estamos aconselhando os outros a que constantemente evitem se defender ou se posicionar contra o que é errado. Não advogo pelo *kumbaya*[21] em todas as situações. As pessoas afirmam que Jesus nos disse para oferecer a outra face e amar o próximo, mas essa é a MESMA pessoa que também jogou as mesas para o alto em um templo quando a galera passou dos limites.

***

A necessidade pela gentileza permeia a forma como vivemos no mundo, como nos relacionamos com os outros no dia a dia e até a forma como

---

21 *Kumbaya*: um termo de um dialeto de uma comunidade de descendentes de escravizados nos Estados Unidos que significa "Vem aqui YAH". No passado, servia como um canto de força para ajudar escravizados a suportarem a rotina árdua e cruel do cotidiano. Hoje é usada como uma gíria para descrever alguém muito piedoso e ingenuamente otimista. (N. T.)

combatemos sistemas que não servem para nós. Estamos constantemente tentando ser "civilizados" acima de tudo.

Em junho de 2018, o quadragésimo quinto presidente estadunidense (e o primeiro Cheetos ambulante na Casa Branca) assinou um decreto executivo que levou à separação de imigrantes e seus filhos na fronteira dos Estados Unidos.

A heroína do povo e uma eterna contadora de verdades, Maxine Waters, vocalizou muito bem em sua crítica a respeito disso:

— Não sabemos os danos causados a essas crianças. Só sabemos que estão presas em jaulas. Estão em prisões. Estão em cadeias. Não importa o nome que dão, é isso o que são e, sr. Presidente, vamos até você todo dia, toda hora, em qualquer lugar, para deixar evidente que você não vai sair impune[22].

NÃO MENTIU. No dia seguinte, o próprio partido dela chamou seus comentários de "polarizadores". Se a verdade é polarizadora, então o que tal verdade está elucidando deve ser especialmente repugnante.

Chuck Schumer disse:

— Todos temos que nos lembrar de tratar os outros americanos, todos os americanos, com a mesma civilidade e respeito com os quais esperamos que nos tratem.

Porra, aquelas crianças em jaulas não estão sendo tratadas com NENHUMA civilidade, então por favor senta lá, Chuck.

Quando as pessoas vão perceber que a gentileza e "ser superior" não vão nos salvar? Você não estimula mudanças ao ser civilizado com quem não vê outras pessoas como seres humanos. Ser gentil quando se está falando sobre o Trump não resolve nada. Há uma linha tênue entre ser gentil e viabilizar merda.

Se não podemos colocar a justiça acima da gentileza, o que estamos fazendo enquanto pessoas? Onde vamos parar se continuarmos a virar a outra face quando alguém nos machuca? As pessoas que nos machucam não ouvem que precisam ser civilizadas, gentis ou superiores. É sempre aquele que foi de alguma forma vitimizado que ouve que precisa fazer

---

[22] Jamie Ehrlich. "Maxine Waters incentiva seus apoiadores a rechaçarem os agentes do governo Trump". *CNN*, 25 jun. 2018. Disponível em: https://www.cnn.com/2018/06/25/politics/maxine-waters-trump-officials/index.html. Acesso em: jul. 2022.

essa escolha. Como isso nos ajuda? Vamos ser civilizados e gentis enquanto caminhamos em direção à escravidão.

Eis a questão sobre os vilões e as pessoas que nos machucam: no geral, quando alguém faz algo que não só te desrespeita como também é nocivo para você enquanto pessoa, vocês já passaram do ponto da civilidade. Essa pessoa não está vendo você como um ser humano. Você não pode mudar o comportamento dela ou alterar o resultado com a sua gentileza. É por isso que as pessoas que insistem na polidez não estão entendendo a questão. Toda essa postura de "temos que ser mais gentis" não nos leva a lugar nenhum, porque se as pessoas quiserem se ofender com as nossas palavras, vão encontrar um motivo. *Nope*, não sou gentil. Sim, vou questionar a merda que está fazendo.

Por que as pessoas priorizam a civilidade em detrimento da justiça? A justiça não acontece só porque você implorou por ela. A justiça não é feita porque você está sendo gentil com a outra pessoa que não está agindo com justiça com você. Então não entendo essa insistência em ser superior.

Quando está lutando pela sua vida ou pelo mundo, quando está lutando contra algo como a supremacia branca, o quão gentil é seu tom de voz não vai ser um fator importante para conseguir direitos básicos. Não há como conseguir justiça com a sua civilidade.

E quando falamos sobre pessoas protestando nas ruas, outros ficam irritados porque "as pessoas não protestam de forma ordenada". Quando metade do país está desejando que imigrantes sejam separados de seus familiares e nos dizem que precisamos ser civilizados, como a civilidade está nos ajudando? Como a gentileza está ajudando? Estamos priorizando a coisa errada.

Alguém (alguma coisa, algum sistema, alguma estrutura de poder) nos convenceu de que se fôssemos mais civilizados, respeitosos ou nos vestíssemos melhor, seríamos mais merecedores da justiça, do amor ou de coisas boas. Somos merecedores de todas essas coisas HOJE. Agora. Mesmo quando estamos praguejando, xingando ou deixamos de verbalizar frases perfeitas. Mesmo quando não estamos todos engomadinhos. Mesmo nas vezes que erramos.

Quero que superemos a ideia de que a civilidade ou a gentileza é a resposta. Brigas não têm a ver com polidez. Não estou dizendo que precisamos ser babacas com todo mundo. Não estou dizendo que precisamos andar por aí em constante raiva. Estou dizendo que, quando chegar a hora de desafiar sistemas e pessoas, a forma como falamos não deveria anular a mensagem. Ainda podemos ser bondosos, mas não precisamos ser gentis. E as nossas necessidades e desejos são válidos mesmo quando não os expressamos com esmero.

***

Precisamos PARAR DE ENGOLIR SAPO e, se você precisa de permissão para fazer isso, considere o seguinte: isso não significa que você vai responder a todo mundo que despejar lixo em cima de você ou falar mal de você. Você não tempo para toda essa bobagem. Também não significa que você deva aceitar todos os convites para briga. Nada disso.

Significa que, nos momentos em que for necessário, você vai saber quais são, você não deve se sentir mal por descer ao nível da pessoa. Não significa que você é uma pessoa ruim ou imatura. Significa que tomou a decisão de engajar com alguém da forma como eles pediram. Às vezes as pessoas pedem por um: "PORRA, ACHA QUE TÁ FALANDO COM QUEM?". Às vezes você precisa relembrar as pessoas de que arranjar problema contigo tem um preço. É desse jeito e a galera precisa lidar com isso. E, por vezes, não engolir sapos pode até assumir a forma do silêncio para a pessoa que está tentando te forçar a prestar atenção nela.

Passamos tanto tempo dizendo às pessoas para serem gentis e civilizadas que sentimos não ter espaço para nos defender em um mundo que constantemente declara guerra a nós. Você não deve civilidade a ninguém que tenha te traumatizado. Não deve nem um cumprimento, mesmo pessoalmente. Eles mereceram seu mero olhar enviesado.

Estou nos estimulando a nos desafiar para sermos mais verdadeiros, mais francos. Seja mais bondoso, fale mais alto. Use sua voz e não deixe que as pessoas te silenciem ou te façam se sentir mal porque não veem o que está fazendo como algo civilizado ou gentil. Lute pelas pessoas que não são você. Insista em ficar desconfortável e sair do seu espaço habitual para lutar pelas pessoas que talvez não tenham o direito, a voz, o dinheiro, o prestígio ou a posição de lutar. Isso é bondade.

Aspiro a ser bondosa e espero que minhas ações sejam bondosas. Espero que, quando eu não estiver mais aqui, alguém em algum lugar me descreva como tal, porque a minha vida é uma jornada sobre dar tanto quanto recebo. A bondade é uma compaixão. E podemos ser bondosos e generosos, mas não podemos engolir sapos. A primeira pessoa com a qual devemos ser bondosos é com nós mesmos.

***

A minha avó era do time "Não Engula Sapo". Quando ela era mais jovem, houve um momento em que ela estava fazendo um seminário na igreja para subir de posição. Ela foi a primeira mulher que recebeu autorização para fazer esse seminário, então foi uma grande coisa! Quando ela completou todos os requisitos e ligou para a igreja para dizer que estava indo buscar a placa dela, o pastor disse que não a entregaria. No momento em que minha avó ouviu aquilo, ela se irritou, vestiu uma calça e foi até a igreja. Veja, Mama Fáloyin não usava calça com frequência. Geralmente usava um vestido ou um caftan. Ela só usava calça em duas ocasiões: quando estava com frio e quando precisava brigar.

Bom, quando ela apareceu na igreja trajando sua calça de batalha, o pastor não quis se envolver, então se trancou no seu escritório. Quem era ele para dizer NÃO a ela receber algo que tinha conquistado?

O que Mama Fáloyin fez? Ela ficou parada em frente à porta do escritório e se recusou a sair.

— Você pode passar o dia aí dentro e vou passar o dia esperando. Não vou a lugar algum até que me dê meu certificado.

O meu avô, que geralmente apaziguava as situações, a apoiou dizendo:

— É melhor que dê o certificado a ela. Ela vai ficar aqui o dia todo e eu estarei ao lado dela.

ADORO um xodó que fica do seu lado! Resumo da ópera: ela saiu da igreja levando o que tinha ido buscar. O pastor, que não estava acostumado com nada daquilo, aprendeu naquele dia que Fúnmiláyọ̀ Ọmọ Láṣọ́rẹ̀ não estava para brincadeiras.

Eles a adoravam naquela igreja. Se ela ficasse muitas semanas seguidas sem aparecer lá, enviavam um contingente para visitá-la e checar se ela estava bem ou se a haviam ofendido de alguma forma. Mas sério, eles a amavam muito.

Quando a minha avó faleceu em 2011 na Nigéria, as mulheres de alta patente na igreja insistiram em ser as responsáveis por vesti-la, no lugar dos agentes funerários. Elas queriam garantir que ela recebesse o máximo de cuidado possível enquanto era preparada. Elas queriam demonstrar amor ao se despedirem.

Viajamos todos para a Nigéria enquanto família para proporcionar a ela uma despedida adequada. Eu estava no local quando Mama Fáloyin foi banhada pela última vez. Lembro-me de tentar assimilar tudo o que estava acontecendo porque não queria perder nada. Eu tinha consciência de estar testemunhando um espaço e ritual sagrados. Mesmo quando as químicas usadas no espaço tornaram difícil respirar, não ousei me mexer. As lágrimas que escorriam pelo meu rosto não eram apenas efeito do formol – eram também o meu luto e a minha gratidão.

Lembro-me de observar o corpo da pessoa que era, para mim, o protótipo do que significava ser mulher. Enquanto a vestiam, oravam sobre o corpo dela. Foi tudo feito com muito cuidado também, colocando-a em um dos vestidos brancos que usava para ir à igreja (um *sutana*) que minha tia havia escolhido. Colocaram uma das bolsas roxas favoritas dela sobre seu corpo com sacralidade. O meu coração estava martelando, porque era uma demonstração suprema de amor. Minha nossa. Ser adorada e respeitada daquele jeito, tendo vivido de forma aberta, livre e completa. Senti reafirmação naquele momento porque era o ápice de uma vida bem vivida.

Ela fizera tudo nos próprios termos, mesmo quando colocada contra a parede. Ela o fizera com alegria e verdade, feroz e cheia de coragem.

Uma vida bem vivida não é aquela em que você fez questão de garantir que nos espaços onde estava não houvesse conflito. Uma vida bem vivida não tem a ver com colocar um sorriso falso no rosto. Uma vida bem vivida não tem relação com a quantidade de pessoas que você não chateou. Uma vida bem vivida é uma na qual você se compromete a ser bondoso. Em que você conecta a sua humanidade com as dos outros, e isso fica nítido no modo com que se move pelo mundo. E é isso o que precisamos fazer.

Vamos inflamar os ânimos. Podemos até ser os vilões nas histórias de algumas pessoas. Podemos até explodir algumas pontes. Mas o nosso valor não está baseado no quanto cedemos às pessoas que conhecemos. O objetivo é nos trair menos.

Então seja bondoso, mas pare de engolir sapos.

14

JUNTE UMA GALERA

Temos medo da traição.

Ainda que passemos a vida buscando pela aprovação dos outros, também temos medo de construir uma comunidade para além da nossa família. Já conheci muitas pessoas que celebram o fato de serem movimentos de um só e não terem um grupo ao lado. Conhecemos essas pessoas. Por vezes, SOMOS essas pessoas.

Mas a questão é que PRECISAMOS de outras pessoas.

Seres humanos não são feitos para levar a vida sozinhos. Mesmo os mais introvertidos ou mal-humorados de nós não foram feitos para serem reclusos, vivendo longe de todos e sem ter ninguém com quem contar. Quando as pessoas estão encarceradas, há um motivo para a maior punição de todas ser o confinamento solitário. Trancar uma pessoa em um local longe de qualquer contato humano é uma forma de tortura.

Precisamos de pessoas para nos estimular, encorajar, desafiar, repreender, amar e apoiar. Mas temos medo de precisar das pessoas. Temos medo da ideia de comunidade. Do que temos medo quando não abraçamos essa necessidade?

Temos medo de sermos enganados ou ludibriados. Não queremos ser traídos, e o medo dessa dor com frequência nos impede de nos cercar de uma boa galera da forma que precisamos. Também temos medo de sermos rejeitados, e essa é uma forma de traição, não é? Temos medo de dar às pessoas o poder de nos apunhalar, no sentido figurativo, porque deixamos que se aproximassem demais. Alguns de nós têm pais que colocaram em suas cabeças a frase: "não confie em ninguém". Carregamos os traumas deles dentro de nós. Tememos o que eles temem como se fossem nossos medos antes de sequer entendermos o mundo em sua configuração mais básica.

Juntar uma galera é formar uma comunidade com pessoas que não são do seu sangue. É criar vínculos, amizades e relações com os outros, permitindo que eles nos acessem. Esse acesso não está condicionado a nada além da vontade própria e pode ser revogado a qualquer momento. ISSO nos assusta. Nossa família? Bom, eles meio que são obrigados a nos aguentar mesmo quando fazemos merda, mas ninguém mais está. Isso significa que estamos à mercê dos impulsos de outros seres humanos aos quais nos apegamos.

***

Como os nossos outros medos, esse é válido e justificado. Os seres humanos podem ser desonestos, egoístas, autocentrados e tudo mais. Eles nos dão vários motivos para querermos nos trancar em quartos escuros e jamais falar com outra pessoa de novo. Então entendo totalmente por que alguém entraria no time do "nada de novos amigos". Ou "nada de amigos, e ponto final". Algumas vezes, o drama que as pessoas arrastam para dentro da nossa vida nos deixa tentados a pensar: "que se foda todo mundo. Vou ficar sozinho". Entendo.

Ainda assim, não podemos nos render a essa tentação. Precisamos juntar uma galera que não compartilhe laços sanguíneos conosco. É um tiro no escuro, e alguns de nós vão ter sorte enquanto outros vão acabar com os piores guias do mundo. Considerando que não podemos escolher a nossa família de origem, aqueles que escolhemos para compor a *nossa* família são peças-chave na jornada da vida.

As comunidades às quais pertencemos são uma parte importante da nossa identidade. Elas nos ENSINAM o que é aceitável, respeitável ou tolerável, desde o modo como nos vestimos ou as músicas que ouvimos até as coisas que consideramos crenças fundamentais. Nenhum dos seus amigos fuma? Bom, é menos provável que você o faça. Nenhum dos seus amigos tem um diploma universitário? Por onde mesmo que você começa se quiser ter um? Todos os seus amigos se vestem como membros da Família Adams? Então seu shortinho de linho vai se sentir deslocado.

A nossa vida é uma grande decisão coletiva, ainda que tentemos parecer indiferentes às decisões dos outros. É aquela história do ovo e da galinha. Selecionamos com quem vamos nos relacionar com base em quem somos ou nos tornamos quem somos com base em quem nossos amigos são? Por mais que seja assustador pensar em como outras pessoas podem exercer tanto controle sobre nós, recomendo que aceitemos isso e o utilizemos a nosso favor.

***

A minha avó foi uma mulher alfa em todos os sentidos. Ela se casou por escolha própria e não se perdeu na identidade de "esposa do Emmanuel". Em uma época em que as esposas serem espancadas pelos maridos não apenas era aceito como também era o padrão, não foi essa a experiência que ela teve. Não acho que o meu avô fosse esse tipo de cara, mas, se em algum momento ficou tentado em ser, tenho certeza de que a vontade passou rápido. A minha avó sabia BOXE. Ela vinha de uma família de lutadores. Ela era como a srta. Sofia de *A cor púrpura*, mas nigeriana e, de acordo com as histórias que ouvi, o meu avô costumava balançar a cabeça e dizer que ele apenas saía do caminho quando ela estava chateada.

Certa vez, na Nigéria, ela estava no carro enquanto o meu tio dirigia e uma das minhas tias estava no banco do carona. Um carro os cortou e, em vez de o motorista se desculpar, ele começou a xingá-los. O meu tio parou o carro e saiu. Você teria pensado que a minha avó seria a pacificadora. *NOPE*. A mulher pulou para fora do carro, pegou o motorista pela camisa e ameaçou dar uns tapas nele e em quem estava no carro junto com ele. Ao fim de tudo, o motorista e quem estava com ele acabaram se jogando aos pés dela, pedindo desculpas pelo desrespeito.

Como ela se tornou essa mulher? Bom, ter que se sustentar aos dezoito anos provavelmente fez dela uma pessoa casca-grossa. E ao longo do caminho, ela selecionou um grupo de mulheres nigerianas brabas que não engoliam sapo para caminhar ao seu lado. Casadas ou não, essas mulheres VIVIAM. Elas não a desencorajavam de ocupar seu espaço.

De fato, a galera dela, formada por encrenqueiras profissionais, a incentivava e corroborava quando ela precisava vestir a calça e partir para cima de alguém. No seu aniversário de sessenta anos, elas estavam lá ao lado da minha avó, em seu ambiente, parecendo as amigas orgulhosas e territorialistas que todas queremos. Acho que elas combinaram o visual entre si dos "óculos de sol ainda que seja noite".

Mulheres ousadas andam com outras mulheres ousadas porque criamos espaços umas para as outras e afirmamos identidades que a sociedade geralmente condena bem depressa. Normalizamos a bravura umas das outras, o que nos permite andar pelo mundo com confiança. Chega quase ao ponto de se você não mantiver a cabeça erguida, vai se sentir um tanto deslocada. A valentia das minhas amigas me lembra de quem diabos sou e por que preciso levantar o queixo, e esse é um presente que aceitei com gratidão e continuarei aceitando.

As pessoas que nos cercam de fato corroboram a nossa vida e as nossas decisões. Elas podem nos pressionar a ser e agir melhor, porque vê-las de perto pode nos inspirar a saber que é possível. Odeio me exercitar porque me sinto um lixo durante e especialmente depois do exercício, como já mencionei; qualquer um que diz gostar é um mentirosinho de uma figa. Mesmo com essa crença fundamental, às vezes me exercito especificamente porque as minhas amigas estão se exercitando. Sim, eu poderia fazer isso porque é bom para o meu coração e blá blá blá, mas às vezes não quero ser deixada de fora, e é isso que me faz conseguir pular corda por mil vezes.

Você também precisa de uma comunidade forte para te erguer nos momentos em que não consegue. Se as pessoas te diminuírem ou te fizerem sentir como se não merecesse ser amada ou defendida, seu grupo vai te relembrar de quem você é. Se você duvidar de tudo o que sabe sobre si mesmo, ele te leva de volta ao lugar ao qual pertence. Amigos de verdade não vão sair correndo depois de você cair de bunda no chão. Quem está lá para te oferecer a mão e te ajudar a se levantar? Lembre-se deles.

As minhas conquistas podem ser metade graças à minha força de vontade e a outra metade porque não venho de pessoas que desistem. As pessoas que amo fazem coisas incríveis, então esse também é o meu trabalho. Se eles fossem preguiçosos, talvez eu sentisse menos a pressão de IR ATRÁS das coisas. Sem competitividade ou inveja, podemos nos comparar a eles por meio da lente "bom, se é possível para ela, é possível para mim". A minha galera normaliza o sucesso.

***

Como falei no Capítulo 1, é imperativo sabermos quem somos. De onde viemos? A qual grupo reivindicamos? A quem pertencemos? Esse QUEM não é só acerca de sobrenomes que temos ou o legado da nossa linhagem. Afirmo com vigor o fato de que também pertenço a um grupo de amigos muito fodas.

O empreendedor Jim Rohn tornou popular a ideia de que "você é a soma das cinco pessoas mais próximas a você". Isso parece verdade para mim. Mesmo que o número não seja cinco, sou a soma das comunidades de pessoas que me cercaram ao longo da vida. O quanto já avancei está diretamente ligado a essas pessoas. O quanto a minha jornada foi tranquila ou conturbada tem a ver com essas pessoas. O fato de eu sonhar alto se dá à confiança deles.

Para além de dar gás um ao outro, encontro muito valor em como os meus amigos são aqueles que mais me desafiam. Consideramos as expressões "o guardião da minha irmã" e "o guardião do meu irmão" no sentido literal. Parte da razão é por sermos representações das pessoas que reivindicamos. Representamos aqueles DOS QUAIS somos.

Desafiamos uns aos outros porque, se eu sou sua guardiã, você não vai pagar calcinha sob os meus cuidados. O seu erro não pode passar sem ser apontado; do contrário, estou deixando sua retaguarda desprotegida, mesmo depois de dizer que estava de olho. Tem a ver com responsabilizar o outro e apontar com delicadeza (não censura) quando dermos com a cara no chão. Se você está tomando decisões ruins, seus amigos deveriam ser capazes de te pegar pelo colarinho e te mandar entrar nos eixos. Um grupo de amigos que faz isso é um presente e sempre vai assegurar que estamos sendo a versão de nós mesmos da qual temos orgulho. Do contrário, vamos ter que colher as consequências por não o fazer e ninguém quer lidar com essa treta.

Há tantas recompensas em construir uma comunidade adequada que o medo que acompanha não vale a pena. Ao longo da vida, me senti traída, abandonada e rejeitada pelas pessoas que eu permitia que entrassem na minha vida. Todos nós já nos sentimos assim. Já me fez cair de bunda no chão algumas vezes. Mas também penso no que os outros já fizeram por mim ou me disseram que levantaram meu moral ou me impulsionaram adiante. Esses momentos são maiores que qualquer traição. Essas situações atestam a necessidade de nunca me tornar completamente rígida.

***

Quando falo em "juntar uma galera", não quero dizer "fazer amizade com todo mundo". Podemos ter várias galeras, com diferentes propósitos e níveis de proximidade. Tenho diferentes grupos de amigos que conheci em diferentes momentos da minha vida, em diferentes espaços, que servem a diferentes propósitos. Algumas pessoas podem existir em grupos múltiplos. Tudo bem, também.

Parte da razão para as pessoas relutarem com amizades (e outros relacionamentos, no caso) é porque elas esperam que todos em suas vidas satisfaçam a todas as suas necessidades. Esperamos que os nossos amigos sejam mentores, zoem pesado conosco, nos desafiem, sejam ombros nos quais podemos chorar. Sim, nossos amigos deveriam estar aptos a fazerem isso, mas não há uma nem duas pessoas que possam fazer ou ser tudo isso para você. Você precisa delegar essa responsabilidade.

Temos menos probabilidade de vivenciar traições e rejeições profundas se compreendermos que as pessoas servem a certos propósitos e nem todos podem desempenhar o mesmo papel sob as mesmas expectativas.

Acho que há cinco tipos de grupos dos quais todos precisamos.

1. OS ANTIGOS

Esse grupo é composto de pessoas que são suas amigas desde que era bem jovem, antes do *glow-up* ou do que quer que seja seu traço marcante agora. São eles que podem puxar umas fotos constrangedoras suas a qualquer momento, uma vez que eles possuem muitas. Eles se lembram do seu dente torto e podem te deixar pianinho bem rápido. Você se lembra de quando teve catapora na oitava série? Eles sim! Eles têm provas. Podem chamar você por um apelido que ninguém conhece agora. Vocês foram para o ensino fundamental ou médio juntos ou cresceram no mesmo bairro. Essas são as pessoas que te conhecem desde quando nenhum de vocês tinha motivos ulteriores e todos pareciam um desastre completo, e não poderiam se importar menos com o que você faz agora.

Por que é importante ter essas pessoas? Porque eles são um reflexo do que você foi. Eles te oferecem perspectiva e, enquanto você está participando de conferências, conhecendo novas pessoas ou sendo promovido, eles são lembretes de quão longe você chegou, e da pessoa que era enquanto ainda sonhava em ser quem é hoje. Não importa o quão bem-sucedidos se tornem os Antigos, o fato de poderem se lembrar dos velhos tempos e contar histórias que farão vocês rirem até engasgar é o bastante. Ter ao seu redor pessoas que te conheciam quando você ainda não tinha nada ou quando ainda usava alça de silicone é importante porque é uma força de ancoragem.

2. O GRUPO PROFISSIONAL

Essas são as pessoas que conheceu ao longo do tempo e com as quais desenvolveu relações no âmbito profissional. O "marido do trabalho" ou a "esposa do trabalho" podem entrar nessa categoria. Talvez tenham se conhecido durante um estágio, um trabalho ou um grupo de algum segmento. Vocês tomam um café juntos ou vão a um bar depois do trabalho. Talvez eles cubram quando você perde uma reunião importante ou te deem uma dica sobre um projeto no qual a empresa está trabalhando e que poderia levar a um avanço para você. Essas pessoas te conheceram em um ponto onde você buscava ascender ou pegar aquele salário e meter o pé.

Sua experiência compartilhada faz desses amigos importantes, porque eles podem cuidar de você em termos de negócios. E todo aquele tempo que passaram juntos significa que você pode reclamar com eles sobre questões de trabalho que pode não querer despejar sobre ninguém mais. Eles podem ser uma peça elementar de crescimento, porque dispõem de acesso a informações que nenhum outro grupo de amigos tem. Isso por si só já os torna essenciais.

3. OS MENTORES

Os mentores são a versão profissional de "não sou um dos seus amiguinhos". Eles são essenciais porque, ainda que não sejam seus colegas, podem ser botes salva-vidas. Os mentores podem existir sob a forma de um professor da faculdade que se tornou seu líder de pensamentos favorito, um antigo chefe que defendeu seu trabalho e garantiu que você conseguisse a próxima posição ou alguém que conheceu em uma conferência, com quem teve uma ótima conversa e com quem agora mantém contato. Considerando que mentores se importam com a sua vida para além do campo profissional (porque a sua vida pessoal, com certeza, afeta a sua carreira), você se abre com eles. Eles são tão amigos quanto guias.

Os mentores são incríveis porque podem destrancar portas nas nossas vidas. Podem tornar os nossos sonhos mais tangíveis porque estão focados em nosso sucesso. Precisamos de um novo emprego? Bem, talvez eles possam ligar para alguém que então vai ligar para alguém e conseguir a entrevista da qual precisamos para sermos considerados para a vaga. Eles têm a iniciativa de perguntar "como posso ajudar?" sem necessariamente esperar nada em troca.

O efeito dominó dos mentores é incrível. Foi uma mentora minha (Barbara Allen) que me indicou à divisão inaugural da ONG *New Leaders Council* de Chicago, para a qual fui aceita. Foi lá que escrevi uma declaração de visão, três meses antes de ser demitida do meu emprego, o que me permitiu visualizar os meus sonhos por escrito. E muitos desses sonhos se concretizaram. A Barbara me indicou simplesmente por achar que seria bom para mim ter aquela experiência de grupo. Meus mentores já mencionaram o meu nome em alguns espaços e conseguiram oportunidades para mim que eu não teria conseguido por conta própria. Eles abriram para mim portas que estiveram trancadas.

4. O GRUPO DA ZOEIRA

O seu grupo da zoeira é a galera com quem viaja, sai à noite e se diverte. Vocês todos se juntam, aliviam o estresse e vivem aventuras. Em muitos casos, você conheceu esse grupo na faculdade, onde as festas são frequentes, quando fazer o cabelo colar na nuca com o suor em uma boate era a sua ideia de diversão noturna. Eles podem ter segurado os seus braços em algum momento enquanto você roçava contra um cara sem gingado.

O Grupo da Zoeira é parte da sua rotina de autocuidado porque eles te relembram de que a vida é divertida. Talvez esteja visitando bares com menos frequência no fim de semana e indo mais encher a cara na casa de alguém em uma quarta-feira. Ainda assim, essas são as pessoas que te permitem extravasar sem julgamentos. Eles são importantes, pois oferecem equilíbrio em relação a todo o resto.

5. OS VERDADEIROS

Todos já ouvimos que se você tiver duas ou três pessoas dessa categoria, considere-se abençoado, o que é fato. Os melhores amigos são um subgrupo importante e nem todo mundo cumpre esse papel.

Os Verdadeiros são as pessoas que sabem onde escondemos os corpos, porque provavelmente estavam ao nosso lado segurando a pá. Podemos ser 100% honestos com eles, sem nenhum fingimento ou angústia. Eles nos viram em nosso pior, mas criaram espaço para que voltássemos às nossas melhores versões. Eles vão lutar por nós, mesmo sem a nossa permissão. Eles vão vir à nossa casa e abrir a geladeira como se fossem donos dela. A sua mãe provavelmente pergunta como eles estão uma vez por mês, e às vezes nem pergunta, porque eles já ligaram para ela. Existem piadas internas aos montes, e eles já te viram de manhã com as remelas ainda nos olhos.

Os nossos Verdadeiros não são necessariamente aqueles que conhecemos há mais tempo. São as pessoas que, em algum momento, apareceram e se infiltraram em nosso coração. Não sabemos como NÃO confiar nelas, porque nos mostraram de novo e de novo que estão aqui para ficar. Às vezes vão nos decepcionar e nos chatear, porque somos todos imperfeitos. Mas a amizade não tem a ver com perfeição.

***

Cada um desses grupos é essencial para formar uma comunidade completa e fundamental para o bem-estar. E esses grupos são dinâmicos. Só porque alguém começou em uma categoria não significa que é lá que permanecerá. Tenho alguns amigos que conheci profissionalmente e que se tornaram Os Verdadeiros ao longo do tempo.

Além disso, cada grupo desempenha um determinado papel e preenche uma determinada lacuna. Talvez o Grupo Profissional não seja aquele para quem vamos contar sobre as nossas frustrações com o companheiro. Talvez o Grupo da Zoeira não sirva para desabafar o motivo de querer sair do seu trabalho. Talvez Os Verdadeiros não queiram farrear toda hora. Mas há pessoas que pertencem a uma ou mais (ou todas) essas categorias e, se assim for, isso é DE FATO incrível. Um Antigo com quem acabou trabalhando, que adora farrear tanto quanto você E ainda é um pouco mais velho e bem-sucedido? Quais as chances? Pequenas.

Você também precisa aceitar a ideia de colocar as pessoas em caixinhas e não os estressar tentando fazê-los ser o que não são. Nem todo mundo está focado na nossa vida e bem-estar na mesma proporção, mesmo que sejam nossos amigos. Se um grupo não pode entender, talvez outro o faça.

Conflitos vão surgir, pois a amizade não significa que sempre concordarão. O compromisso nos bons e maus momentos não se aplica somente ao casamento, mas à amizade também. Você vai vacilar e desaparecer vez ou outra porque a vida acontece, mas um erro ou o não comparecimento a um aniversário não te torna descartável. Da mesma forma, seus amigos farão o mesmo. Contudo, quando conflitos surgirem, converse com as pessoas, mesmo que isso consista em uma conversa difícil. Às vezes vocês podem seguir em frente, em outras vezes talvez não.

Existem Antigos com os quais não falo mais? Com certeza. Já tive amigos profissionais que se tornaram inimigos declarados? Alguns. Tive mentores que por vezes desapareceram depois de entender que eu já tinha ascendido o suficiente e eles não tinham como ajudar a partir dali? Sem dúvida. Em cada uma dessas situações, tento analisar a mim mesma para entender a minha responsabilidade na ruptura, considerando que nada nunca é totalmente unilateral. E tento perceber como posso ser melhor da próxima vez.

É sempre tentador colocar o sinal de "fechado" na porta da loja da amizade, trancar tudo e ir para casa. Mas se eu tivesse feito isso em 2006, quando uma amiga próxima me enviou um e-mail para terminar a nossa amizade, não teria estado emocionalmente disponível para conhecer a amiga que veio a se tornar uma Verdadeira, alguém que moveu céus e terras por mim em um momento em que realmente precisei.

Dito isso, existirão momentos em que você vai precisar se afastar de alguém por completo. Como saber com quem deve cortar relações? Quando pensar nessa pessoa te estressa, pode estar na hora de cortar relações. E se essa pessoa te faz se sentir mal sobre quem você é, talvez precise ser expulsa da comunidade. Isso é diferente da pessoa que está te desafiando e te orientando a consertar erros. Mas se ela te faz se sentir mal sobre quem é, além de ser cruel com você, afaste-se. Se você não pode depender dessa pessoa em um momento de crise, talvez tenha que manter distância dela, e está tudo bem.

Sou muito leal, então é muito difícil para mim cortar relações. Mas quando tenho que fazê-lo, é porque percebi que essa pessoa não quer mais o meu bem, ou há algo nela que me deixa desconfiada, o que torna difícil para mim ser direta e aberta. Ou talvez tenhamos nos afastado de maneira natural.

Nem todos vão nos acompanhar pela jornada da vida e os amigos que temos hoje não são necessariamente os amigos que teremos amanhã. Conforme envelhecemos, as amizades mudam. Deixamos algumas pessoas para trás.

Temos medo de formar relações, de sermos traídos; tudo isso é real. Não confie em TODO MUNDO. Certo. Mas o "não confie em ninguém" é o jeito mais rápido de construir muros de titânio, os quais ninguém consegue ultrapassar. Ou aprendemos a afrouxar as defesas para os nossos aliados, ou mantemos o muro erguido, nos protegendo tanto daqueles que querem nos ver caindo quanto daqueles que querem lutar ao nosso lado para nos manter de pé. Sim, os muros mantêm os vilões do lado de fora, mas também bloqueiam a entrada dos heróis. No processo de ser vigilante contra os vigaristas, nos impedimos de criar conexões com as melhores pessoas. Então assumo o risco. Eu me abro com cautela, escolhendo confiar nas pessoas até que se prove o contrário.

Mesmo com tudo isso, com amigos perdidos, o sentimento de traição, estou onde estou hoje por causa da AMIZÍLIA que tive a oportunidade de ter. Enquanto ascendia na carreira, por vezes me senti como se estivesse em meio ao ar rarefeito. Ocupar espaços em que sou a ÚNICA ou uma de duas pode causar uma sensação de solidão. Mas adentro esses espaços, apoiada sobre as costas de minhas irmãs, e isso é certa manta de proteção invisível.

O melhor cenário é encontrar amigos com quem possamos nos unir e nos erguer juntos. Trocar figurinhas, servir como ouvintes e às vezes como trampolins. Para que, se ou quando você cair, sirvam como amortecedores um ao outro. As pessoas podem ser completas panacas se assim escolherem, mas, quando querem, servem como um lugar macio no qual podemos pousar.

Então, como fazer isso? Como construir essa comunidade de pessoas?

De maneira deliberada, construa uma comunidade que vai assumir o controle do volante no seu lugar, te desafiar, responsabilizar e reerguer quando estiver no fundo do poço. Que fique registrado que não mandei você perseguir as pessoas. Por favor, não saia por aí dizendo que a Luvvie disse para você agir "de maneira deliberada", o que foi traduzido como "aporrinhe as pessoas até elas se cansarem e enfim dizerem sim a você". Não falei isso! Certo, ótimo, deixei isso nítido.

***

A amizade não tem a ver com manter um placar de quem é o melhor amigo para quem ou quem fez mais favores um para o outro. Tem a ver com estar lá quando se precisa, de acordo com a sua habilidade e capacidade. Tem a ver com agir. A amizade que se baseia apenas em palavras é vazia e inútil. Apenas esteja disposto a estar lá, principalmente em momentos de necessidade.

Para ser o amigo que você gostaria de ter para si, você precisa estar disposto também a ser vulnerável. O medo que temos de sermos traídos é legítimo, mas não podemos deixar que ele mantenha todo mundo afastado de nós. Se fizermos isso, eles não saberão quem somos, do que precisamos e como podemos ser fodas. Se não nos abrirmos, como podemos demonstrar e receber o amor que precisamos para e dos amigos? Saber que é um risco não deveria nos impedir de sermos quem somos em completude. Se as nossas amizades terminarem, ao menos sabemos que não é porque não fizemos a nossa parte.

Também acredito que a qualidade é mais importante que a quantidade. Sei que dizem que quem tem dois bons amigos é sortudo. Bem, eu me sinto muito sortuda, porque definitivamente tenho mais que dois amigos, mas acredito que seja porque ao longo dos anos pude trabalhar em mim mesma para me transformar em uma boa amiga. Quando falamos sobre amizade, tem que ser recíproco, certo? Não se pode simplesmente esperar ter boas amizades quando você mesmo não é um bom amigo.

Para ser um membro de um grupo valioso, é preciso se livrar do seu espírito de competitividade. Há uma linha não-tão-tênue entre estarmos inspirados pelo sucesso dos amigos e ter inveja dele. Você é o amigo que não se sente ameaçado pela conquista de outra pessoa? Você é a pessoa que pode comemorar alto poque está genuinamente feliz pelo sucesso do seu amigo? Se não é, então se preocupe menos em como conseguir juntar uma galera foda e mais em como se tornar essa pessoa. Faça o esforço.

E para ter a galera potente dos sonhos, certifique-se de que está à altura. Já me perguntaram como consegui fazer amigos tão poderosos e o que fiz para consegui-los. Coloquei a mim mesma e o meu trabalho à altura, comecei a ocupar espaços fodas e a conseguir oportunidades fodas que me fizeram conhecer pessoas fodas. O segredo é que *eu* me coloquei à altura. Eu me aprimorei. Amadureci. Fiquei mais foda. Você atrai quem você é. Não forcei amizades.

Você também tem que garantir que é alguém recomendável. O que é isso? Bem, facilite as coisas para que sua galera seja como um Yelp ambulante seu. Não dificulte para as pessoas recomendarem a sua presença em espaços. Quando as pessoas dizem que "não custa nada" mencionar o nome de alguém, eu discretamente discordo. Se estou falando bem de você, essa é uma recomendação explícita. Se você fizer alguma besteira no âmbito profissional depois que expressei confiança no seu trabalho, o meu nome e o meu discernimento ficarão manchados. Os meus amigos sabem que podem me recomendar para um trabalho remunerado que eu vou aparecer e arrasar! Da mesma forma, quando menciono o nome deles quando não estão presentes, faço isso com a confiança de que vão agir de modo espetacular.

Você é meu amigo, não tem, necessariamente, direito à minha plataforma, mas se estiver fazendo algumas coisas fodas, vou falar sobre isso.

Vou usar essa plataforma porque sei que você não vai me fazer passar vergonha depois que te dei o selo Luvvie de confiança publicamente. Ao construir o seu time ideal de amigos, procure por pessoas que acreditam no seu trabalho, mas que também tenham o próprio trabalho.

Os nossos amigos fazem parte da trama da nossa vida. Escolha as melhores pessoas que conhece e se atenha a elas. Filtre uma galera que te estimule, te desafie, que confira como você está e esteja comprometida a criar uma vida incrível com você. Reconheça as pessoas que são ótimas em te colocar para cima, não minar sua energia.

Encontre sua galera. Mantenha-a bem pertinho. E saiba que pertence a algum lugar. Enquanto faz isso, evoluam juntos.

15

FAÇA UM AMIGO NIGERIANO

Temos medo da selvageria.

Nigerianos são bocudos mundialmente conhecidos que estão em todos os lugares, andam em bando e têm a reputação de serem espertos. Somos uma legião, escute o nosso rugido.

Acho que todo mundo precisa de um amigo, um primo ou uma tia nigeriana na vida. De verdade. Em um mundo em que o medo rege a nossa vida e em que estamos acostumados a nos encolher, precisamos nos cercar de uma energia desordeira que ocupa espaços sem cerimônias. É aqui que entram os nigerianos.

Não estou dizendo que os outros não são assim, mas há um certo *je ne sais quoi* que pode ser encontrado em naijas. Somos parlamentaristas do time "Sem Parar". Vamos adicionar cor à sua vida. Vamos te emprestar coragem, caso precise dela.

***

Por que a sua vida seria melhor com um nigeriano para chamar de amigo ou amizília? Deixe-me elencar os motivos.

Somos ótimos em uma briga verbal. Nem precisamos saber como lutar fisicamente, porque a nossa língua consegue derrubar qualquer um. Os nossos oponentes não terão disposição para nos socar, porque já os teremos destruído com as palavras. Você quer soldados verbais e esquentadinhos supremos no seu time, porque podemos defender você sem pegar em uma arma nem desferir um soco.

Se você conhece nigerianos o suficiente fora do âmbito profissional, provavelmente já sabe que ofensas são a nossa linguagem do amor e nosso passatempo predileto. Não é nem por malícia (na maior parte das vezes), mas porque gostamos da modéstia afetuosa que surge ao nos estapearmos com palavras.

Sabe, da infância em diante, os nossos pais e membros da família despejavam ofensas sobre nós com gosto. E quando não estavam nos colocando abaixo do chão, direcionavam o desrespeito aos outros; assim, muitos de nós aprenderam a trucidar as pessoas com as palavras bem cedo na vida. Além disso, aprendemos que você pode rebaixar tanto aqueles que lhe são próximos quanto desconhecidos, o suficiente para que fiquem de cabelo em pé. É isso o que nos torna invencíveis na arte da humilhação verbal. A nossa sagacidade é imbatível.

Muitos de nós conseguem se lembrar das chicotadas verbais que tomamos e ainda se lembram de como doeram. Já ouviu um insulto tão intenso que não conseguiu nem responder? Em vez disso, uma única lágrima correu pela sua bochecha, de luto pela sua psique previamente intacta.

A questão é a seguinte. Sou do povo iorubá, e a nossa linguagem é muito metafórica. É um idioma bastante representativo, com palavras para muitas coisas cujas descrições não existem em outros idiomas. Por isso as nossas ofensas marcam de uma forma diferente. É um idioma doce com uma execução afiada, e parte dessa doçura é diluída enquanto tentamos traduzir para o inglês. Tudo o que sei é que as pessoas iorubá com certeza são os pioneiros dos tapas na cara, com línguas que servem como Armas da Destruição do Ego.

Há dois tipos de ofensas: primeiro, aquelas que usamos direcionadas a pessoas que amamos e pelas quais lutaremos, mas que precisam levar uma sacudida de vez em quando, mesmo de brincadeira. E a outra é para pessoas que vemos como oponentes. Você pode ficar de cabelo em pé, mas acredite, é o nosso jeito de nos cumprimentar.

Antes de chegar a hora do almoço, você pode ter ouvido que é um inútil, ou que é estúpido e insensato. Um que eu costumava ouvir *muito* quando eu era pequena, com a minha língua afiada: "Ẹléèkẹ́ èébú ni ẹ́".

Isso significa "boca cheia de insolência". Não era culpa minha. Era a preparação para quem sou hoje.

Mas alguns outros insultos nos pegam em momentos que tomamos decisões ruins e as pessoas querem deixar nítido o quanto elas reprovam o nosso comportamento. Como:

- "Alto desse jeito para nada." Toda essa altura e você não tem nenhum bom senso para acompanhá-la. Você é grande à toa.
- "Olha sua cabeça, igualzinha a um biscoito cream cracker." O Bob Esponja Calça Quadrada não chega aos seus pés.
- "Sua cabeça é tão grande que tem cinco pontos cardeais. N, S, L, O e A, de anta!" Por que não me ofender usando a geografia, para que eu possa aprender algo?
- "*Ó wú bi búrẹ̀dì to já sí omi.*" Tradução: "Sua boca tá espumando tanto que daqui a pouco vão dizer que você tá transmitindo a doença da raiva". Esse é especialmente duro, porque o usam para te ofender DEPOIS que você já foi ofendido. Pode arrancar lágrimas.
- "Se eu te estapear, você vai ver o paraíso." Entãooo o seu objetivo é estapear alguém tão forte que eles vão chegar a outra dimensão? Por que tão extremo? O tapa pode até não chegar, mas a ameaça é o suficiente para me fazer reavaliar a minha vida.

Estamos constantemente criticando as atitudes, a cabeça e a boca uns dos outros. Algumas das ofensas não fazem sentido algum, ainda assim doem para caramba quando as ouvimos. A tradição diaspórica da batalha de insultos é o nosso jogo favorito, e não jogamos limpo – jogamos para estraçalhar almas. Alguns de nós ainda estão se recuperando, e na terapia temos que desaprender esses insultos e as mágoas que nos causaram. Brabo.

Uma coisa que pode ajudar? Quando você vê que não é o único recebendo os golpes das palavras difamatórias. Todo mundo as recebe na mesma proporção, então você não leva tanto para o lado pessoal se perceber que não foi o único objeto de humilhação. Não é só com você. Ao menos uma coisa boa, né?

É ainda pior se a pessoa que estamos enfrentando é alguém que de fato fez algo para nós e não somos leais a ela ou talvez nem a conheçamos tão bem. Aqui estão cinco das ofensas mais selvagens que já lancei em direção aos meus oponentes:

- "O raio que vai te acertar ainda está fazendo flexões." Não só desejo que o raio te acerte, mas também estou te informando que o raio em si está fazendo exercícios para estar mais forte quando for para cima de você. EITA!
- "Se eu quiser me matar, vou subir ao seu nível de estupidez e pular em direção ao seu QI." Pai dos ceuzes! Então você é só altamente tolo com baixos níveis de bom senso. Olhe para a vida.
- "Eles não pariram nem você nem seus antepassados muito bem." Por que atacar os ancestrais? O que eles têm a ver com isso? Às vezes você só quer jogar sujo. Essa é uma dica.
- "Andar por aí como a privada entupida que você é." Você só fala merda e não há nada que possa fazer a respeito a não ser nos ofender.
- "Você é um artefato sem nenhum valor comercial." Chessus (Jesus) é o Senhor. Como chegamos aqui? Ninguém deveria estar aqui!

Você pode de fato querer aprender a lutar se tiver alguns de nós como amigos, porque o tanto que vamos ridicularizar e acabar com as pessoas em seu nome... Podemos acabar desafiados a um duelo com base em pura ofensa. Se a pessoa de quem estamos falando mal me ouvir chamando-a de "babaca básica" ou "panaca sem gingado", talvez ela queira acertar as contas, o que é compreensível.

As nossas ofensas pegam diferente. Se colocar as pessoas abaixo do chão fosse um esporte olímpico, os nigerianos estariam no Hall da Fama. Como amigos, vamos aumentar o seu vocabulário de ofensas, para ser usado com moderação, nos momentos em que alguém tiver feito muito com pouco. Chamamos essas pessoas de aláṣejù (pronunciado: a-lá--CHEI-ju). *Aláṣejù* é a palavra iorubá que se traduz como "quem faz demais".

Você não precisa empunhar essa arma todos os dias, mas, quando o fizer, é uma represália potente. Filtro a mim mesma para conter a minha selvageria natural, então quando pensam que estou caindo em cima dos outros, deveriam saber que estou me segurando, porque podia ser bem pior.

É o seguinte: seu amigo nigeriano pode até te ofender por esporte, mas ninguém mais pode. Somos profundamente leais e apoiamos aqueles mais próximos de nós. Você não tem nada (leia-se: tudo) a temer a não ser a nossa boca.

***

Muitas vezes, as conversas nos chats em grupos nigerianos são assim:

Pessoa 1: bom dia, seus inúteis.

Pessoa 2: você é um bocó. Como tá?

Pessoa 3: Cabra Alfa no Comando, tô bem.

Pessoa 4: vi você bem gatinha no Instagram.

Pessoa 5: ah, então só tal pessoa tá bonita, né. E eu?

Pessoa 4: fica na sua. Não tô falando contigo. Bocuda.

É tudo amor! Não dá para perceber? Ha! Mas ninguém pode nos chamar de tolo ou inútil, porque nos juntaríamos bem depressa ao nos sentirmos ofendidos. O que em si é um enigma. Como podemos ser despreocupados e ao mesmo nos ofendermos tão facilmente? Pergunte aos nossos pais. Eles são a realeza da incongruência. Eles vão lançar ofensas a você, mas se você sequer PARECER estar chateado, então vão se chatear. Da mesma forma, eles se ofendem facilmente com as atitudes alheias. Ofensas podem ser uma linguagem do amor, mas ficar ofendido é outra. Lembra da pessoa que os viu em uma festa em 1977 e não os cumprimentou? Eles ainda estão chateados com isso hoje, em um novo milênio.

Nós caminhamos no limite entre não levar nada para o pessoal e levar tudo para o pessoal. Aprendemos a receber as palavras direcionadas a nós e fazê-las deslizarem pelos ombros, enquanto ainda nos ofendemos com tudo o que é feito a nós.

Você pode dizer ao seu amigo nigeriano "você não é porra nenhuma", e ele pode rir porque sabe que é realeza (ainda que talvez não seja), e suas palavras não vão afetar em nada o senso forte de identidade dele. Mas, do mesmo jeito, vá até a casa dele, recuse comida e o veja se sentir atacado por você ter ousado ir até o lar dele sem estar com fome, logo não necessitando provar a maravilhosidade gastronômica que é o arroz *jollof* nigeriano. COMO VOCÊ OUSA?

Isso me leva a... somos ótimos porque não deixaremos que carregue seus rancores sozinho. Vamos ajudar. Na verdade, somos tão bons em guardar mágoas que, mesmo depois que você se esquecer delas, ainda estaremos ali, aguentando firme. Lembramo-nos de quem fez o quê com você e quando; mesmo que você se esqueça, vamos torcer o nariz cada vez que ouvirmos o nome da pessoa.

— Ah, você e Jane estão de boa de novo? Ela implorou? Ah, tá bom. *Humpf*.

E depois disso, continuamos com o olhar enviesado. Você pode nos chamar de mesquinhos, mas a nossa resposta pode ser "e daí?". Somos as Marias Mesquinhas, com certeza, e sabemos disso.

Há outra razão para você ter um nigeriano na sua vida. Criamos pele de teflon depois de décadas de patadas verbais. Temos casca-grossa e com frequência não ligamos para o que dizem ao nosso respeito. Quando você ouve que é um *olódo* (estúpido) em vez de "bom dia", o que mais as pessoas no mundo podem dizer para e sobre você que possa afetar o seu espírito? Você me diz que não posso conquistar algo porque nunca vou ser ninguém na vida? Bom, é o meu trabalho te provar que está errado.

Além de tudo isso, faça um amigo nigeriano e seu ego vai ser inflado. Por quê? Equilibramos as ofensas que podemos lançar em sua direção com uma torcida suprema e um superencorajamento. Ninguém vai te colocar tão para cima quanto uma pessoa naija, porque mantemos o mesmo nível de energia em todos os sentidos. A forma como comemoramos vai fazer sua cabeça quintuplicar de tamanho.

Em algum momento diremos:

— Olha essa cabeça do tamanho de um balão cheio de água.

Porque, afinal de contas: equilíbrio.

Imagine chegar a um espaço onde estão os seus amigos e você está bem-vestido. E você ouve:

— Sangue de Gideão! Olha o estilo da Luvvie! A mais bela das belas! Na real, é uma obra original, recuse imitações!

Ou:

— Deus eterno sentado ao trono! Então quer nos matar com a beleza hoje, *àbí*? Quer colocar a gente pra correr e nos deixar mal em comparação porque resolveu vir parecendo a Rainha de Sabá. Não é culpa sua, mas misericórdia!

E às vezes ouvimos um longo "UAAAAAAU" (porque um simples "uau" não seria o bastante) enquanto eles jogam os braços para o alto em um evidente gesto de descrença para fins de efeito extra. É assim que você é recebido, e desafio você a não se sentir imbatível.

A minha avó era especialista em fazer as pessoas se sentirem a oitava maravilha do mundo. Ela tinha uma amiga que toda vez que a encontrava, dizia em voz alta: "AH! *Ọrẹ́ mí àtàtà, MARIAMU ỌMỌ BÀBÁ GOD.*". Tradução: "minha amiga importante, Mariam, filha de Deus". Imagine alguém te cumprimentando com um lembrete de que você é herdeiro do Alfa e do Ômega. Pois é... fico até tonta em resposta.

Não vamos deixar você agir com humildade. HUMILDADE! É de comer? Para que serve???

***

Há um poder na ação de colocar alguém para cima que vai além da aparência. É um exercício em incutir confiança e coragem um no outro. É um treinamento de coragem, para te fazer entender como você é foda e sua aparência também, e como ninguém pode te parar. Isso é benéfico nos momentos em que você encara coisas assustadoras e se pergunta se pode fazer algo grande acontecer.

Quando você leva o medo até as pessoas que insistem em te fazer sentir como se tivesse acabado de elevar a alma de todo mundo, elas se livram dele para você. Eles fazem as grandes coisas parecerem conclusões inevitáveis, e é incrível ter e ouvir isso. A única coisa que nigerianos temem é Deus, o arroz *jollof* de Gana e decepcionar os pais. O resto? Podemos enfrentar.

Ao crescer, as expectativas dos nossos pais podem atuar sobre nós como uma pressão esmagadora ou como um impulso para seguir em frente. Muitos de nós escolhem ser impulsionados para frente, e isso se dá porque a excelência foi normalizada. Fazer grandes coisas na sua vida era o pressuposto, você não tinha motivo algum para fazer diferente. A ponto de que se você tirasse um 7 no seu trabalho da escola, eles perguntariam se alguém tinha tirado um 9. Você com certeza responderia que sim. Então eles ponderariam o que fazia aquela pessoa diferente de você. O que fez com que ela se saísse melhor?

Eles faziam a perguntinha ardilosa:

— Essa pessoa tinha duas cabeças?

E você diria que não, e eles ficariam ali te olhando como a pessoa tola que você era naquele momento. Aquela pessoa era melhor que você? *Não*. Então por que não foi você que tirou o 9?

Aos sete anos, você pode ter reagido com um "mas pera aí". Como adulta, vejo as vantagens dessa linha de pensamento. Muitos de nós carregamos essa lição conosco e nos tornamos adultos que fazem o mesmo, em diferentes formatos, com os amigos.

Tenho um grupo de amigos que é todo da África Ocidental. Se eu for até esse grupo e contar a eles sobre a oportunidade incrível que consegui demonstrando descrença ou com o menor indício da síndrome do impostor se esgueirando pelas frestas ("Ai meu Deus, eu não acredito"), eles me colocam na linha:

— Por que não você? Você inteirinha assim! Quem mais seria? Na real, estamos chateados por eles não terem te chamado antes.

Por que não você? Aquele papel para o qual você quer fazer o teste. O diploma de doutorado que quer conquistar. O livro que quer escrever. Aquele palco ao qual quer subir. Por que não você? As pessoas que são capazes de fazer todas essas coisas não nasceram no planeta Terra? Ah, nasceram, sim.

Todos precisamos do lembrete de que as pessoas que têm as oportunidades não são, de maneira inerente, melhores do que nós. Eles podem ter mais privilégio (o que os impulsiona para a frente), mas se a oportunidade surgiu para você e você acabou no mesmo espaço que um herdeiro, você tem que estar orgulhoso em dobro! VOCÊ FEZ AQUILO. Um você inteirinho e irrefreável!

Os amigos são ótimos para te lembrar disso, e é uma delícia. Aquela coragem que carregamos e a qual transmitimos para as pessoas ao redor é um presente. Pode ser usada de maneira errada e se transformar em um complexo de superioridade, mas penso em como pessoas nigerianas podem ser implacáveis e como usamos o orgulho como um casaco. Pode ser um mecanismo de defesa porque viemos de um país onde há mais de dois milhões de pessoas e todo mundo quer ser alguém. Dizemos "naijas nunca chegam por último" como um credo, uma afirmação e uma insistência.

Nigerianos acordam e tossem adversidade.

Você vai ao mercado na Nigéria, e a mulher que carrega a água na cabeça, vendendo-a por quinhentos nairas nigerianas (mais ou menos um dólar e trinta centavos), vai se questionar por que você ousa ficar no caminho dela enquanto ela precisa caminhar. Ela pode até te humilhar um pouco por estar parado no lugar errado. A cabeça dela está erguida. Pedir desculpa pelo quê? Ela pode não ter muito dinheiro na conta bancária, mas também não vai pensar duas vezes em ocupar seu espaço.

Sim, nossa grosseria e agressividade podem ser demais e geralmente são empregadas no lugar de eficiência e bom atendimento. Como ir a uma embaixada nigeriana é um exercício de futilidade. JurupurDeus, se quiser aumentar sua pressão arterial, vá a qualquer embaixada nigeriana com a esperança de fazer um passaporte ou conseguir um visto de maneira ágil (ou cortês). Lá, você vai lidar com o tipo de bobagem que te faz perder a boa educação que aprendeu em casa e qualquer resquício de bondade.

Houve uma vez em que um consulado nigeriano em Nova York foi parar nas manchetes porque eles não processavam novos passaportes há mais de dez dias graças ao ar-condicionado, que tinha parado de funcionar, então o equipamento estava sobrecarregado. Mas eles não tinham informado a ninguém; as pessoas que tinham vindo de outras cidades para seus agendamentos deram de cara com as portas fechadas.

Não sei como anunciamos excelência como um valor cultural de um lado e oferecemos o padrão mais ridículo quando se trata de receber e fornecer serviços. Como eu disse, somos pessoas complicadas e confusas. Realmente adicionamos sabor (ou confusão) à sua vida.

***

Nigerianos são demais *pra porra*. Ser um nigeriano é ser um eterno aláṣejù, e não nos desculpamos por isso. As nossas festas de casamento são uma prova: usamos o sagrado matrimônio como uma ocasião para fazer o máximo do máximo. Trocamos de roupa, fazemos a dança do dinheiro (em que os convidados pagam uma quantia para dançar com um dos noivos), com direito a toda a pompa e circunstância que se pode imaginar nesse tipo de evento. Jurei que eu não faria nada isso.

Eu estava errada.

Fiz tudo isso. Na verdade, fiz duas vezes. Tive duas festas de casamento no mesmo dia. A primeira foi de manhã, das 9h às 12h. Foi o nosso casamento iorubá tradicional. Na cerimônia tradicional iorubá, o noivo pede (implora) à família da noiva para que concedam a mão dela em casamento e ele precisa provar que quer muito se casar com ela. Ele faz uma promessa não só para a família dele, mas para a dela também, garantindo que ela será a prioridade número um da vida dele. A família do noivo também traz presentes para demonstrar que desejam dar as boas-vindas à noiva como parte da família.

No nosso casamento iorubá, as roupas que usamos foram feitas artesanalmente com *aṣo òkè* (também conhecido como tecido de melhor qualidade), e a minha tinha milhares de pedras costuradas à mão. Levou meses para ficar pronta. Tivemos cinquenta pessoas em nosso grupo *aṣo ẹbi* coletivo, que é o grupo que usa tecidos combinando e *gèlè* (lenço usado na cabeça) naquele dia. O tecido mostra aos convidados que eles são parte da nossa comunidade.

A nossa cerimônia ocidental aconteceu das 18h à 1h. Foram 250 pessoas que se juntaram a nós para celebrar o nosso amor, comer comida boa e sentir os joelhos pedirem arrego depois de dançar muito.

A minha mãe fez questão de levar a própria parcela do "demais". Parte da razão pela qual de início eu não teria um carnaval como casamento é que tenho uma mãe que nunca me perguntou o fatídico "Então, cadê o seu marido?" nem nunca me pressionou em relação a qual meu trabalho deveria ser. A minha mãe sempre deu espaço para eu assumir o controle da minha própria vida, o que é o elogio supremo vindo dos nossos pais. Ela é reservada, não anda com um bando de gente e fica perfeitamente bem na própria companhia. Ela nem gosta de ir a festas. Tanto é que, quando as pessoas a convidam para festas, ela às vezes se ofende.

— Eles já me viram ir a esse tipo de coisa? Não. Então por que estão me chamando?

Enquanto isso, ela provavelmente ficaria ofendida se eles não a convidassem. Faz sentido.

Mas enfim, quando fiquei noiva, ela foi a primeira pessoa para quem liguei, e ficou tão animada! Ela já sabia o que estava acontecendo porque meu amoreco tinha pedido a ela pela minha mão. Mas a minha ligação fez com que minha mãe mostrasse todos os dentes.

Avançando para seis meses depois, estamos concentrados no planejamento para o evento. A única responsabilidade que a minha mãe tinha era escolher as próprias roupas para as duas festas. Tudo o que fiz foi dizer a ela as cores, para que ela pudesse usar algo combinando, e tudo o que ela tinha que fazer era escolher o tecido das roupas que usaria. As cores do evento diurno para a minha família: tudo dourado. À noite: poderia usar a cor que quisesse. Essa senhora escolheu doze tipos diferentes de tecido antes de chegar aos que usaria. Essa nem foi a parte mais exagerada, porém.

Alguns meses antes do casamento, a minha irmã fez quarenta anos e uma de suas amigas a surpreendeu aparecendo na casa dela com um saxofonista para tocar "feliz aniversário". Todos a surpreendemos com nossa presença, então, quando a minha irmã chegou do spa, houve DUAS surpresas: a minha mãe e o saxofonista. Bom, depois que ela quase caiu para trás, minha irmã foi trocar de roupa porque tínhamos planejado um jantar para ela. O saxofonista continuou a tocar, e a minha mãe curtiu um show particular, dançando junto. Ela automaticamente se afeiçoou a ele e, quando ele foi embora, estava tipo: "obrigado, mamãe!". Como você dança e acaba com um filho? Gargalhei muito porque é exatamente o tipo de coisa que Mama Fáloyin teria feito.

Alguns meses antes do meu casamento, a minha mãe veio até mim e o sr. Jones.

Mãe: então, quero contratar o saxofonista para o casamento.

Eu e o xodó: *trocamos olhares.*

Eu: o que ele faria? Já temos músicos.

Mãe: bom, eu gosto dele. Ele pode cantar para eu entrar no *Trad* (cerimônia tradicional de casamento).

Eu: huuum, vamos falar com a Akeshi sobre isso, considerando que ela é a organizadora.

Não tive a chance de falar com a Akeshi porque a minha mãe tinha ligado para ela e avisado que ela tinha comprado a passagem do cara para vir de Houston. Recebi a ligação e caí na gargalhada! Sabe de uma coisa? Ela não tinha pedido muita coisa no processo de planejamento do casório. Ele poderia tocar enquanto ela e a família entravam na cerimônia. E poderia tocar durante a hora dos coquetéis. Por que não? Seria tranquilo e relaxante.

O dia do casamento chegou e o saxofonista fez o que tinha que fazer durante a cerimônia tradicional. Então começou a tocar músicas gospel nigerianas animadas durante os coquetéis e foi IRADO! A vibe relaxante? Quem precisa dela? VAMOS DANÇAR! Ficou tão DA HORA que chegou um momento em que ele estava em uma batalha de dança com uma das minhas amigas, Ayòdélé, e ele deu um giro e impulsionou os quadris. CARAMBA!!! As pessoas começaram a jogar dinheiro para cima.

Há um vídeo do nosso coquetel em que a mãe de alguém (*cof cof*) desceu até o chão enquanto a mãe de outro alguém (*cof cof*) enfiava dólares na parte da frente do vestido dela enquanto outra pessoa ficava atrás despejando dinheiro sobre a cabeça dela. A festa ainda nem tinha começado.

Resumo da ópera: o exagero da minha mãe contribuiu muito para o dia e levou a uma diversão incrível, antes da VERDADEIRA agitação começar na festa. Foi bacana. A moral da história é que acho que todos deveriam ir a um casamento nigeriano ao menos uma vez na vida. É um espetáculo majestosamente colorido, um banquete para os olhos (e para as barrigas) e um deleite para o seu dia. Porém, o mais importante: saiba que você merece ser celebrado com música ao vivo mesmo em um evento que é sobre a sua filha, como a minha mãe fez.

***

Nós, nigerianos, somos muito passionais e amamos a Jesus (bem, aqueles de nós que são cristãos). Você nunca ouviu uma oração até ouvir uma pessoa nigeriana orando e glorificando a Deus. Cobrimos de tudo com o sangue de Jesus e com frequência elevamos isso à potência máxima e além.

Louvamos e adoramos com muita seriedade, porque Cristo é o nosso melhor amigo. É por isso que às vezes você nem quer contar aos seus pais que há algo de errado, porque não quer se sujeitar a quinze minutos de culto enquanto está no seu Uber. Tudo o que quer fazer é se locomover e fica no telefone tentando sussurrar: "amém". Mas aí escuta "NÃO OUVI SEU AMÉM!", então você se remexe no banco e tenta não incomodar ninguém por perto.

As tias nigerianas são as rezadoras profissionais e parecem ter uma linha direta com Deus. Se você contar a alguém que está com frio, pode impulsionar uma oração tipo:

— Que o Deus do fogo sagrado INCENDEIE qualquer indício de neve, precipitação gelada, umidade inferior a zero no nome incomparável de Jesus!

HAHAHAHA! E AMÉM, Ó SENHOR! Recebo essa graça em Seu poderoso nome!

As orações nas minhas mensagens, e-mails e caixas postais são suficientes para destruir um país de inimigos. Você apenas sabe que, quando diz AMÉM, seus *haters* estão em algum lugar se cortando com papel. As orações são tão intensas que quase se tornam maldições.

Pessoas nigerianas orando por você, principalmente em momentos de crise, podem fazê-lo se sentir mal por quem quer que tenha te feito mal.

Eu me lembro de ouvir alguém dizer:

— Que seus inimigos nunca prosperem.

E fiquei tipo: "pera aí. Eu deveria reafirmar isso?".

Às vezes nigerianos oram com tanta intensidade que você tem a certeza de que eles começaram a praguejar.

— Que seu ajudante nunca durma até ter feito o que precisa na sua vida.

Huuum... amém? Na verdade, quem te pariu e desafiou a não proferir um alto AMÉM?!? Você deve ser o inimigo do próprio progresso, bloqueando as próprias bênçãos.

Fazemos apelos a Deus que são dignos do dilúvio na Terra do Velho Testamento. Existe até uma música iorubá chamada *Mommy O* que celebra as mães e reza pela longevidade delas nesta terra. Até aí tudo bem, mas então chegamos à parte que reza para que qualquer um que desejar a sua mãe uma vida breve seja atropelado por um trailer. A coisa muda de figura tão rápido!

Rezamos até os céus CAÍREM! Até mesmo na adoração, somos intensos. Quando uma igreja se chama Montanha de Fogo, é bom você saber que eles não estão lá para fazer joguinhos inocentes quando se trata de seus apelos.

São eles que podem fazer uma oração tipo:

— Da mesma forma que o pássaro voa e não colide com nada, que o avião do seu destino nunca colida com nada.

Uau, que visão!

***

Se está lendo isso, talvez já tenha um amigo nigeriano. Ou talvez não. Talvez esteja pensando:

— Até fui para a escola com alguns nigerianos, mas será que somos amigos?

A isso, eu pergunto:

— A mãe deles cozinhou para você?

Não? Então provavelmente não são amigos. Está tudo bem. Ainda há esperança para você.

Como fazer amigos nigerianos? Como encontrar um nigeriano ousado e ardiloso com quem se unir neste mundo assustador, para que possam dominá-lo com a língua afiada dessa pessoa a tiracolo? Tenho algumas dicas.

VÁ A UMA BIBLIOTECA UNIVERSITÁRIA

Se você for a qualquer biblioteca universitária, com certeza vai encontrar ao menos um nigeriano, com o nariz enfiado nos livros. Eles estão estudando para serem enfermeiros, médicos, advogados, engenheiros, quer queiram fazer isso ou não. Você ouve "vai meter a cara nos estudos" a vida toda e você faz exatamente isso quando chega à universidade, porque não quer ouvir o esporro que virá se não o fizer. É simples assim.

VÁ AONDE TOCA AFROBEAT

Se estiver caminhando para algum lugar e ouvir alguma batida afro, há alguém da África Ocidental ali, especialmente um nigeriano. A batida do tambor, a oportunidade ampla para a letra, a vibe – adoramos tudo isso. Entre ali e se junte a nós enquanto descemos até o chão e deixamos o corpo seguir o ritmo. E quando se juntar a nós, vamos injetar energia em você e a história segue daí. Na real, procure por uma noite de músicas afro em qualquer boate e se dará bem. Mas isso é fácil. Você sabia disso, certo?

Ademais, você pode comprar um par de mocassins brancos. Eu sinto que 83% dos sapatos brancos que existem no mundo são de propriedade de homens africanos. Lancei os fatos (por fatos, quero dizer que inventei completamente essa estatística). Você não vai conhecer um homem nigeriano que não tenha um par de mocassins brancos de algum tipo. Não sei por que eles organizaram uma reunião e decidiram que esse era o seu uniforme. Bênçãos a eles.

DECLARE LEALDADE AO *JOLLOF* NIGERIANO

O *jollof* é um arroz à base de tomate que é, na África Ocidental, a versão de basicamente todo tipo de arroz amarelo. E como amamos nos centralizar em nós mesmos, vamos compará-lo a outros pratos. A *paella* é o *jollof* espanhol. O arroz frito é o *jollof* chinês. A *jambalaya* é o *jollof* crioulo. Você entendeu... É um item necessário na dieta nigeriana, em toda a sua maravilhosidade temperada e saborosa.

O *jollof* não foi criado na Nigéria; os senegaleses foram os pioneiros. Mas somos profundamente passionais com o fato de acreditarmos que o nosso *jollof* é o melhor de todos. Motivo: nigerianos. Estamos em uma eterna guerra de *jollof* com os primos da Costa Dourada, os ganeses, e sabemos a verdade: o *jollof* nigeriano ganha a medalha de ouro. (Amo que mesmo que você queira discutir comigo agora, já inseri a informação neste livro, então você vai discutir com o próprio reflexo.)

De qualquer modo, vá fazer um amigo nigeriano para a vida; um atalho é denunciar o *jollof* ganês. Você pode falar sobre como não tem pimenta o suficiente e como não se equipara ao nosso. Não importa se você acredita de fato nisso ou não. Essas são as regras. Não as faço, apenas as passo adiante. Você não pode ser neutro nessa guerra. Precisa escolher um lado.

Sei que você conhece um nigeriano (estamos em todos os lugares). Cultive uma relação verdadeira com eles. Arrume uma tia nigeriana que pode rezar para a Santíssima Trindade com uma intensidade assustadora. Faça um amigo nigeriano que vai te colocar para cima, te ofender e então te desafiar para uma batalha de dança ao mesmo tempo.

A sua vida nunca mais será a mesma.

16

O MEDO QUE SE FODA

Temos medo do MEDO.

O medo é um *hater*. O medo te faz se sentar quando devia estar de pé. O medo vai te impedir de falar o que é necessário quando precisa fazê-lo. O medo vai te desvirtuar do seu propósito com tanta rapidez que o seu destino vai tomar um solavanco.

O medo é real, primitivo e inato. É um dos sentimentos mais naturais. Não sentir medo é, na verdade, um distúrbio psicológico chamado de doença de Urbach-Wiethe e se manifesta quando a amídala do cérebro é danificada. Verídico.

Não somos programados para andar por aí sem medo algum. A nossa angústia é uma necessidade biológica porque nos mantém a salvo de fazer coisas estúpidas sem uma rede de proteção.

Ter medo é ser humano. Contudo, acho que isso é reconfortante: é bem legal saber que todos nós andamos por aí nos questionando "que porra é essa?" em diferentes níveis a todo momento. Alguns aprenderam a esconder ou lidar com isso para que não tome conta de nós. Algumas pessoas fazem escolhas para irem além de suas dúvidas, sabendo que pode não funcionar, mas elas vão tentar de qualquer modo, enquanto outros podem apontar momentos em que deixaram o medo ser o fator que rege a decisão principal. Mas todos sentimos.

Escrevi este livro porque quero sempre ser o tipo de pessoa que supera as próprias dúvidas. Mas, na minha vida, fui o tipo de pessoa que deixa o medo ditar suas decisões por mais vezes do que posso contar. A minha jornada até o ponto em que estou hoje foi mais longa do que precisava ter sido porque deixei o medo me impedir de tomar posse de meu propósito, minha paixão e minha profissão por um bom tempo. E foi só quando eu tomei a decisão de ir além desses momentos assustadores que comecei a ver a minha vida avançar de formas que me deixaram de queixo caído.

A escolha de combater o medo não é como se unir a um clube vitalício que, uma vez que você entra, não sai mais. Nada disso. É uma decisão feita a cada momento, a cada dia. A pessoa mais medrosa do mundo pode decidir fazer algo corajoso a qualquer momento. Pode ser algo pequeno, como pedir um *donut* que nunca comeu antes. Ou algo grande, como pedir o amor da vida dela em casamento. Ou tão audacioso quanto saltar de paraquedas porque um amigo a convidou.

Estamos todos lutando batalhas com o mundo, com sistemas, com nós mesmos. Batalhas que são fáceis de serem perdidas. É tão mais fácil continuar fazendo o que parece confortável. O que traz a sensação de segurança. Mas então paramos um dia e notamos que colocamos tantas redes de proteção em volta de nós mesmos que a nossa vida parece uma jaula. Podemos até encontrar conforto nas jaulas, mas o conforto é superestimado. Ficar calado é confortável. Manter as coisas do jeito que sempre foram é confortável. Porém tudo o que o conforto faz é preservar o *status quo*.

O que nos força a viver vidas confortáveis que podem não nos servir? O que força as pessoas na nossa vida a se retraírem? Isso é, em parte, consequência do medo e da ansiedade de outras pessoas empilhados um sobre o outro.

Será que percebemos a frequência com que transmitimos nosso medo a outras pessoas? Será que percebemos o quanto impomos as coisas das quais temos medo nas pessoas que amamos e com quem nos importamos todo santo dia? Sei exatamente por que as pessoas têm medo de escolher o caminho desconhecido, de vivenciar coisas novas e se libertar. Estamos constantemente dizendo às pessoas para terem medo.

Viajei para o México uma vez e postei nas redes sociais, de maneira casual, como eu estava adorando a oportunidade de comer manga todo santo dia, porque é a minha fruta favorita. Recebi tantos comentários das pessoas me alertando que eu acabaria passando horas no trono sanitário porque, quando comiam manga, ficavam com diarreia. Enquanto isso, era o dia de número seis e eu estava bem, e continuei bem. A mesma coisa aconteceu quando, antes de viajar, contei às pessoas que estava indo para outro país e me mandaram "ter cuidado com sequestradores". Ou quando falei que estava sentada ao ar livre e me falaram que os mosquitos me devorariam. Veja bem, em nenhum momento pedi conselhos. Estava apenas compartilhando o que eu estava fazendo e imediatamente me deparei com histórias de desgraça.

Eu entendo. O mundo é assustador. Coisas acontecem. No entanto, vivemos a vida com medo em demasia. Estamos tão ocupados nos preparando para o golpe que permanecemos exatamente onde estamos, temendo nos mover, porque o monstro que acreditamos estar à espreita na esquina vai nos atacar.

Às vezes a ansiedade parte de quem amamos. As maldições geracionais que falamos de romper podem ser limitações que aqueles que amamos colocaram sobre nós ao longo do tempo. As armas que desenvolvemos podem de fato vir da família e dos amigos, que tinham boas intenções, mas acabaram usando a munição da apreensão em nós. Romper ciclos pode significar desaprender aquilo que os mais próximos de nós nos ensinaram.

O quanto seríamos livres se não fôssemos esmagados pelas ansiedades, dúvidas e inseguranças de outras pessoas? O quão alto poderíamos voar se os outros não estivessem puxando nossos calcanhares com a intenção de nos manter fincados à terra, porque é ali que eles estão?

Você merece se livrar do peso de outras pessoas. Você merece estar desprendido das dúvidas dos outros. Você já carrega as suas. Todos nós merecemos caminhar sem fardos.

Quando as pessoas jogarem as próprias bagagens cheias de medo aos nossos pés, que as chutemos de volta para elas. Não as queremos. Não vou carregar suas dúvidas. Não vou arranjar espaço para a SUA ansiedade na MINHA vida. Não vou dormir debaixo de um cobertor feito do seu pavor. Não é meu fardo para carregar. Obrigada, mas não.

***

Com certeza podemos viver uma vida temendo pouco porque nos protegemos com bastante plástico bolha e não ousamos correr riscos, mas ESSA vida é chata. Isso é um desperdício de vida. É uma versão da cor bege fluorescente. No seu túmulo, estará escrito: "tal pessoa esteve aqui". Só isso. Nada mais. Você vai chegar ao céu, e Deus vai revirar os olhos para você. Todo esse tempo respirando, se movendo, SENDO. E você o desperdiçou ao ser a versão humana de um bolo de arroz sem gosto. O que você terá feito que te deixou orgulhoso?

Quando eu estiver morta e enterrada, quero ter deixado uma marca. É como o filme *Coco: a vida é uma festa*. Só morremos de verdade quando ninguém mais menciona o nosso nome. Quero que sintam saudade de mim. Quero que lamentem a minha ausência. Quero que as minhas contribuições sejam maiores que a minha pequena estatura. Quero que esse mundo seja melhor porque estive aqui. E se eu estiver agindo primeiramente com medo, dúvida e ansiedade, não estou preenchendo lacuna alguma, e sim escrevendo em cotão, sussurrando em vez de falar.

Não sou destemida. Mas aprendi a começar a combater o medo porque, algumas vezes, o medo em si é mais assustador que o que quer que esteja do outro lado. É como ter medo de caminhar por um corredor escuro. Se você fechar os olhos e correr por ele, vai ficar bem. E vai olhar para trás e dizer:

— Não foi tão ruim.

***

Por mim, combater o medo é encarar a liberdade. Devemos a nós mesmos dizer O MEDO QUE SE FODA, e devemos o mesmo às outras pessoas que nos veem como exemplos, ou que estão à nossa volta, ou que nos amam.

Devemos a nós mesmos diminuir o nosso fardo e deixar de lado o peso morto. Largue tudo. Os amigos com quem não pode contar de verdade. O companheiro que faz você se sentir como se não valesse nada. O trabalho que te faz sentir cansado de acordar. O trauma que faz com que se autossabote. A autodúvida que te faz sentir que não é o bom o bastante.

Devemos a nós mesmos escalar a montanha que parece alta demais.

O mundo não vai se tornar menos assustador. Podemos nunca nos sentir mais corajosos. Basicamente, estou reduzindo minhas expectativas. É por isso que falei que precisamos entender isso e seguir ainda assim. Precisamos continuar fazendo o que nos assusta, sabendo que o que é certo com frequência é o oposto do que é fácil.

Vá em frente e comece a perdoar a si mesmo por não ter tido coragem de fazer algo que gostaria de ter feito no passado. Perdoe a si mesmo por não ter se pronunciado em momentos que talvez pedissem por essa ação sua. Perdoe a si mesmo pelos erros que cometeu e que agora percebe que podiam ter sido evitados. Você fez o seu melhor com a informação que tinha e que compreendia na época.

Todos que já fizeram grandes coisas começaram com um único passo. Não foi como se eles acordassem um dia e tudo estivesse feito para eles. (Bom, com exceção de alguns caras brancos. Porque papai e o nepotismo são as melhores mantas de proteção.) A maior parte das pessoas que fez grandes coisas ou mudou o mundo teve a ideia e um dia decidiu dar o primeiro passo, seguido pelo segundo, então por um terceiro. Roma não foi construída em um dia, mas houve um dia em que tiveram que começar a assentar os tijolos que usariam para construí-la.

***

Aqueles sonhos que temos a audácia de sonhar? Eles não podem ficar na "lista de desejos" para sempre. Bom, até podem, mas então qual o sentido disso? De fato, temos que FAZER.

Então, no caso de alguém aí precisar de encorajamento para SER, FALAR, FAZER, aqui está, porque coisas bem bacanas podem estar te esperando do outro lado do medo. As grandes coisas que temos tanto medo de fazer porque parecem *ginormes* para nós, temos que fazer. Mesmo que porcamente. Faça a pergunta assustadora. Escreva o livro. Aprenda o idioma. Comece a ticar os itens da lista de desejos. Viaje para 150 países. Comece aquele negócio grandioso. Faça uma limpa no armário de sapatos (*olhando para mim mesma*). Corra aquela maratona. (Isso não é minha praia e ainda acho que maratonas são conspirações. De quem? Não tenho certeza.) Faça aquele teste. Execute a ação.

Faça a porra toda. Ou não faça nada disso, se não é o que te move. Mas aquilo em que continua pensando, mas também segue ignorando porque está com medo? FAÇA ISSO.

Nos momentos em que quero correr de volta para o que é confortável ou ouso me acovardar diante da dúvida, penso na Olúfúnmiláyọ̀ Juliana Fáloyin, meu anjo da guarda e o protótipo de uma encrenqueira profissional. Aquela mulher-unicórnio que amava a Deus, conseguia favores e sorria com o rosto todo. Penso nela adolescente, recomeçando a vida do zero por conta própria aos dezoito anos. Reflito sobre a mulher cujos médicos afirmaram que não falaria de novo quando teve um AVC. Não posso evitar ponderar sobre a minha musa que se movia pelo mundo com uma confiança ousada no fato de que Deus e a fé dela eram maiores que qualquer medo.

Carrego e vou continuar carregando a minha avó comigo para onde quer que eu vá. Todos os dias, olho para a minha mão direita, para o anel dourado de filigrana que nunca tiro. É o anel que a minha avó me deu no dia em que a vi usando e de imediato dei gritinhos, expressando o quanto eu tinha amado. Sem hesitar, ela tirou o anel do dedo e o entregou a mim. É engraçado que ele enfeita o dedo do meio da minha mão dominante. Funciona.

Um encrenqueiro profissional é alguém comprometido a se tornar autenticamente quem é enquanto fala a verdade e faz umas paradas assustadoras. Um brinde a nós, que ousamos viver com audácia. Devo Mama Fáloyin, minha encrenqueira favorita, fazer isso. Quando o medo tenta me parar, visto a minha calça, faço uma oração pedindo força e danço por vinte minutos para comemorar a minha insistência em vencer a dúvida.

O medo é um *hater*, um mentiroso e um impostor. Ser DESTEMIDO é se comprometer a não fazer MENOS por causa do medo. Devemos a nós mesmos sermos destemidos e podemos começar agora.

Epílogo

CORAGEM NA ERA DO MEDO

Quando cheguei à metade da escrita deste livro, a pandemia do coronavírus (covid-19) teve início. Não era o bastante eu estar trabalhando na minha obra mais vulnerável até então, o que em si já me assustava para caramba. O mundo teve que adicionar os próprios obstáculos à mistura e nos presentear com um vírus letal nunca visto antes que virou tudo de cabeça para baixo. Há também vespas assassinas e morcegos do tamanho de um homem com que nos preocupar. E qualquer outro animal nativo da Austrália. Há muita coisa assustadora com que lidar.

Ter que escrever este livro sobre combater o medo em meio a esse caos foi um teste para eu perceber se posso fazer e ser quem digo que sou ao viver uma época especialmente difícil. Centenas de milhares de pessoas morreram em decorrência desse vírus e ainda há gente pensando: "não vou deixar isso me impedir de viver a minha vida". De alguma forma, esse povo se convenceu de que não há nada a temer, mesmo quando a ciência, os dados e o bom senso os sacodem (a dois metros de distância), alertando-os para o perigo.

Nesse caso, acredito que eles estão sendo absurdamente tolos. Esse é um exemplo de quando o medo serve ao seu propósito ORIGINAL: impedir que ativamente coloquemos a nossa, e a vida dos outros no mundo, em risco. Quando estamos cara a cara para uma arma cuja munição é um vírus altamente contagioso que mata muito mais pessoas que a gripe sazonal, o medo é válido e necessário. Essa ansiedade se baseia em fatos. Se não a sentimos, estamos propensos a colocar as pessoas na nossa comunidade, mesmo aquelas que não conhecemos, em perigo. Estamos propensos a nos colocar em perigo.

Agora compare esse pavor com a inquietação que você sente quando precisa se pronunciar em uma reunião. Ou os nervos à flor da pele que surgem quando você precisa contar a seus pais que não quer de fato ser um advogado, sim um fotógrafo. Ou a preocupação que sente porque não quer sonhar alto demais caso venha a se decepcionar depois.

Esses medos agora parecem fichinha, não é? Provavelmente não, porque também são legítimos. Mas perto de uma ameaça física ou de saúde (seja um vírus, um clima político ameaçador em que o servo do diabo conseguiu códigos nucleares ou quando é parado pela polícia e é preto, não sabendo se o cara de farda vai ver sua cor marrom como uma arma), a apreensão que sentimos no cotidiano pode parecer boba.

Se a vida nos ensinou alguma coisa, é que é cheia de incertezas. E isso é assustador para caramba. No momento em que escrevo, não sei como essa pandemia vai se desenrolar, quantas vidas vai tomar no final nem quanto tempo viveremos essa realidade, incapazes de tocar aqueles que amamos (e que não vivem debaixo do mesmo teto que nós). A única coisa que é certa no presente momento é que nada é certo. O desconhecido é inquietante e é fácil nos entregar à ansiedade.

O que podemos fazer quando estamos em águas desconhecidas é saber que estamos fazendo a nossa parte. Posso estar dentro de casa, mas não estou me escondendo do mundo nem do trabalho que me trouxe aqui. Estou usando o meu medo para colocar a caneta sobre o papel, porque escrever um manual de combate ao medo durante um período de inquietação desenfreada é quase poético. É como se Deus tivesse me mandado um desafio, e eu estivesse sendo impelida a me colocar à altura da situação. Haja autoconhecimento.

Algumas pessoas precisaram descansar durante o que está acontecendo. Eu não pude, porque prazos para livros que recebem adiantamentos são reais. Além disso, a minha editora e minha agente são mulheres ousadas que não têm medo de puxar a minha orelha. Mas o mais importante foi que, em uma crise global, me senti impotente para fazer qualquer coisa além do trabalho o qual sou destinada a fazer: ESCREVER.

Estou ficando em casa e fora do caminho dos trabalhadores essenciais. E estou escrevendo porque esta é a minha catarse.

Tempos de crise e caos nos apresentam a oportunidade de fazer o melhor trabalho da nossa vida. As pessoas usam palavras que extraem do fundo de seus espíritos. As pessoas criam pinturas com as pinceladas que conjuram da alma. As pessoas cantam notas advindas do cosmos. As pessoas inovam. Precisamos continuar fazendo isso.

***

Outra coisa que fazemos quando estamos em águas desconhecidas: nos perguntar o que podemos aprender com isso. O que essa experiência está tentando nos ensinar? O que deveríamos mudar a partir disso?

Espero que aprendamos a ser mais bondosos e generosos uns com os outros. Espero que concedamos um pouco mais de cortesia uns aos outros.

E espero ainda que comecemos a entender que a dor de todo mundo é nossa responsabilidade. Porque pode se tornar a nossa dor bem rápido.

Você não pode simplesmente agir tipo:

— Aquela casa está queimando? Bom, não tem nada a ver comigo.

Porque o fogo pode se espalhar para a sua casa depressa. Precisamos entender que, se conseguirmos conter a fumaça alheia, ela não vai se tornar o nosso incêndio. Deixe-me repetir: quanto mais rápido apagarmos o fogo, menos provável que nos afete.

Os problemas de todos são o nosso problema também. Quando vemos as pessoas sendo discriminadas e nos mantemos calados pensando que isso não tem nada a ver conosco, estamos fora da realidade. Não acha que você é o próximo? Extrapolo as situações para ver como podem vir a me afetar bem depressa. Sei que, se algo ruim acontece com outra pessoa, pode acontecer comigo também.

Esses momentos de crise pedem que elevemos quem somos. Que mudemos, cresçamos, amadureçamos, evoluamos. Se não o fizermos, continuaremos recebendo as mesmas lições caras e devastadoras. Precisamos perguntar a nós mesmos o que deveríamos estar aprendendo a partir disso.

***

O que a minha avó diria nesse momento se estivesse viva? Como ela lidaria com esse período? Ela rezaria sobre passagens bíblicas durante as suas vigílias às três da manhã. Ela me diria para orar. Teria ligado para a família toda e recitado as passagens bíblicas nas quais podia pensar para pedir por proteção (Salmos 91 e 121 eram seus favoritos). A segurança dela acalmaria o meu espírito, e ainda que não estivesse na minha frente, eu a veria sorrindo. Saberia que haveria uma guerreira de oração advogando por mim em meio a uma tempestade mundial. Provavelmente dormiria melhor porque Mama Fáloyin e Jesus tinham uma teleconferência em que o meu nome era mencionado.

Na ausência dela, preciso ser essa pessoa para mim mesma.

Dito isso, ainda preciso fazer a minha parte e não deixar o conceito da fé me impedir de temer. Porque usar a cristandade como uma armadura seria invalidar o que é material. A positividade tóxica é real e algumas pessoas se escondem atrás da religião para escapar da vida real e das circunstâncias reais. E isso é perigoso.

O que é positividade tóxica? É a ideia de que você sempre deve ter uma reação positiva a toda situação, não importando o quanto as circunstâncias sejam severas. A intenção por trás dela é admirável: que devemos ver o lado bom em tudo, em uma tentativa de manter o foco na felicidade. Mas os resultados podem ser nocivos.

Com certeza, viver mergulhado na negatividade não é saudável. Entretanto, o que torna essa positividade algo tóxico é desqualificar sentimentos e fazer as pessoas se sentirem fracas por não conseguirem manter um sorriso no rosto o tempo todo. É uma forma de evitar lidar de forma adequada com a vida. Sabe o que a positividade tóxica com frequência é? Negação. Fuga. Evasão da realidade. É por isso que precisamos reconhecer que o medo é legítimo e é natural.

Nem tudo vai ter uma recuperação imediata ou um lado bom atrelado a ele, e está tudo bem. A vida pode ser uma megera cruel e lidamos com coisas que vão nos tirar o fôlego. O que fazemos com frequência é levantar a bandeira de Jesus e pular a parte em que de fato lidamos com o que aconteceu. O que deveríamos fazer é sentir os nossos sentimentos, dar tempo ao tempo e então seguir em frente.

Cristãos são campeões em positividade tóxica. Somos ótimos nisso porque fomos ensinados que a fé e o medo não podem coexistir. Fomos codificados a acreditar que não é possível acreditar em Deus e ainda ser ansioso. Mas essa é uma simplificação das escrituras e uma minimização do que é uma experiência humana normal. Mesmo as pessoas que não são religiosas nem espiritualizadas já ouviram a mensagem de que ser corajoso é ser destemido. Então adicione isso à culpa cristã que atrelamos ao medo e temos uma perfeita legião de pessoas se sentindo inferiores por ousarem ficar apreensivas. É um cenário muito opressor e estou nos julgando SERIAMENTE.

As pessoas morrem e o povo retruca:

— Bom, pelo menos elas estão com Deus agora.

Ou:

— Tudo acontece por uma razão. É parte do plano de Deus.

E certo, beleza. Que bom que acreditamos nisso. Mas quando invocamos essas palavras diante de alguém que está sentindo uma dor que é tão física quanto emocional, isso demonstra que quaisquer que sejam os sentimentos deles deveriam ser aplacados pelo ato de olhar pelo lado positivo. Isso isola e aliena tais pessoas na sua dor.

Estou aqui para dizer que você pode ser cristão, espiritualizado ou um monge e ainda se preocupar. Você pode estar ligado a um poder superior e ainda ser ansioso. Você não está errando na espiritualidade por ter o descaramento de se preocupar. A preocupação faz parte da vida. O objetivo é não permitir que a dúvida nos deixe catatônicos com o fracasso. Você pode sentir medo, mas seguir em frente e viver. É isso o que importa.

***

Há momentos em que estaremos ansiosos porque temos um motivo válido para tal.

Alguns de nós estão assustados mesmo, se não por nós mesmos, então pelas pessoas que amamos ou pela sociedade como um todo. Escuta, metade do tempo estou assustada. O medo está aqui. É presente. Reconheço que sinto isso, é assustador e desconfortável, e sigo em frente de qualquer jeito.

É por isso que estou escrevendo este livro. O objetivo não é evitar sentir emoções negativas, mas sim impedir que elas nos consumam. Seja você um diácono ou um pagão, não quero que sinta que está fracassando na vida por não estar sempre no modo #gratidão. Preocupar-se não significa que não confie em Deus. Não significa que seja fraco. Significa que você é humano.

O medo está lá e é natural. Sempre estará presente. E ainda assim, precisamos seguir. Não podemos nos dar ao luxo de permitir que o medo, seja ele grande ou pequeno, legítimo ou inventado, nos paralise.

Aqui estou eu, escrevendo apesar, a partir do medo e para ele. Tudo vai ficar bem. De algum modo.

Todo o meu amor a
Fúnmiláyọ̀ Fáloyin

Agradecimentos

LÁ NAS ALTURAS! Quando terminei meu primeiro livro, *I'm Judging You*, foi como se eu tivesse escalado uma montanha. Com este livro, senti isso outra vez, mas com sapatos mais apropriados e um casaco mais quentinho. Quase dei com os burros n'água algumas vezes, porém dei a volta por cima e cheguei ao topo apesar de tudo, o que fez com que a vista fosse ainda mais deslumbrante.

Aqui vai um salve para miiiim, porque EU FIZ ISSO! Algumas vezes, parar para sentir o cheiro das flores é como um tapinha no próprio ombro, e este livro é algo que me parece digno de ser celebrado. Além disso, as pessoas escrevem livros e se esquecem de como devem se comportar (as pessoas = eu).

Minha vida verdadeiramente é uma prova da bondade de Deus, e essa é só mais uma coisa que eu fiz na esperança de deixá-Lo(s)/La(s) orgulhoso(s)/a(s). Eu frequentemente recebo provas de que meus passos são guiados por forças maiores do que eu e sou grata por isso.

Vó, sei que ainda intercede e luta por mim de onde quer que esteja. Obrigada. Espero que ame este livro.

Tive ajuda de toda uma comunidade para que esse livro pudesse existir. Obrigada à minha agente, Kristyn Keene Benton, que me mandou um joguinho de dominós quando chegou a hora de eu começar a escrever. Ela usou minhas próprias palavras ("seja o dominó") para me lembrar de minha própria missão, e sua fé em meu trabalho serviu como força motriz. Ela também nunca me olhou feio quando eu ligava para ela para compartilhar pensamentos aleatórios.

Obrigada à equipe da Penguin Random House por acreditar neste livro, nesta mensagem e em minha voz! Obrigada a Meg Leder, minha editora, que abraçou este livro e deu asas a minhas palavras!

Ao homem com quem me casei, Carnell: obrigada por desempenhar os papéis de melhor amigo, marido e âncora. Você me enxerga de maneiras que eu, por falta de audácia, algumas vezes não consigo me enxergar. Você não permite que eu tenha limites porque me enxerga coberta de pó estelar. Eu me lembro de quando terminei este livro e disse: "Putz. Essa é a melhor coisa que eu já escrevi". Você respondeu: "Estou muito orgulhoso de você e faz sentido. Você nunca foi tão VOCÊ como é agora". E meu coração sorriu como o gato da Alice porque Palavras de Afirmação é minha principal linguagem do amor, e você me entende. E agradeço a Deus mais uma vez por ter me abençoado com um companheiro de vida que celebra o próprio fato de eu existir. Sr. Jones, você é foda demais.

Estou cercada de amor e pessoas que provam que HÁ GENEROSIDADE no mundo, se materializando em forma de lugares seguros onde se pode aterrissar. Aqui também vai meu agradecimento para minha família. Agradeço a Deus por minha mãe. Sou filha de Oluyemisi, que é filha de Fúnmiláyò, que é filha de Celena. Com ela, aprendi a ser generosa e também a arte da ostentação quando essa é necessária. Ela é o amor personificado.

Tenho que mandar um salve para a minha irmã mais velha, Kofo. Você é a líder de torcida que anima o jogo da vida, parceira de peripécias, parceira de dança, dama de honra, de vez em quando gêmea. Seu coração é de ouro e você merece todas as coisas boas que a vida tem a oferecer. Obrigada também pelas histórias da vovó das quais eu me esqueci. Certamente um pouco do nosso humor veio daquela senhora.

Muitos obrigadas à minha tia, Bunmi B. Foi para ela que liguei repetidas vezes para saber mais histórias da vovó e validar o que eu já sabia; foi ela quem me passou o *oríkì*. Ela é uma tempestade silenciosa, uma mulher de integridade e uma mensageira da alegria. Obrigada por sempre me atender, por ser a historiadora da família e por uma risada de iluminar qualquer ambiente.

Nossa família é verdadeiramente uma comunidade: Dele, Morayo, Rolake, Wonuola, Folarin. Eu sairia na mão por todos vocês, mas vocês já sabem disso.

Eu me cerco de pessoas que não me deixam ser inconsistente e sou grata por isso. Eu até remunero alguém para me impedir de fazer besteira. Então tenho que agradecer à minha terapeuta, dra. Patterson, que merece cada centavo pago pelas consultas quando ela joga umas verdades na minha cara (muito profissionalmente). Hoje em dia eu sou só metade da bagunça que eu era anos atrás. Não posso me esquecer de Aliya S. King, minha amiga, mentora e a primeira pessoa que leu este manuscrito completo e passou um pente editorial por ele. Ela também manda muito bem em me fazer abrir os olhos, e as sugestões dela neste livro aprimoraram minhas palavras.

MUITO AMOR para meus AMILIARES (amigos que viram família) por me pressionarem a ser excepcional e por serem fontes de constante motivação. Boz, Justina, Yvonne, Cynthia, Tiffany, Eunique, Felicia, Jessica, Tahira, Myleik, Maaden, Seun. É para eles que ligo quando algo parece IMPORTANTE, talvez importante até demais, e eles sempre me lembram de que "Se não for você, vai ser quem?". Vocês me guiam para o alto e avante, sempre me emprestando forças quando elas me faltam. Obrigada e amo vocês!!!

MUITÍSSIMO AMOR para os cidadãos da NaçãoLuvv, a galera mais atenciosa, engraçada e nervosa das interwebs. Construir um espaço seguro em um mundo caótico é uma das melhores coisas que eu poderia ter feito. Quando as pessoas me dizem que minha audiência é incrível, abro um sorrisão. Por quê? Porque, se minha audiência é um reflexo meu, ela prova que há muita bondade no mundo. A Galera da Luvv é a melhor!

Obrigada a VOCÊ, leitor, por se interessar por meu trabalho. Você e eu oficialmente estamos andando juntos. É uma honra que as pessoas encontrem significado em meu trabalho. Por isso, permita-me abençoá-lo com bons votos. Que você nunca bata o dedinho na quina da mesa de cabeceira no meio da noite. Que o tempero da sua comida sempre esteja perfeito. Que seu arroz esteja no ponto certo, sempre. Amém.

Esta parte poderia ser um tomo por si só e há muitas outras pessoas importantes para mim que não foram mencionadas aqui. Você provavelmente é uma delas. Imploro, não fiquem chateados caso não tenham sido citados, eu tinha um número limite de palavras (olha só como estou jogando minha editora na fogueira – AAAH!). Mas, falando sério: obrigada a todos que acessam, leem, compram, compartilham e consomem o meu trabalho.

Obrigada a VOCÊS por me enxergarem.

Luvre

Esta obra foi composta em Adobe Garamond Pro
e Brandon Grotesque e impressa em papel
Pólen Natural 70 g/m² pela Gráfica e Editora Rettec